MINERVA
西洋史ライブラリー
㊻

# ナチス前夜における「抵抗」の歴史

星乃治彦著

ミネルヴァ書房

# ナチス前夜における「抵抗」の歴史

目次

# 序章　抵抗する実像を求めて

なぜナチ（ナチスが一般的呼称だが、ここでは対抗心を強めてナチと呼ぶ）を阻止できなかったのか、という問いはいまだに有効である。平和な時代には、「抵抗」が安易に考えられ、なぜ抵抗できなかったかと疑問符がつけられたが、高橋哲哉によって「ファシズム」と規定される戦争と麻痺状態のなかにある現在、実は「抵抗」は思われていたほど簡単ではないことが判明すると、我々はむしろナチ政権前夜の状況を追体験しているのかもしれないと感じ、「抵抗」の意味を再度考える。(1)

体制に安住することや大勢に迎合することを拒否し、抵抗することがいかに難しいものかが明らかになる一例をあげよう。一般に、ネオ・ナチがふるう社会的弱者に対する暴力は、なにも無人の場所ではなく、駅前や街中といったむしろ人通りの多いところで突如ふるわれる。(2) そうした暴力を前に、一般的市民は、パニック、金縛り状態、逃げ出したい欲求といった独特の心理状況に陥る。逃げ出したり、沈黙せずに、通報するくらいの勇気を持とうと、「市民としての勇気（Zivilcourage）」が当局側からさえ訴えられていること自体、「抵抗する」ことがいかに困難なものかをあらためて認識させる。勇気を奮って「抵抗」しても、反撃されることも多く、致命傷を負うことさえ、覚悟しなければならない。二〇〇〇年七月二七日にも、デュッセルドルフの国電駅で爆弾が破裂し、付近にいた乗客が重軽傷を負った。犠牲者の一人が妊娠していたロシア系ユダヤ人の女性だったことから、外国人を狙った極右勢力の仕業とされたが、問題とされたのは、ネオ・ナチ勢力の問題というよりもむしろ事件の周辺にいながら無関心な「普通の人々」の反応の方であった(3)。実はノルベルト・エリアスやハンナ・アーレントにしても、ヴァイマル共和制末期に暴力に対抗していかに共和国を守っていくべきなのか、と思索する一方で、一種の諦念を感じていた(4)。抵抗の困難性を承知していたからである。

ドイツ現代史研究においても、一九二九年世界恐慌以降のナチの急速な勢力伸張を見て、なぜそれほどまでに民衆がナチに引きつけられていったのか、という問題関心から、その宣伝と暴力の威力に関心を向ける傾向は依然続いている(5)。そこではいわばナチという勝者の歴史が叙述され、ドイツ人たちが宣伝と暴力に容易に屈してナチを支持するようになったかのような問題意識がこうした傾向を支えている。しかし、歴史的事実には見落とされがちな別の側面もある。

たしかにナチは宣伝と暴力を巧みに駆使して躍進したが、それでもナチはヴァイマル共和制末期の一九三二年一一月自由選挙において、結局過半数を獲得することができなかった。そればかりか、国会炎上事件によってドイツ共産党（ＫＰＤ）が禁止されヴァイマル憲法も停止されるという異常ななかで行われた一九三三年三月五日の選挙においてでさえ、ナチは過半数を制することができなかったのである。激しい弾圧のなかでも国民の半数が抵抗を続けていたということは驚異的である。こうした事実は、たしかに結果的には阻止することには失敗したものの、一九三三年一月三〇日のナチス政権誕生直前に果敢に闘っていた反ファシズムの「抵抗力」へと歴史的関心を差し向ける。

くだって、二〇〇二年三月六日、ライプツィヒで、ネオ・ナチ勢力が一〇〇〇人規模で集結していた。だが、忘れてならないのは、その一〇倍以上の規模で、それに反対する勢力が社会民主党の市長を含めて示威行動を展開したことである。そこでのモティヴェーションはやはり「反ファシズム」であった。そうした「反ファシズム」の記憶はどこからやってくるのだろうか。ここでの「反ファシズム」は、グラスルーツ的「抵抗」を基点にしており、その後戦後一貫して現代に至るまでドイツにおける民衆運動の底流となって現在に至っている。そしてそれはナチと実際に闘ったという実績を伴うものであって、ポイケルトが注目を開始したナチ体制下の「反抗」ではない。

本書は、ナチ政権前夜のドイツにおいて「敗者」となったKPDの歴史を紐解き、とくにグラスルーツの反ファシズム運動との関連に注目し、そこにおける反ファシズム「抵抗」のポテンシャルを探りながら、なぜナチを阻止できなかったのか、という問いに答えようとするものである。

当時ドイツは資本主義最大の労働運動を擁し、労働者政党の得票はヴァイマル期を通してほぼ一貫して四〇％前後を維持しており、これがナチに対する最大の「抵抗」の拠点であった。ただ、その労働運動はナチ前夜にあって、ドイツ社会民主党（SPD）とKPDに分裂し、大きな亀裂と対立を孕んでいた。こうした労働運動の分裂がナチに対する敗北の主因だと、当時から見なされ、このドイツの教訓は、一九三四年から一九三五年にかけて達成されたコミンテルン第七回大会の「歴史的転換」につながり、フランスやスペインで人民戦線戦術をコミュニストたちが推進させていく大きな要因の一つとなった。したがって、反ファシズムの勝者はフランスやスペインであって、ドイツにおける反ファシズムは敗北の歴史として描かれるにすぎない。そのなかでもとくに、ナチの台頭を許したのは誰かという、責任問題が研究の中心を占めることになる(6)。

従来旧東ドイツの研究者たちは、ヴァイマル共和制末期、積極的に闘う姿勢をとらず、時の政府をナチより「より小さな害悪」として「許容し」、実質的閣外協力路線を追求していたSPDの責任を重く見ていた。他方、彼らは、それとは対極的なKPDの反ファシズム的性格を強調した。それは、単なる責任問題だけではなく、「反ファシズム国家」東ドイツ政府の正統性、ないしはKPDが「指導すること」の正当性をそこに見いだしていたのである。[7]

　これに対して、旧西ドイツの研究者たちは、SPDとKPD両者の統一が達成されなかった主たる責任をKPDに負わせた。というのも、この期KPDは、SPDを「ファシズム」勢力と見なす「社会ファシズム」論をとり、これに「主要打撃」を加えようとしていたからである。こうした西ドイツにおける政党史研究としてのヴァイマル共和制末期のKPD研究の枠組みは、すでに一九六九年のH・ヴェーバーの研究の延長線上で論じられていた。ヴェーバーはそのなかで、SPDの伝統を受け継ぎ、自由な意見の表明が可能で、複数の意見が並存することが可能であった一九二三年までのKPDが、「相対的安定期」を経るうちに、①モスクワへの従属、②一枚岩的構造を二本柱とする「ボルシェヴィキ化」を完成させるとした。[8] そしてその構造は、一九二九年以降のヴァイマル末期についても基本的に変わらなかったとする。[9] そこでコミンテルンの指示の下とられる基本方針は、SPDを主敵として、これに主要打撃を加えようとする「社会ファシズム」論だとされていた。

　たしかに、例えば一九三一年八月、SPDを与党とするプロイセン邦議会を人民決定によって解散させようとする右翼勢力と一緒になってさえ、KPDはこの人民決定に参加することになる。これは、「社会ファシズム」論の典型のようにいわれるが、この人民決定が惨憺たる結果に終わったことは、逆にKPD中央の方針が無条件に支持者に受け入れられるものではないことの例証にもなり、その意味でKPDを一枚岩的構造だとすることに疑問をもたせる。実際に「ボルシェヴィキ化」を達成したはずのKPD内で、一九三二年秋には再び新たな「イデオロギー攻勢」の必要性がいわれるようになり、こうした点からも、全体主義的色彩が強かったヴェーバーの研究はすでに限界を見せていた。

　この点、むしろこの期のKPDの路線を「ジグザグ・コース」と表現したS・バーネの方が表現としては的確であろう。[10] ただ問題は、何が路線をそんなに変移させるのか、ということである。T・ヴァインガルトナーらが注目したようなソ連の外交政策[11]、P・ランゲなどが指摘するコミンテルンの介入・干渉など、「外から」の圧力が「ジグザグ」の一つの要素になっているのは疑いない。従来の西側研究者の強調点はそこにあったが、それに疑問を感じてそれ以外の要素に注目していたのは、日本の研究者たちでもあったのである。ここで問題と意識されたのは、「下からの圧力で」、「世論に押されて」路線転換が果たされたと一般的言説として表現される政策決定に対する決定力をいかに評価するかである。

下村由一は党内意見の微妙な変化を追い、石川捷治は「状況」の重要性を主張する[13]。その後斎藤哲は、「ドイツの具体的状況との関連」を重視しながら、ＫＰＤの路線の変移を追ってきた[14]。しかし、それにしても、政治史的考察が中心で、その背景になっている社会全体から説明する社会史的な視角は弱かった[15]。

一般に政治史的手法では、分析の対象が政党指導部中心のいわば「上から」の視点になりがちであった。その弱点を克服するものとして、もっと社会構造や階層分析に目を向ける、いわば「下から」や「後ろから」の方向性をもつ社会史的方法が要請されていたが、ＫＰＤ史研究の分野では、その導入が遅れた。むしろこの点では、政党史のへのこだわりが強かった東西ドイツではなくイギリスの研究者が先行した。すでにＥ・ローゼンヘイフトが当時の「暴力」に注目して斬新な研究を発表したのは、一九八〇年代初頭であった[16]。ドイツでもヴァイマル期の青年運動を分析したＤ・ポイケルトの研究は例外的にこうした傾向をもつものであった[17]。だがそこでは、おそらくは従来の政治史への対抗意識のせいであろうが、従来の政治史と社会史を接合させていこうとする方向性は強くはなかった。その傾向は一九九〇年代になってから自覚され、ＫＰＤ史でもＫ・-Ｍ・マルマンの研究[18]とＣ・シュトリーフラーの研究[19]という二つの注目すべきＫＰＤ史研究を生み出したのである。

こうした研究史上の転換は、一九八九年の「転換」抜きには考えられない。とくに多くの研究者のもった疑問は、表向きの党大会議事録や定期刊行物の検討だけではたして共産主義政党の歴史は描けるのか、ということであったが、それは、その後文書館の開放によって、新たな道が開かれることになった。また、東西のイデオロギー対立のなかで生み出されていた、様々な先入観から解放されることにもなった。ただ、この研究史上の転換が、一九七〇年代以降十分に蓄積された地域史の成果によってもたらされたという側面も見逃してはならない。つまり、地域史を見ていくと、地域のKPD党員たちは決して中央と連動して動いていたわけではないことがわかってきたのであった。[20]ここで開かれた「下からの」KPD史研究は、ヴィルヘルム時代のSPDとの類似性を指摘するなど、「スターリニズムの移植」という図式の陰に隠れていた多くの興味深い事実を明らかにしてきているし、例えば、ミリュー研究との接合が可能となり、一九世紀史研究の後追いがやっとできるようになったのである。[21]とくにマルマンは、「左」、「右」の責任問題に終始しがちであった従来のイデオロギー的主張を後退させながら、次のように言う。

ドイツ共産主義の歴史は、圧倒的にまだまだ人間なきドグマの歴史、主体なき機構支配の歴史である。スターリン主義の理論的分析枠組み（パラダイム）は、KPDのコミンテルンによる外からの支配、遠くからのコントロールの解明とか、モスクワの目的のための制度化に、関心を引きつけていた。しかしながら、こうした見通しは、共産主義がつねに「普通の人たち」の社会的大衆運動でもあったという観点をあまりにも蔑ろにしてきた。……そこでは宣伝文句が現実と履き違えられ、個々の党員は単にクレムリンの命令の受け皿と見下されていた。たとえコミンテルンやKPDが諸決議を上から下へと貫徹させようとしたとしても、それに共鳴する土壌や、受け入れ方、それに従おうとする意志の理由を見過ごすことはできない。……一枚岩的、一元的に規定されたシステムとして共産主義を説明することは、自分自身の判断基準にしたがってその地域の政治を作り出していたことや、もしそれを誤りだと地域が判断すると上からの指令さえ無視していたことを見過ごす。ヴァイマル共和制期の共産主義の社会史的考察をさらに進めようとするならば、とくにこの期の共産主義が綱領や政治方針によってすでに十分に解明されているという観念から解放されるべきである。それに代わって、我々は党方針への視点を、党の下からの視点によって補完し、党員を意志も性格ももたない客体としてとらえるべきではなく、彼ら独自の法則性のなかにいる彼らを真剣に検討するべきであり、彼らの行動の背景や判断基準を知り、彼らの決定や行動の自由選択権を発掘し、もっと彼らの交流形態や価値規準について考察しようとすべきである。こうした問題の解明のためには内側からの組織の解明だけでは不十分であって、それを社会的ネットワーク化とミリュー的環境といった外からの視点や、共産主義者たちの地域社会との結合の問題、とりわけヴァイマル労働運動の分裂が実はどの程度のものであったのか、という問題によって補完されるべきである。(22)

つまり、マルマンは、ミリュー研究や地域史研究の進展を背景にしながら、従来研究が目指していた「上」(=「モスクワ」、コミンテルン)、「内側」(=党内事情)からのKPD分析に対して、「下」(=グラスルーツ)、「外側」(=ミリュー、党外世論)を強調し、KPDの歴史を「『普通の人たち』の社会的大衆運動」と見なし、そこにおける自律性に注目する。マルマンによって開かれた「下から」、「外から」の画期的なKPD史研究によって、これから研究の方向は「蛸壺社会(Nische Gesellschaft)」への注目へと進むであろう。(23)

こうしたいわば従来の「上」、「内」からの分析とそれと対抗するマルマンの「下」、「外」からの研究にしても、依然として課題が残されている。つまり、マルマンの研究は新たな視点を提供しながらも、ミリュー研究に終始し、具体的政治史分析には至っていない。したがって、ここでは、「下」、「内」からの分析、つまり、下部=グラスルーツの動きがいかにKPDの党方針を規定していったのか、換言すれば、民衆の「抵抗」をKPDという一つの政党の政治路線へと昇華させるプロセスを解明することが求められていることに我々は気づく。

一般に政党と運動との関連については、一九六〇年代後半以降とくに、体制改革運動を共産党だけで論じてきた従来の傾向に疑問が投げかけられ、関心はむしろ前衛党とは独自に展開される「運動」の解明に向かうことになり、とりわけドイツ革命史研究を中心に、運動の政党からの自立性を強調する社会運動史が提起された(24)。

政党の関与への注目をできるだけ最小限にとどめようとする社会運動史が注目したドイツ革命期とは異なり、ヴァイマル共和制末期になると、労働運動内部では規律化が回復され、政党指導部の影響力が強化されつつあった。こうした時代へ社会運動史の関心は向かわなかったが、政党と運動との関係については、むしろドイツ革命期は特殊であって、一般的には、政党と運動の両者が並存しているとすれば、両者の関連に注目する必要があろう。政党とグラスルーツ的運動の間には常に緊張関係が存在するが、問題はどういった関係をもつかである。政党と市民運動という現代的関係にも展開する両者の関係に関心をもっているのは、都市社会学者M・カステルの研究である。

彼にあっては、グラスルーツは、民主主義実現の主体と見なされるが、ここで問題となる政党と運動の関係に関して、カステルは、一九一五年グラスゴーの家賃ストライキを分析するなかで、「高度に政治的である指導部と、動員活動や意思決定にかんするみずからの民主的なメカニズムを組み立てることができるグラスルーツの運動のあいだに、創造的な結びつきがある……。政治的な指導部とグラスルーツの民主主義は両立しないように見えるかもしれないが、実際には両者は相互補完的である(25)」という。

ここでの問題は、グラスルーツに対する政党の役割を全面的に肯定するのか、否定するのか、ではなく、カステルがいう両者の「相互補完性」の実態解明であろう。運動つまり「下」の自立性が強かったドイツ革命期と、連合国・政党という「上」が再建の主導権を担った戦後の中間にあって、ナチ前夜の運動と政党の間の具体的関係性の検討が待たれる。

ヴァイマル末期のＫＰＤも当時同じ課題に直面していた。つまり相対的に独自に展開される反ファシズムの「運動」をKPDがどうやってその方針上に取り組んでいこうとするかである。とくにこの問題が最初に浮上してくるのは、管見の限りでは、一九三〇年末から一九三一年にかけての時期である。この時KPDは「人民革命」構想によって、グラスルーツ運動の包摂を図った。

さらにKPDの宣伝・扇動部（アジ・プロ部）の一員であったシュレジンガー（R. Schlesinger）の回想によると、この「人民革命」構想こそは、「当時まだ目的意識的に気づかれていなかったが、後の『人民戦線』のようなものへの移行を果たすことができた」とされる。[26] そうであれば、「人民革命」構想は、一九三五年コミンテルンの「歴史的転換」と呼ばれているものを先取りしていたことになり、敗北の歴史としてしか叙述されてこなかったKPDや反ファシズムの歴史叙述に新たな可能性を期待させる。そこで、この本書でテーマとするドイツにおける失われた可能性や反ファシズムのポテンシャルに着目する端緒としてKPDの「人民革命」構想を解明することは有効であろう。

また、「人民革命」構想の検討を進めていくと、KPDが一枚岩的構造とは程遠かったことが判明する。つまり、状況の推移とともに、KPD指導部が設定した路線からの様々な「逸脱」が生じることになったのである。その一つが中央からコントロールがきかない「ローカル」が登場することであった。ここでは一九三一年春のブラウンシュヴァイクにそれを代表させ、「下」、「外」の視点の導入が図られる。

もう一つの「逸脱」は、一九三一年前半を中心にしたアジ・プロ部による「人民革命」構想の独自展開である。ここには、理論として実現しなかった可能性が秘められていると考えられるので、アジ・プロ部機関誌『プロパガンディスト』を中心に、いわば「下」、「内」の可能性やポテンシャルを検証したい。

ただこうしたポジティヴな可能性の指摘だけではKPDの構造研究としては不十分であり、ネガティヴな面も言及されるべきであろう。一九三一年八月の人民決定の参加をめぐってKPDは混乱するが、その主要な原因はコミンテルンがKPDの政策に介入したからである。「上」、「外」の観点から、コミンテルンの介入の論理やそれを受け入れるKPD側の論理を解明してみよう。

その後一九三一年秋KPDは、「上」「外」からの干渉、「下」「内」の自立化の危険性などを孕みながら、複合的な混乱に陥ることになる。さらに「下」でも、ナチに対する焦燥から反ナチ闘争手段としてのテロが問題として浮上することになる。

混乱は、「上」「内」にあたるKPDの党内対立をも並行させていた。当時KPD党員であったH・ヴェーナーが、この期のいかなる党内グループも「政治的基盤をもった真の反対派ではなかった」というように[27]、一九三〇年代にはいっての党内対立は、それ以前と比べて明確な形では現れない。

「スターリン主義化」の一つの指標であった一枚岩的構造については、その後ヴェーバー自身の実証研究によって再検討されたし[28]、同時にこの期の党内対立をKPD党議長テールマン(E. Thälmann)と政治局員ノイマン(H. Neumann)の主導権争いだけに限定していた従来の傾向も徐々に薄まる傾向にあった。

実際、ノイマン・グループの責任とされる項目を検討すると、それが一つのグループが路線として打ち出したにしては矛盾するものが多い。例えば、「右翼日和見主義的偏向」も「左翼冒険主義的傾向」も同時にノイマン・グループの責任にされているのである。ノイマン・グループとははたして何だったのかという命題は、依然として謎のままである。そこで、ここで課題として浮上してくるのは、開かれた文書史料を駆使しながら、テールマン対ノイマンととらえる従来の図式を再検討することにある[29]。

本書で使用した文書館史料の収集は何度かにわたって行われた。とくに、以前のドイツ社会主義統一社会主義党、現在の民主的社会主義党の中央党文書館については、留学期間も含め一九八三年、一九九二年、一九九三年三度にわたって史料収集にあたった。一九九〇年のドイツ統一を挟んで、八三年の時はInstitut für Marxismus-

Leninismus beim Zentralkomitee der Sozialistischen Einheitspartei Deutschlands, Zentrales Parteiarchiv (IML, ZPA)、九二年の時は Institut für Geschichte der Arbeiterbewegung, Zentralparteiarchiv der Partei des Demokratischen Sozialismus (IfGA, ZPA)、九三年には、Stiftung Archiv Parteien und Massenorganisationen der DDR beim Bundesarchiv, Zentralparteiarchiv der Partei des Demokratischen Sozialismus (SAMPO, ZPA) と、文書館自身の管轄や名称が変わるなど、状況は大きく変化した。さらに東ドイツ時代マルクス・レーニン研究所の中央党文書館で閲覧できたのは一九三〇年代ドイツ内務省情報局に集められた官庁史料であった。それがドイツ統一後は、ＫＰＤ関係では中央委員会、書記局、政治局レヴェルの議事録、Ｗ・ピーク（W. Pieck）などＫＰＤ指導者の遺稿集（Nachlaß）に加えて、コミンテルン関係の史料がモスクワから返還されており、コミンテルン執行委員会の書記局や幹部会の議事録やピヤトニツキーをはじめとするＫＰＤと関係の深いコミンテルン執行委員の遺稿集も閲覧ができるようになっていた。

以上のように、「上」、「下」、「内」、「外」からＫＰＤを多角的に分析し問題を浮き彫りにしながら、一九三二年に展開されるヴァイマル共和制末期の最後にして最大の反ファシズム運動である「反ファシズム行動」の分析に向かう。そこでは反ファシズムの失われた可能性やポテンシャルを探ることになるであろう。

# 第一章　ヴァイマル共和制末期の労働者たちをめぐる状況

## 第一節　就業労働者と失業者の溝

まず、反ファシズムの主体とされる労働者たちを取り巻く、とりわけ社会経済的環境を論じることから始めよう。実はその検討から、ＫＰＤの活動の中心となる空間や支持層などが浮かび上がってくるのである。

一九二九年一〇月にアメリカ合州国に発した大恐慌は、主としてアメリカ資本に支えられていたドイツの「相対的安定期」を破綻させた。つまり、アメリカ資本のドイツからの引き揚げによって、ドイツの工業生産は四割以上後退し、失業者数は七〇〇万人近くまで達した。しかしこうした大恐慌の影響は、労働者階級に一様に作用した訳ではない。むしろその内部に様々な亀裂を生み出したのである。

例えば、完全失業率を産業別にとってみよう。表1-1のように、とくに、建設業や皮革加工業での完全失業率が著しく高く、なかんずく建設業では、その数は九割以上にまで達している。逆に、ヴァイマル期全体を通して労働運動の牽引役であった金属工や炭鉱労働者の間での失業率は相対的に低い。こうした失業率の産業間格差が顕著

**表1-1**　産業別完全失業率

（単位：%）

| | 1929年9月末 | 1930年1月末 | 1931年1月末 | 1932年1月末 | 1933年1月末 |
|---|---|---|---|---|---|
| 炭　　鉱 | 1.4 | 2.6 | 11.6 | 18.2 | 18.5 |
| 金　　属 | 8.5 | 14.1 | 28.2 | 41.4 | 47.7 |
| 化　　学 | 6.7 | 12.2 | 21.8 | 33.4 | 32.8 |
| 建　　設 | 13.3 | 57.9 | 74.8 | 88.6 | 90.6 |
| 繊　　維 | 10.5 | 11.9 | 21.8 | 28.6 | 30.2 |
| 皮革加工 | 20.8 | 30.4 | 50.9 | 63.1 | 65.5 |
| 総 産 業 | 9.6 | 22.9 | 34.2 | 43.8 | 46.2 |

出典：*Statistisches Jahrbuch für das Deutsche Reich,* (*SJfDR*), Jg. 1930, S. 321 ; Jg. 1931, S. 312 ; Jg. 1932, S. 304 ; Jg. 1933, S. 308により作成。

であったことは、H・グレービングらが指摘するように、労働者の意識や労働組合の姿勢に差異を生み出し、労働者の統一した行動を阻害する一因となった。(1)

その他にも、大恐慌の作用は、男女間や熟練工と未熟練工の間などに様々な亀裂を生み出したが、反ファッショ勢力の統一を阻害したという点でとくに注目すべきは、J・クチンスキーの指摘であろう。つまり彼は、『ドイツ人民の日常史』の中で、一九二九年から三二年にかけての危機の期間を通して、「数百万もの失業者群と就業者との間の分裂はとくに大きかった」（強調――筆者）(2)と言っているのである。しかしこうした重要な指摘にもかかわらず、クチンスキーが実際にこの著作の中で行っているのは、むしろ次頁の表1-2の④の部分のような、大恐慌期における労働者全体の窮乏化の論証であった。これでは、まだ失業者と就業者の置かれた状況の差異が看過されてしまったままである。(3)

そこで、失業者の状況と就業者のそれとの差異が判然とするように整理し直したのが、表1-2のⒷの部分である。ここでまず、就業労働者の賃金の動向に注目してみよう。たしかに、名目賃金の全般的下降傾向は認められるが、物価の下落速度がそれ以上に速いので、就業労働者の実質賃金は、むしろ上昇傾向にあることがわかる。この現象の原因と考えられるのは、当時、物価がこれといった価格統制がなかったために、恐慌の影響を直接にうけて暴落したのに対して、賃金の方は、労資共同決定制度などの政治的要素が緩衝作用を及ぼすので、下落速度が物価ほど急激ではなかったことである。

**表1-2　クチンスキーによるヴァイマル末期労働者の経済状況**

（単位：マルク）

| | Ⓐ | | | | |
|---|---|---|---|---|---|
| | ① 週協約賃金 | ② 超過手当 | ③ 失業援助金 | ④ 失業による賃金喪失 | ⑤ 操業短縮による賃金喪失 |
| 1929 | 48.55 | 4.35 | 3.10 | 7.70 | 1.25 |
| 1930 | 49.20 | 1.95 | 4.05 | 11.60 | 1.75 |
| 1931. 1 | 48.80 | 1.95 | 6.10 | 17.35 | 2.55 |
| 4 | 46.65 | 1.85 | 5.50 | 15.65 | 2.35 |
| 7 | 46.15 | 1.85 | 3.8 | 15.15 | 2.35 |
| 11 | 45.45 | 1.80 | 4.65 | 18.70 | 2.70 |
| 12 | 45.45 | 1.80 | 5.05 | 20.25 | 2.90 |

| | Ⓐ | | | | Ⓑ | |
|---|---|---|---|---|---|---|
| | ⑥ 税　金 | ⑦ 収　入 (①+②+③)−(④+⑤+⑥) | ⑧ 週生活費 | ⑦/⑧ (%) | ⑨ 収　入 ①+②−⑥ | ⑨/⑧ (%) |
| 1929 | 4.85 | 42.20 | 49.65 | 85 | 48.05 | 96.8 |
| 1930 | 4.90 | 36.95 | 47.55 | 78 | 46.25 | 97.3 |
| 1931. 1 | 4.00 | 32.90 | 45.30 | 73 | 46.75 | 103.2 |
| 4 | 3.95 | 32.00 | 44.30 | 72 | 44.55 | 100.6 |
| 7 | 4.25 | 30.00 | 43.25 | 66 | 43.75 | 101.2 |
| 11 | 3.65 | 26.95 | 42.60 | 63 | 43.60 | 103.7 |
| 12 | 3.40 | 25.85 | 42.05 | 61 | 43.80 | 104.3 |

出典：*Internationale Gewerkschafts-Pressekorrespondenz*, Jg. 2-Nr. 21/22 v. 19. 3. 1932, S. 248により作成。

ともかく、ここから浮上してくるのは、何とか失業さえ免れれば、ある程度の生活は保障されるという、就業労働者たちの状況である。たしかに、彼らは合理化の下で、長時間労働を強いられていた。しかしそれにもかかわらず、彼らにとって最も恐るべきは解雇—失業であった。こうした労働者の失業に対してもっていた危惧自体は、U・シュトレが明らかにしたように、すでに「相対的安定期」から見られた現象だった。化学産業の大独占体であったバーデン・アニリン・ソーダ会社（BASF）のある工場では、節約運動のために、労働者一二〇人に対してトイレが三つしかなく、鉛を扱う労働者のために二つのシャワーがあったが、そのうち一つは水がとめられていた。このような労働環境や衛生条件の悪化のなかで、たとえ負傷者が出た場合でも、労働者たちは、合理化の対象となって職場を失う恐れから、労働評議会に労働条件の改善要求さえしなかったのである。(4)

そしてこうした就業労働者の姿勢は、とくに大恐慌以降、失業者数の爆発的増大と並行して、ますます保身的かつ受動的になっていったと考えられる。実際に、ヴァイマル末期に起こった経済ストライキ件数は、ドイツ革命期に比べて一、二割にすぎない。(5) さらにナチ政権が成立した時でさえ、就業労働者たちは、失業への恐れから行動にうつることをためらっていた。その姿を描いたものに、自分の日記を基に書かれたペーターゼンの『われらの街』の次の行をあげることができる。

ヒトラー政権が誕生した一九三三年一月三〇日の翌朝、その時失業者であった主人公らは、国電に乗りこみ、ベルリンのジーメンスに出勤途中の労働者たちに、ゼネストへ決起するよう訴えた。しかし、反響はというと、「ぼくは、茫然となる。様子は期待とは大ちがいである。だれひとり、議論もしないし、なんの興奮も示さない。黙ってちらしを受けとるだけである。……(中略)……『われわれは、なにもできないよ。組合が決定するまで待つしかないよ』と中年の男が言う。『待ってちゃいけないよ、おじさん。なんとしてでもきっかけをつくらなくちゃ。そうすれば、ほかの連中も引きずられるんだよ』中年の男は首を振って――『組合の指令もなし、ストライキ基金もないのに、ただやみくもにおっぱじめるというのかい?』左側の若者がうなづいて――『そんなこと、できっこないよ』『そんなことすりゃ職を失うだけだよ。職をだよ』と婦人が皮肉に口をはさむ」(6) といったものだった。

ナチ政権成立直後でさえ、就業労働者がこうした保身的かつ受動的姿勢をとっていたのだから、それ以前の、例えば一九三二年七月二〇日のパーペン・クーデターのような、ヴァイマル共和制の崩壊にとって決定的な時でも、

**表1－3**　ザクセンにおける失業保険受領状況

（単位：人）

| | 失業保険受領者 | 恐慌援助金受領者 | 一般福祉援助金受領者 | 計 |
|---|---|---|---|---|
| 1930.　1.31 | 261,638<br>(78.4%) | 32,296<br>(11.8%) | 72,683<br>(21.8%) | 333,167<br>(100%) |
| 5.31 | 212,106<br>(56.5%) | 62,806<br>(16.7%) | 100,373<br>(26.7%) | 375,285 |
| 1931.　1.31 | 256,181<br>(46.5%) | 144,065<br>(26.1%) | 150,887<br>(27.4%) | 551,133 |
| 5.31 | 168,359<br>(35.2%) | 129,180<br>(27.0%) | 180,700<br>(37.8%) | 478,139 |
| 12.31 | 156,470<br>(28.0%) | 169,236<br>(30.2%) | 226,952<br>(40.6%) | 559,658 |

出典：*Bericht der Bezirksleitung der Kommunistischen Partei Sachsens an den 2. Bezirks-Parteitag v. 25. -27. 3. 1932*, S. 8により作成。

ほとんど有効な抵抗が組織されなかったのも当然だったといえよう。そして、彼ら就業労働者がいつかは抵抗の指令を出すものと期待していた労働組合の指導部が、保守派やナチ政権とさえ妥協できたのも、逆に下部の労働者が指導部方針にさして反発を示さなかったからであろう(7)。

もちろん、こうした労働組合指導部の姿勢に不満がなかったわけではない。なかでもこの期のＫＰＤは、労働組合指導部に対抗して、それまでの組合内反対派の活動のみならず独自の赤色労働組合結成をも推進していた(8)。とくに三一年にはいると、その組合員数は、二月の一五万弱から一一月の三十数万へと急速に増大した(9)。しかしこれも、ＳＰＤ系ドイツ労働総同盟の四〇〇万強と比べると、赤色労働組合路線が就業労働者の多くの部分を引き付けるものではなかったことがわかる。そればかりか、徹底した闘争を呼びかけるＫＰＤ勢力は、解雇の対象となり、ＫＰＤ党内でも失業者の率が顕著に増大し、ＫＰＤは失業者の党の如き観を呈してくるのである。

以上のように、就業労働者は実質賃金を上昇させ、解雇に怯えるあまり、受動的で保身的になっていた。これとは対照的だったのが次に見る失業者層であった。

大恐慌以降のドイツでは、完全失業者だけでもその数は最高七〇〇万人に及び、完全失業率も四五％以上に達した。それら当時の失業者は、国から支給額が多い順に、失業保険、恐慌援助金、一般福祉補助金という三種の補助金を受けとっていた。しかしその給付状況をみると、表1-3のように、不況が長びくにつれて、失業保険の給付期限が切れ、恐慌援助金も打ち切られ、極少額の一般福祉補助金だけで生活せねばならない失業者が増えている。そのうえ、この期財政危機にあった政府は、幾度となく失業者への補助金を削減したのであった(10)。

ここで、当時KPD党員で、一般福祉補助金だけで生活していた失業者夫婦の一週間の家計を見てみよう。次頁表1-4を見ると、この夫婦が、ただ住んで食べるだけの生活をおくっていたことがわかる。ただ食べていたといっても、彼らが摂取していた熱量は、一人一日平均一九〇〇カロリー程度にすぎなかった。当時の平均的ドイツ人が、一日に約三〇〇〇カロリーをとっていたというから、一九〇〇カロリーは、生存していくのにぎりぎりの線であったといえる(11)。

さらに、この家計簿から当時の彼らの生活を推測してみると、衣服の買替えはおろか、支出のなかに石鹸の項も見あたらないから、衣服は着たきりか、せいぜい水だけで洗っていたと考えられる。肉やバターさらにはドイツの食生活に欠かせないビールや酒類も買えなかった。交通費もないから、どこに行くにも徒歩であったろうし、靴や下着も含めて何か新しいものを購入することはまったく不可能であった。

この夫婦はまだ堅実であるが、独身者は夫婦分の七割程度しか給付額がなかったし、例えばアルコール依存の傾向があれば、住むか食べるかのどちらかを犠牲にしなければならない。とくに家賃は、賃金や他の物価に比べて、下落速度がきわめて緩慢だったから、都市部を中心に、高い家賃が払えず、博物館などの前で雨露をしのぐ失業者も増えた。逆にこうした博物館は、入館料を「人間　三〇プフェニヒ、失業者・子ども　一五プフェニヒ」と表示するなど、これら失業者を人間扱いしなかったのである(12)。自殺も増えた。三〇から六〇歳の壮年層を中心にして、「相対的安定期」よりも二割程度首吊り自殺の数が増えている。

文字通り悲惨といえるのは、国からのすべての補助金が打ち切られたにもかかわらず、扶養家族を抱え、簡単に

**表1-4　失業者世帯（KPD党員）の週間家計簿**

| | | | |
|---|---|---|---|
| 収　入 | 一般福祉補助金 | 16.00マルク | |
| 支　出 | 週間家賃 | 7.00 | |
| 月曜日 | 1黒パン | 0.35 | 1,202kcal |
| | 1ポンド砂糖 | 0.40 | 1,737 |
| | 3ポンドじゃがいも | 0.12 | 1,048 |
| | ½ポンドマーガリン | 0.19 | 1,721 |
| | ½ℓ牛乳 | 0.13 | 295 |
| | 石　炭 | 0.32 | |
| | 1箱マッチ | 0.05 | |
| | 党　費 | 0.05 | |
| | 1箱タバコ | 0.50 | |
| 火曜日 | 3ポンドじゃがいも | 0.12 | 1,048 |
| | 2ポンド人参 | 0.12 | 290 |
| | ½ポンドベーコンの皮 | 0.29 | 959 |
| | 1ポンドトマト | 0.15 | 73 |
| 水曜日 | ½ポンドマーガリン | 0.19 | 1,721 |
| | ½ℓ牛乳 | 0.13 | 295 |
| | ¼ポンドスープ用サゴ | 0.13 | 396 |
| | 3ポンドじゃがいも | 0.12 | 1,048 |
| | 石　炭 | 0.32 | |
| | 1ポンド梅のムース | 0.15 | |
| 木曜日 | 1ポンド砂糖 | 0.10 | 1,737 |
| | 3ポンドじゃがいも | 0.12 | 1,048 |
| | 1ニシン | 0.10 | 741 |
| | 1きゅうり | 0.15 | |
| | 食用油 | 0.10 | |
| | ½ポンドソーセージ | 0.30 | 669 |
| | 1束マキ | 0.24 | |
| 金曜日 | 3ポンドじゃがいも | 0.12 | 1,048 |
| | 2ニシン | 0.20 | 1,482 |
| | ¼ポンドマーガリン | 0.10 | 861 |
| | 党費（夫人の分） | 0.55 | |
| 土曜日 | 1ポンドエンドウ豆 | 0.20 | 422 |
| | ½ポンドベーコンの皮 | 0.30 | 959 |
| | ½パン | 0.24 | 601 |
| | スープ用骨 | 0.10 | |
| | 3ポンドじゃがいも | 0.12 | 1,048 |
| 日曜日 | 4ポンドじゃがいも | 0.16 | 1,397 |
| | 1ポンド馬用グラーシュ | 0.65 | 499 |
| | ½ポンドマーガリン | 0.19 | 1,721 |
| | ½パン | 0.24 | 601 |
| | 6本タバコ | 0.20 | |
| | 1束マキ | 0.24 | |
| | 救援団体への寄付 | 0.20 | |
| | 4個プロェトヒェン | 0.10 | |
| 家賃を除く週支出 | | 9.21 | |
| 週支出総計 | | 16.21 | |
| うち食費 | | 6.24 | |
| 1人1日当たり摂取カロリー | | | 1,905 |

出典：*Internationale Gewerkschafts-Pressekorrespondenz*, Jg. 2 Nr. 34/35 v. 29. 4. 1932, S. 408により作成。

は自殺できない失業者たちであった。彼らのうちの一人は次のように言う、「俺は一年以上も前から失業中だ。もう四カ月も前に補助金は切れてしまった。それで、どうやらこうやら生きていく術を失ってしまった。だから、俺に与えられる仕事ならなんでもやらなきゃならない」[13]と。また別の失業者は、「俺は一年以上も失業中で、家族もあるが、失業保険も恐慌援助金の給付も切れてから、しょっちゅう働くチャンスを狙っていなけりゃならない。俺の家族が飢えんようにな」[14]と発言している。

こうした失業者の窮状から生まれた、いわば〈家族のためなら何でもやる〉といった意識は、むしろ無銭飲食や無賃乗車といった行動や、さらには食料品店の襲撃にまで発展する場合もあった。また、ベルリン・シャルロッテンブルクのワル街に住む鍛冶工フェリクス・トレティンの場合は、仕事がなかったので、ナチの突撃隊にはいるという選択をした、彼は言う、「おれだっていつまでも、失業手当のあんちゃんといって、だれかれなしにばかにされたくないからな。……（中略）……営舎におりゃ、寝るところに困りはせんし、食うものだってちゃんとあるよ。おれはいままで、コンマ以下の人間だった。しかし制服を着てりゃ一人前よ。まあ、将来どうなるにしても一人前の扱いにはまちがいないよ」[15]と。

しかし、失業者がルンペンプロレタリア化してしまって、ナチに取りこまれたかというと、そうでもなかった。ハミルトンの選挙分析によると、他の階層以上に失業者がナチに投票する傾向はなかった、という[16]。では、さらに進んで、失業者たちはいかに反ファッショ勢力として登場するのだろうか。それを知るうえからも、反ファッショ運動の中心であった経営外、もっと端的にいうと労働者街の動きを次に見てみよう。

## 第二節　労働者街・失業者・ドイツ共産党

ベルリンの労働者街の歴史的分析を手がけたローゼンヘイフトによると、ヴァイマル期にはいって、半熟練や未熟練労働者が増大したが、彼らは一九世紀の熟練労働者のように同じ経営に長期間勤めるのではなく、比較的頻繁に職場を渡り歩くようになる。それと同時に、従来の職場の近所に労働者街が形成されるといった職・住一体構造は壊れ、経営と労働者街との紐帯は、しだいに薄れていった。そこで労働者街は、以前にも増して、経営者や労働組合などに対する独自性をもつようになっていたのである(17)。

ハンブルクを例にとると、こうした労働者街はノイシュタット地区に見られた(18)。ここでは政治的にはKPDが優勢であった。例えば、三一年九月の市議会選挙で、KPDは全市では二二％の得票だったが、ノイシュタット地区では、四一・六％を獲得するほどであった。そのノイシュタット地区の中でも、とくにゲンゲ地域と呼ばれる一角では、住民の三人に二人以上がこの時KPDに投票した。こうした労働者街の中でもきわめて凝集性の高い地域は、とくにベルリンあたりでは一般にキーツ（Kietz）と呼ばれた。

通常こうしたキーツでは、旧い建物が立て込み、陽が当たらず、乳児死亡率や結核による死亡率が高く、自他共に〈小モスクワ〉と称していた(19)。これらキーツの中に、労働者組織の本部や拠点も置かれていたし、一九二九年のメーデー事件などのように市街戦ともなると、ここにまっ先にバリケードが築かれたのである。

とくにキーツの中にあって、労働者の結集点の役割を果たしたのが、クナイペやヴィルトハウスという居酒屋であった。カウツキーは、これらの居酒屋を「プロレタリアートの政治的自由の唯一の要塞」であって、これなしにはプロレタリアートの政治生活はない、と言っていたほどであった(20)。

実際に、クナイペの果たした役割は実に多様であった。仕事前、仕事中、仕事をすませた労働者たちに、ビールと共にコミュニケーションの場を与えていた[21]。口伝えによる情報の伝播・交換の場でもあったし、様々な会議にも利用された。とくに、経営内では会議が開けないほどの小規模な経営のストライキ指導部や、経営評議会などが、よくクナイペを使用した。労働者新聞をはじめ労働者組織の出版物が並べられていた。また、クナイペの前はよくデモの集合場所にされ、野外での集会が禁止された時などは、そのままクナイペで集会がもたれたのである。

クナイペでは、労働者組織が重要な決定をすることもあったので、公安警察が情報を収集する際には、クナイペは欠くことのできぬ情報源であった[22]。だが、こうした類いのクナイペが、「よそ者」をそう簡単に受けいれることはなかったので、警察にとっては「目の上のたんこぶ」のような在在であった。

居酒屋を一つの核として、独特のミリューをもち、結束性の強い〈小モスクワ〉には、そもそも警察たりとも、おいそれとは立ち入ることができなかった。日常的に警官ができることといえば、通りの入口で職務質問をする程度で、もし警官がキーツ内にはいる時には、必ず二人組が作られた。だが、こうした〈小モスクワ〉に侵入を企てる唯一の例外があった。ナチである。しかし、このナチにしても、公然と労働者街に彼らが現れ始めたのは、やっと一九三〇年になってからのことで、この年の九月国会選挙で、ナチが国会内第二党に躍進できるほどの力量をもって以後のことであった[23]。

労働者街の労働者たちにとっては、日頃から赤旗が通りをうめつくし、労働者組織の制服が行進することに慣れていたから、当初から、ナチのハーケンクロイツや褐色の制服が現れると、〈異物〉〈よそ者〉と映ったのも当然である。そうした〈旗〉〈色〉〈制服〉で判然と識別できる〈異物〉に対する労働者たちの拒絶反応は、まず近所のナチ支持者の家の壁にいやがらせの落書きをする程度のことから始まった。さらに、一九二九年一一月にナチが、ベルリンのヴェッディンク地区という有名な労働者街に、はじめて選挙活動のためにトラックで乗りこんだ時など力行動の際に、その中心となったのが、クリック（Clique）という名の若年労働者の集団であった。

このクリックは、本来ハイキングクラブとして二〇世紀初頭につくられたが、集団行動を積み重ねるうちに、一つのコミュニティを形成し、集団で街頭にくり出すようになる。[25]彼らは、一〇名から一〇〇名ほどのグループで行動し、若い女性をひやかしたりする集団でもあった。その構成員は、年齢的には一〇代半ばから二〇代半ばにかけてで、主に未熟練労働者か失業者であった。「赤いアパッチ」「五月隊」といったグループ名をもつこれらクリックの数は、ベルリンだけでも六〇〇以上にものぼり、約一万人がメンバーだったが、この一万人という数は、ベルリンの一四歳から二五歳までの青年男子のほぼ七％にあたる。こうした血気盛んな青年労働者たちが、労働者街に侵入してきた「異物」――ナチに対して、真先に激昂したのはいわば当然と言えよう。

こうみてくると、労働者街に侵入することが、ナチにとっても、並大抵のことではなかったことがわかる。そこで、ナチは労働者街へ侵入する際に、まずはじめに彼らの出撃基地を設けた。それは、その名も「突撃居酒屋（Sturmlokal）」という特殊な居酒屋だった。[26]ここは、ナチ支持者を中心としたコミュニケーションの場という点では、先述の労働者政党系のクナイペと同じ役割を果たしていた。ただこの突撃居酒屋が他と違うのは、ここでスープが無料で支給されていたし、ベッドが備えられており、宿泊もできたという点である。

まずスープの無料支給は、「家族のためなら何でもやる」気のルンペンプロレタリアートを組織していくのに好都合だったろうし、彼らは突撃居酒屋で寝食を共にしているうちに、例えば突撃隊に入隊することもあった。それに、いくら労働者街で暴れまくっても、いったん突撃居酒屋にもどってくれば、仲間がいて、傷の手当てもしてくれるのである。そうした意味で、突撃居酒屋は、労働者街のナチにとっては、まさしく「敵陣の中にある要塞」の役割を果たしていたのである。

したがって、一九三〇年以降、突撃居酒屋が労働者街に設けられ始めたことと、それと同じ時期にナチと労働者たちとの暴力的衝突が急増していることは、偶然の一致ではない。ベルリンの例をとると、一九二九年までの政治的な暴力衝突は、年間ほぼ二〇件で、そのうちナチとKPDとの衝突は、六、七件にすぎなかった。それが二〇年になると総件数は五〇件、三一年には一〇九件、そして三二年には三一一件と急増し、そのうち四分の三がナチとKPD間の衝突だった[27]。

そのうえ、一九三一年を境として、ナチのテロの形態もしだいに変化した。つまり、三一年前半までは、些細な原因から殴り合いが始まって、その場に仲間のナチが駆けつけて、死者を出すまでに暴れるというのが一般的パターンであった[28]。それが、三二年も後半ともなると、突撃隊を中心にナチが、労働者街を襲撃する例も見うけられるようになったのである。その代表的例としては、三一年一〇月のブラウンシュヴァイクや三二年七月の「血のアルトナ事件」などが挙げられる。

こうしたナチの労働者街襲撃を伝える労働者政党の機関紙は、きまって「第三帝国の現実」といった類いの見出しをつけているが、労働者の間では、ナチ政権ともなれば、そうした自分たちへのテロが日常化する、という恐怖感が作り出されたと思われる。この恐怖感こそは、その後の反ナチ運動を支える一大モメントとなるのである。

ここまで来ると、ナチの宣伝隊に石を投げつけるといった、いわば労働者たちの自然発生的運動だけでナチに対抗できないのは明らかであろう。そこで、組織内反テロ運動をみる必要がある。まず、各労働者政党は、労働者街に独自の防衛組織をもっていた。SPDは、「共和国防衛」のために「国旗団（Reichsbanner）」をもち、その戦闘的部分を「防衛隊（Schutzformation=Schufo）」に結集させた[29]。さらに三一年秋になって事態が緊迫すると、SPDは、他のSPD系団体と共に「鉄戦線」をつくったが、ドイツ労働組合総同盟もこの期に、それまで各地に経営内で成立したSPD系防衛組織を「ハンマー隊」として集約しようとした[30]。他方KPDは、本来、防衛組織として「赤色戦線闘士団」を抱えていたが、二九年にこれが禁止され、非合法化されると、三〇年九月に「ファシズムに反対する闘争同盟」を結成していた[31]。

しかし、これらの政党に系列化された防衛団体は、この期のSPDとKPDの確執を反映して統一行動をとらず、ナチの労働者街襲撃に有効に対応しきれなかった。そこで労働者たちは、とくにナチのテロ攻勢が始まった三一年後半から新たに、労働者街コミュニティを結集軸に、自衛措置として各種自警団（Selbstschutz）を結成し始めたのである。なかんずく、これら自警団の結成が集中して起こったのは、ナチの襲撃と前後した時期であった。

例えば、ブラウンシュヴァイク市では、三一年一〇月一七日に、ナチによる大規模な労働者街襲撃があり、二名の死者と六〇名近い負傷者が出たが、その後一一月八日までに、市内で一六の新しい自警団が結成されている[32]。そのなかの一つであるマンデルン街の自警団は、一〇月二八日に、一〇世帯の住民が口伝えに寄りあった際に生まれている[33]。この場に集った三〇名は、ファシストのテロへの対抗措置を話しあい、敵対する政治的見解にもかかわらず、反ファッショ自警団の創設には合意し、出席者のうち、無党派の一五名、SPD三名、KPD三名が、早速自警団のメンバーとなった。

こうした隣、近所同士で、自らの生活空間をナチの襲撃から守ろうとする動きは、同じブラウンシュヴァイク市のフリーゼン街のような本来は労働者街ではない所でも起こっているし、その際に自警団のメンバーとなった二六人の顔ぶれを見ると、主婦や子供まで含まれていた[34]。

さらに、この当時の自警団運動を研究したE・ドェーラーらが指摘する「ナチのテロに反対する直接行動の所産として誕生した」これら自警団の組織構造上の特徴は、速やかに警告が伝わることと、旺盛な行動力、そして他の諸組織との共働が容易にできていたことである[35]。また、一つの自警団の規模は、状況に応じて不定であったが、情報の伝達速度などの実践的経験から、しだいに一部隊は五〇名以下になっていったし、指導部も通常三名から構成された。そして、三二年春の段階でのこれら自警団のメンバー数は、ベルリンで二・二万、ニーダーラインで、一・五万、北バイエルンで九〇〇〇などで、全国では、一〇万人をはるかに超えていたし、その後も顕著に増えつづけていく。

以上のように、労働者街を中心とした経営の外の世界では、三二年初めまでにすでに強力な自警団という反ナチの実働部隊が出現していた。実は、こうした経営外の反ファッショ運動が、経営内運動の麻痺状態とは対照的に、三二年半ばから後半にかけて反撃に転じた反ファッショ運動の一つの中核を占めるようになるのである。

以上から言えることは、過度の図式化だという誇りを覚悟すれば、ヴァイマル末期にあっては、就業労働者と失業者の間に、際立った経済的状況やそれに起因すると思われる政治行動上の差異があったということである。

ところで、この二つの階層は、はたして各々どの政党を支持していたのだろうか。ここではそれに直接応えられないが、逆に、ＳＰＤとＫＰＤという二大労働者政党がいかなる階層によって支持されていたのか、を知る意味で、各選挙でのＳＰＤの得票数―就業労働者数とＫＰＤの得票数と失業者数の相関をみたのが次頁図1-1である。この図は、ヴァイマル末期における五回の国会選挙結果だけではドットが少なすぎるので、主な州レヴェルの選挙結果も参考に作成した。例えばある地方選挙で、得票がその直前の国会選挙に比べて二％増えていたら、その得票傾向が全国的に同じだと仮定して、図では二％増としている。

ここから言える大雑把な傾向は、ＳＰＤが就業労働者に、またＫＰＤは失業者層に支えられていたということである。もしそうであるとすれば、ヴァイマル末期におけるＳＰＤとＫＰＤの相克は、その支持基盤である就業労働者と失業者の間の差異を背景としていることとなり、単なる指導部間の確執や方針・政策上の相違というレヴェルにとどまらなくなる。さらに、こうした就業労働者と失業者間の差異を、反ファッショ運動と絡めて空間的にみると、就業労働者―経営内―運動の停滞―ＳＰＤ、失業者―経営外―運動の突出―ＫＰＤといった二系列の傾向性に

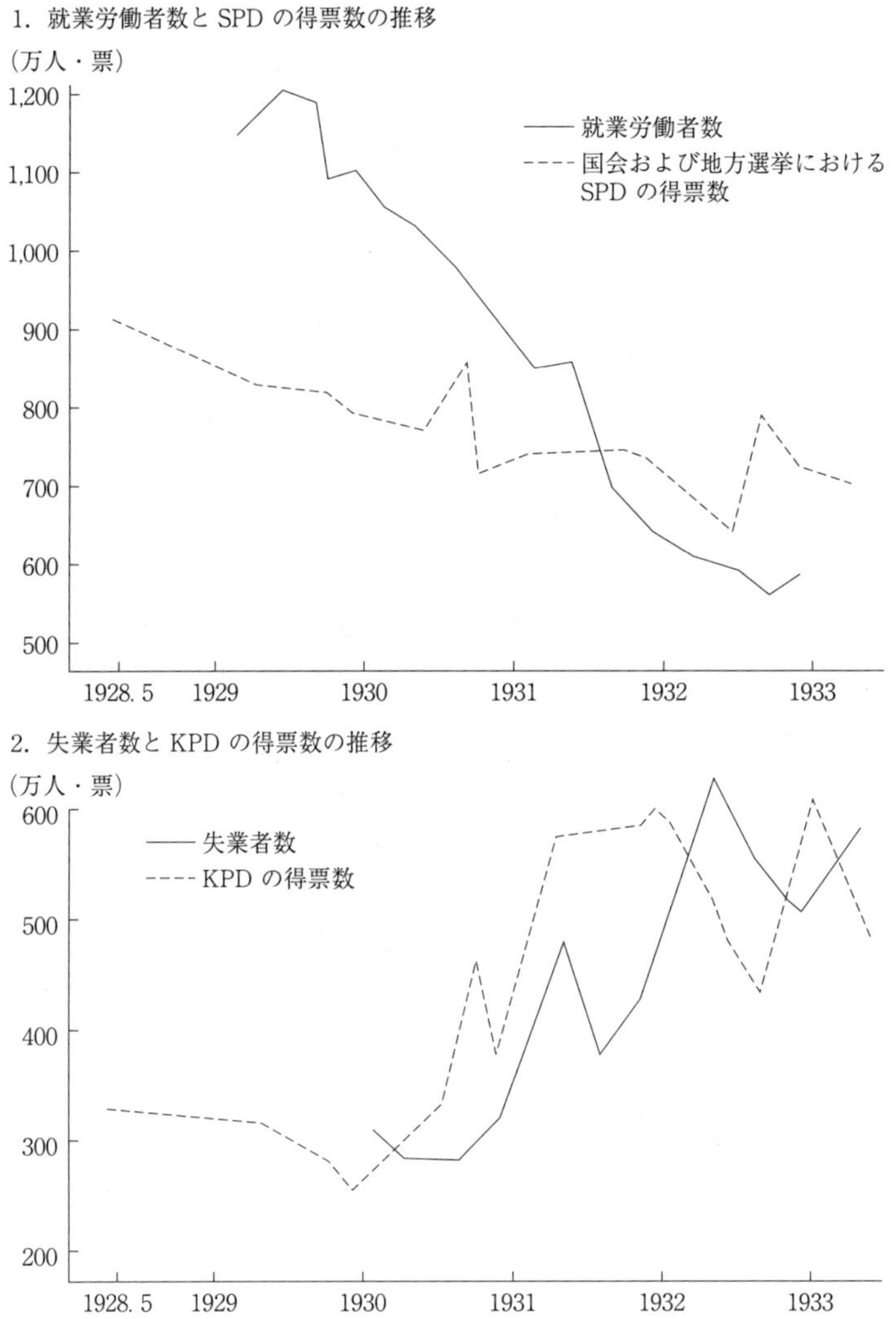


**図 1－1　失業と投票行動**

出典：*SJfDR*, Jg. 1930, S. 321；Jg. 1931, S. 312；Jg. 1932, S. 304；Jg. 1933, S. 308, S. 539により作成。選挙結果は，国会選挙（1928. 5. 20；1930. 9. 14；1932. 7. 31；1932. 11. 6；1933. 3. 5)，ザクセン（1929. 5. 12；1930. 6. 30)，バーデン（1929. 10. 27)，テューリンゲン（1929. 12. 8)，ヘッセン（1931. 11. 15）の州議会選挙，ハンブルク（1931. 9. 28；1932. 6. 20)，ブレーメン（1930. 11. 30）の市議会選挙およびブラウンシュヴァイク（1931. 3. 1）の市町村議会選挙の結果。

図式化されよう。

これを労働者政党の側から見れば、ナチ前夜という緊迫した状況を打開しようとする時、いかにこの二系列を一元化していくのかといった課題も浮上してくる。SPDとKPDとの統一戦線は反ナチ抵抗にとって有効だと一般にされているが、ただこうした支持層・空間などの溝は容易に架橋できないどころか、対立へとつながりかねない内容を含むものであり、両者の統一はさほど簡単ではなかったことが想像される。

とくにKPD側から見れば、以下の各章でKPDや反ファシズムのグラスルーツの主たる活動の空間が、経営内ではなく、経営外のとくに「街頭」であり、主体は失業者を中心としているのは、以上のような状況から生まれるのである。そしてKPDやグラスルーツによる街頭闘争が先行すると、戦線を拡大しようとする時、次の課題として浮上するのは、そうした経営外運動をどうやったら経営内の就業者の運動に連携させるのかということであった。

したがって以上の考察は、以下論じる各章の構造的前提を提供するものである。

# 第二章　「人民革命」構想（一九三〇年冬）

## 第一節　新しい路線

ヴァイマル共和制末期におけるＫＰＤの基本路線が「社会ファシズム」論だと一概に規定できないということを論証するためには、ＫＰＤの「社会ファシズム」論からの離陸の過程が明らかにされなければならない。一九二九年五月一日ベルリンでＳＰＤ警視総監がＫＰＤのデモ隊に発砲し死傷者を出した「血のメーデー」事件によって激化したＫＰＤの「社会ファシズム」論に変化が現れたのは、ナチの台頭が様々な分野で顕著に認められるようになった、一九二九年秋ヤング・プラン反対運動以降になってからのことである。ＳＰＤ主導の大連合内閣の動揺やナチの台頭という新しい状況のもとで、ＫＰＤの党内では、党機関誌『インテルナツィオナーレ』を中心に激しい議論が繰り広げられた。その中心になったのは、党中央委員会労働組合局長メルカー（P. Merker）と政治局員レメレ（H. Remmele）であった。この議論を通じてＫＰＤは、実質的に「社会ファシズム」論に軌道修正を加えるのであった。[1]

まず状況の変化に対応して、レメレは二九年末からの政治的危機のなかに、「社会ファシズム」が政府から追い出されて（Fußtritt）、別の政府が成立する可能性を見ていた。そして、その際別の勢力、すなわちナチによって置き換えられる（ersetzen）可能性を指摘していた（「置換理論」）(2)。これに対してメルカーは、旧来の「社会ファシズム」論に固執した。まずＳＰＤを「まさに彼らこそ資本主義国家機構のファッショ化とファッショ独裁樹立達成のための決定的勢力である」としたうえで、したがって「今の中央政府の構成に変化が起こる理由はない」と、ＳＰＤ政府の存続をメルカーは予言していたのである(3)。

しかしこうしたメルカーの予想とは裏腹に、実際には三〇年三月二七日に、ミュラー大連合内閣は倒壊して、大統領の信任にのみ基礎を置くブリューニング政府が三月三〇日に成立した。ここでメルカーの論拠は破綻した。メルカーは、コミンテルン執行委員会に直訴に出たが、逆にＫＰＤ中央委員会は四月五日に政治局決議を出し、メルカーを中央委員や労働組合局長の要職から解任した(4)。

次の党議長テールマンの発言を見ると、たしかにこの「二正面闘争」という新しい路線が、こうした一九三〇年春のメルカーとの論争の過程で生まれてきたことがわかる。「追い出し理論のなかにファッショ的萌芽を見なかったメルカー。これが、ファッショ化の始まりの時点であった。ブルジョアジーは他の支配方法を利用しなければならなかったので、社会民主党は政府から放り出されたのであった。メルカーは、事態の前に仁王立ちとなって、何がドイツで起こっているのかを見なかったのである(5)。」

こうしてレメレの主張にそって新しく打ち出されてくるのが、ＳＰＤにもナチにも攻撃の矛先を向ける「二正面闘争」であった。いわば二つの敵論である。しかし実践的には、明らかにナチ主敵論に、この路線は傾斜していた。このナチ主敵論という路線上にＫＰＤは、三〇年六月四日に反ナチのための「数百万人の戦線」結成を喚起した政治局決議「ファシズムに反対する闘争について」を発表した(6)。しかしこのように主砲をナチに差し向けたにもかかわらず、六月末のザクセン邦議会選挙でナチの躍進を許してしまったことに関して、KPDはその後とくに、ナチの民族的扇動がその中間層獲得にあたって大きな役割を果たしている、という教訓を導き出し、これに対抗する意味から一九三〇年八月二四日には、ヴェルサイユ体制打倒、ヤング案反対を骨子とする『ドイツ人民の民族的・社会的解放に関する綱領宣言』（以下『綱領宣言』）を公表している。(7)

とくに『綱領宣言』に関しては、その作成の過程でコミンテルンが積極的に関与していたと思われ、すでに三〇年七月二二日の時点で、コミンテルン執行委員会中欧書記局はKPD中央委員会宛に『ドイツにおける国民ファシズムに反対する闘争の問題について』という次のような手紙を送付している。

大商業資本と銀行資本に反対するファシストたちのアジテーションに対抗し、また税制や社会保障削減に関するファシストたちの社会的デマゴギーに対抗し、さらには寄生階級に対する大げさな反ユダヤ主義のアジテーションに対抗して、党は、誰にでもわかりやすくかかれた綱領を大衆に向かって発しなければならない。その綱領は、共産主義者が政権をとったら何をするのか、を明確に断固とした言葉で述べなければならない……この綱領は、ファシストのスローガンや実践的行動の欺瞞性を具体的に暴くことを基本としなければならない。我らが必要だと思うのは、君らの目の前でファシズムの問題を提起することである。なぜならば、目前に迫った選挙闘争のなかでファシズムが、君らにとって最大にして最も危険な敵の一つになるだろうからである。(8)

そして、コミンテルン中欧書記局は、『中欧書記局の草案』を添えているが、これが『綱領宣言』の土台になったと考えられる。(9)

しかし、こうしたナチス主敵論、中間層重視というKPDなりの試みにもかかわらず、三〇年九月一四日の国会選挙でナチは躍進した[10]。その後ＫＰＤ内で登場してくるのが、中間層獲得により一層踏みこんで中間層を革命戦略のなかで積極的に位置づけようとする「人民革命」構想であった。

まず、革命論として「人民革命」論をとらえようとする際、その基点は、三〇年一二月一五日に提起された「反ファッショ人民革命」構想に求められる[11]。これは、当時、ＫＰＤベルリン地区の指導者であったウルブリヒト（W. Ulbricht）が、全党役員を前に報告するといった形で出されたのである。その詳細は、後に具体的に展開されるが、結論から言えば、従来「人民革命」構想の根拠とされている一九三一年一月ＫＰＤ中央委員会総会での「人民革命」論は、前年一二月に提起されたこの「反ファッショ人民革命」構想から、革命論を欠落させた残滓と言えよう。

さて、「反ファッショ人民革命」構想が提起される頃、ナチは、一九三〇年九月の国会選挙で一二議席から一〇七議席へと躍進を果たした後も、ひきつづき、地方選挙で得票をさらに倍加させていた。そうした折、一二月一日にブリューニング政府は、系統的デフレ政策を、大統領緊急令の発布という形で強行したのである。

翌一二月二日、ＫＰＤは、この政府の措置をもって、「ファッショ独裁」と規定する[12]。その直後から、ＫＰＤ各級党組織および大衆組織は緊急に会議をもち、この情勢判断を支持する一方、善後策を検討した[13]。「反ファッショ人民革命」構想は、こうした一連の動きのなかから生み出されてくる。つまり、この革命構想は、当初、「ファッショ独裁」を打倒するための革命として提起されたのであった。以上の経過が示すように、「構想」は、ＫＰＤの状況判断（とくに一二月二日の「ファッショ独裁」規定）に強く規定されている。しかし、そういった「反ファッショ人民革命」構想の性格は、後に大きな問題を残すこととなるのであった。

さて、革命構想提起の直接的契機となった三〇年末の「ファッショ独裁」規定は、従来、ＫＰＤの誤謬の最たるものとされているが、これに具体的検討を加えた時、多くの点で一蹴できない内容を含んでいた。その一つは、この「ファッショ独裁」がそれ自身のなかに段階を含み、そのなかでナチ政権成立の可能性を積極的射程におさめていた、という点である。これに関してテールマンは、一二月一二日付党機関紙に掲載された「我々はファッショ独裁を乗り越えて人民を勝利に導く」と題する論文の中で、次のように述べている。

ファッショ独裁が、固定的で硬直しさらなる展開を伴わない形態でないことは自明である。今日我々がドイツで経験していることは、ファッショ独裁の開始段階なのであり、ブルジョアジーの意志に応じて事態が進行するならば、反動諸勢力の議会外の展開を基にしたさらなる段階がこれに続くであろう。(14)

さらにテールマンは、同じ論文の別の箇所で、ここに言う「ファッショ独裁の開始段階」には「ブリューニング・ブロック」を、「さらなる段階」には「ヒトラー・フーゲンベルク・ブロック」を、各々の段階を担う勢力として確定している。以上のように、三〇年一二月二日の「ファッショ独裁」規定は、現状を固定してなされたものではなく、来るべきさらなる展開を予測するとともに、その具体的形態としてのナチ政権成立を、むしろ前提とした状況判断だったのである。ここに「ファッショ独裁」規定の正当性が確認される。

しかし、問題となるのは、当時のＫＰＤが、この「ファッショ独裁」克服の道を、直接プロレタリアート革命に結びつけていた、という点である。(15)ここから、「ファッショ独裁」打倒を急ぐＫＰＤは、必然的に、革命論を模索する方向へと進んでいかざるを得なかった。

だが、〈革命〉を意識する時、三〇年当時、ＫＰＤの前には大きな〈壁〉が立ちはだかっていたのである。その〈壁〉とは、「大衆のなかに眠れる闘争エネルギー（die in den Massen schlummernde Kampfenergie）(16)」と言われるような革命主体形成の決定的遅れであった。

一九二八年の第六回世界大会以降、コミンテルンは、資本主義は「全般的危機の第三期」にあるとする基本的情

**表2-1** ヴァイマル末期産業労働者の経済ストライキの動向

| 年 | 1919 | 20 | 21 | 22 | 23 | 24 | 25 | 26 | 27 | 28 | 29 | 30 | 31 | 32 |
|---|---|---|---|---|---|---|---|---|---|---|---|---|---|---|
| A. 総件数（件） | 3,682 | 3,693 | 4,093 | 4,348 | 1,878 | 1,581 | 1,516 | 316 | 733 | 687 | 425 | 332 | 458 | 634 |
| B. うち失敗件数（件） | 584 | 635 | 781 | 841 | 636 | 539 | 475 | 114 | 197 | 198 | 140 | 172 | 290 | 327 |
| $\frac{B}{A}\times 100=$ 失敗率（%） | 15.9 | 17.2 | 19.1 | 19.3 | 33.9 | 34.1 | 31.3 | 36.1 | 26.9 | 28.8 | 32.9 | 51.8 | 63.3 | 51.6 |

出典：*Statistisches Jahrbuch für das Deutsche Reich*. Jg. 38(1919)-52(1933) により作成。

**表2-2** 1930年11月フライブルク市，ブレーメン市の選挙結果

| （フライブルク市） | 国会選挙（30年9月14日） | 地方選挙（30年11月16日） | 増減率 |
|---|---|---|---|
| KPD | 2,964 | 1,540 | −48.0% |
| 社会民主党（SPD） | 10,685 | 7,959 | −25.5% |
| （ブレーメン市） | 国会選挙 | 地方選挙（30年11月30日） | |
| KPD | 25,808 | 21,481 | −16.8% |
| SPD | 73,634 | 61,965 | −15.8% |
| ナチス | 26,108 | 50,597 | +93.8% |

出典：*Varwärts* Nr. 510 v. 17. 11. 1930, *R. F.* Nr. 281 v. 2. 12. 1930.

勢認識を採用しており、二九年秋における世界大恐慌の発生は、このテーゼの正当性を立証したかにみえた。だが、少なくともヴァイマル末期のドイツにおいては、「第三期」論が予測したような資本主義経済の破局が直接階級闘争を先鋭化させるといった状況は生まれなかった。表2-1に見られるようにむしろ当時のドイツでは、ストライキは低迷し、選挙においてもKPDは停滞していたというのが実相である。すなわち、ヴァイマル末期のストライキは、件数にしてヴァイマル初期のそれの一〇分の一程度にすぎず、数少ないストライキのうち労働側が敗北する例は、飛躍的に増大している。また、選挙においてもKPDは、直線的に勢力を拡張していく訳ではなかった。そればかりか「反ファッショ人民革命」構想が提起される当時のKPDは、地方選挙で大きく後退しており、とくにフラ

イブルク市に至っては、表2-2に見られるように二カ月前の九月国会選挙での得票を半減させているのであった。こうした状況は、第一章で明らかにした、とくに就業労働者の受動的態度と軌を一にするものである。

以上、「反ファッショ人民革命」構想がうち出される時点でKPDは、「ファッショ独裁」を克服するための革命への極度の焦燥感にもかかわらず、「眠れる闘争エネルギー」と言われるような革命主体形成の遅延というなかにあったと考えられる。であるとすれば、「反ファッショ人民革命」構想の課題は、いかに「眠れる闘争エネルギー」を覚醒させ、焦眉の反ファッショ革命を推進するかに設定されると言えよう。では、KPDは、いかにしてこの矛盾を解決しようというのだろうか。以下、この視点から「反ファッショ人民革命」構想における運動論ならびに組織論の解明を介して、この構想を考察したい。

## 第二節　政治的大衆ストライキと代表者会議運動

一九三〇年一二月一五日、「ファッショ独裁」への対抗措置を協議した一連の会議の集大成として、ウルブリヒトは、全党役員を前に、「反ファッショ人民革命」構想を披露したが、そのなかで彼は、まずその運動論について、この革命は、「政治的大衆ストライキ」という形態をとってなされる、としている。(17)

この「政治的大衆スト」論自体は、すでに、二九年七月のコミンテルン執行委員会プレナム第一〇回大会で、「直接的革命情勢にない状況下」における普遍的戦術として定式化されていた。(18)ただ三〇年末段階のメリットは、それまで大枠でしか規定されていなかったこの「政治的大衆スト」という概念に、詳細な検討が加えられるとともに、それが具体的現実に適応できるまでに達していた点に求められよう。

この期、「『人民革命』の問題と政治的大衆ストのそれは、非常に多くの論文の中で明らかにされている」と言われる程であった。とくに「政治的大衆スト」論の展開の中心となったのは、『プロパガンディスト』というKPD中央委員会発行のマルクス＝レーニン主義宣伝のための月刊誌である。[19] ここで重要な点は、この期、一連の論文の中で「政治的大衆スト」が論じられる際に、ローザ・ルクセンブルクがよく援用されていることである。[20] また同時に、これまで未発表であった彼女の演説がこの時になってはじめて刊行されている。この演説は、ローザが一九一〇年一〇月一日にハーゲンの金属労働者組合の組合員大会で行ったものであり、その内容は、『プロパガンディスト』誌に、「政治的大衆ストに関して」と題して掲載されている。[21] こうしたことは、後に「反ファッショ人民革命」構想の根幹的発想が、「ルクセンブルク主義」と烙印されることと考えあわせると興味深い。

ともかくそうしたなかで、この期における「政治的大衆スト」論の一到達点を示す素材としてあげられるのは、当時宣伝部員を務めていたゲルバー（R. Gerber）の論稿であろう。[22] そこで彼は、まず現状を、「敵の抑圧装置が、まだ完全である」と規定したうえで、この段階に相応する運動論として、「政治的大衆スト」の概念を導入している。彼によると、この「政治的大衆スト」は、直接的革命情勢下で発生するゼネストとも、単なる経済ストとも区別される。つまりゲルバーにとって「政治的大衆スト」とは、発生の要因が純粋政治的であるゼネストに対し、直接的原因は経済的要因に求められ、闘争を経るうちに政治的課題が設けられるに至るものとされ、また、最初から影響が広範囲に及ぶゼネストとは異なり、最初は部分的、散発的なものとされている。さらに、直接に蜂起―革命に直接連なるゼネストには、たとえそれ自身成果なしでも、大衆の闘争力の増大、敵陣内部の崩壊、動揺する中間層の獲得如何を一義的にみる「政治的大衆スト」を対置しているのである。こうしたゼネストとの対比とともに、ゲルバーは、政治的に転化するか否かで、単なる経済ストと「政治的大衆スト」とを区別したうえで、「政治的大衆スト」に経済ストとゼネストをつなぐ媒介項としての任を与えるのであった。

以上のような「政治的大衆スト」の典型を、一二三年のクーノー政府打倒ストライキに求めるゲルバーは、この運

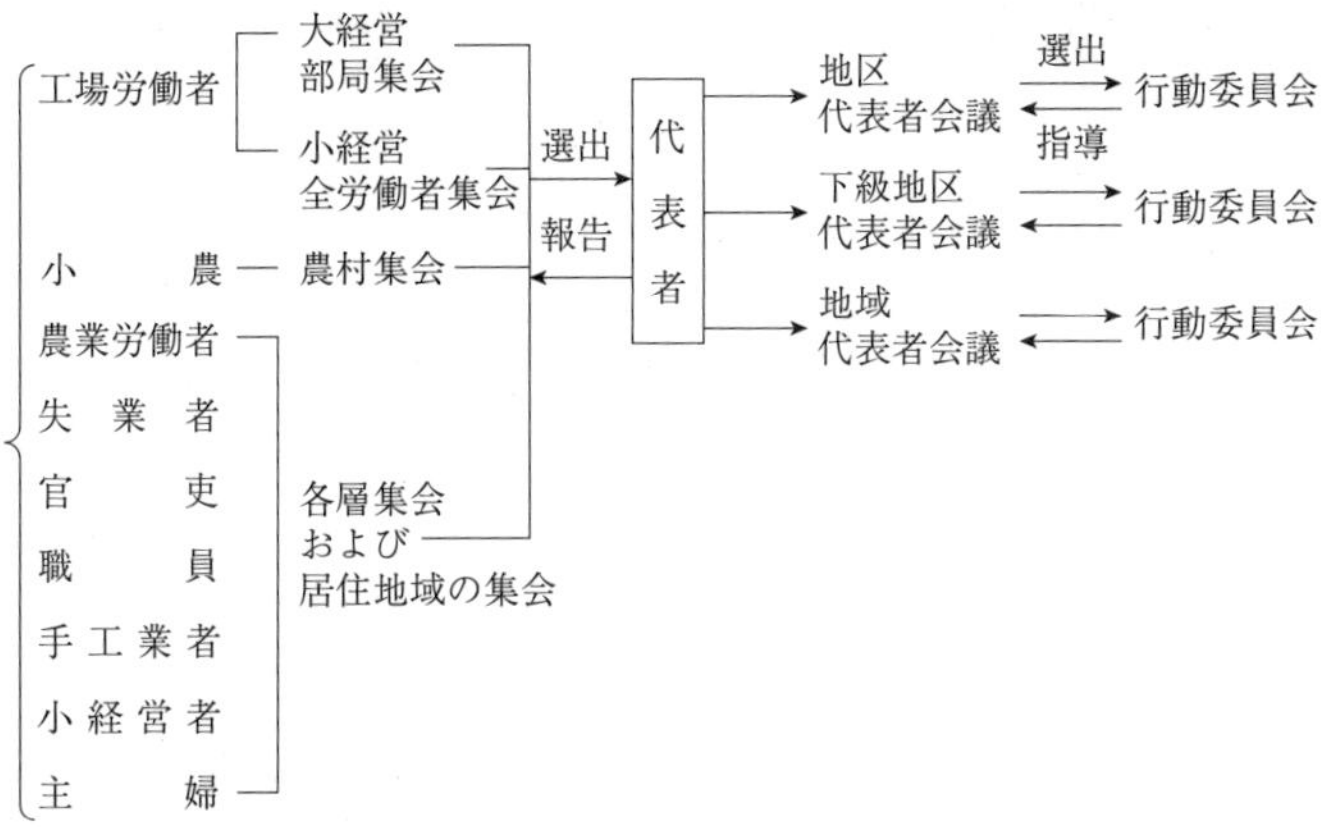


**図2－1　代表者会議運動の構造**

動形態により、「眠れる闘争エネルギー」の主因と彼が見なす「相対的安定期の残滓」を払拭しうるとした。

こうしたゲルバーの主張にみるように、「政治的大衆スト」という「反ファッショ人民革命」構想の運動論は、その具体的イメージが与えられるまでに至っていると言えよう。だが、この革命論を全体として考える時、KPDにとって、革命主体を早急に確保することが要請されているとすれば、「反ファッショ人民革命」構想の要は、むしろ具体的変革主体の設定、つまり、その組織論にあると言えるのではなかろうか。では、次にそうした「反ファッショ人民革命」構想の組織論の検討に移ろう。

この点について、ウルブリヒトは、さきの報告のなかで、これまで個別運動の際組織されてきた闘争委員会や農民委民会等、従来追求されてきた「統一戦線組織」の拡充だけでは不十分であるとして、「反ファッショ人民革命」を担う「統一戦線戦術の適用の新たな、より高次なる形態」の必要性を強調する。そして、これに該当する組織名として彼が挙げたのは、「代表者システム＝行動委員会(Delegiertensystem=Aktionsausschuß)」（機関誌等では、「代表者会議＝行動委員会(Delegiertenkonferenz=Aktionsausschuß)」）というものであった。[23]

まず、「反ファッショ人民革命」構想の組織論に据えられたこの組織の構造の素描は、当時ＫＰＤ組織部長の任にあったクロイツブルク（A. Creutzburg）によって与えられている。それによると、図2-1に見るように、はじめに、「代表者会議」という際の代表者の選出は、経営、職場、農村、居住地域で開催される各労働者、農村集会、各階層集会で行われる。そして、これら各集会で選出された代表者は、地域（Ort）、下級地区（Unterbezirk）、地区（Bezirk）といった一定の範囲で、必要に応じて集い、当該の代表者会議をもつ。この会議の席では、参加した各層の代表者たちによって、行動委員会が選挙される。この行動委員会は指導機関であり、闘争の際には、代表者たちを介して現場に対して方針を提起する。と同時に、代表者たちは、代表者会議の模様等を現場に報告する義務を負っているというのである。[24]

また、ウルブリヒトが「反ファッショ人民革命」構想のなかで、「行動委員会は、その統一戦線組織としての特色を、大体において、共産党員がメンバーの多数派でない時にのみ得る」とか、「我々共産党員は、行動委員会のなかで、党派的多数派である必要はない」とかしている所から判断すると、この「代表者会議＝行動委員会」という一連の体系のなかで、共産党員は、多数派でなかったのではないかと考えられる。[25]

代表者会議を母体としているので、以下、代表者会議運動と呼ばれる運動・組織体のこうした構造は、ある面でレーテをも想起させる。そして、「反ファッショ人民革命」を担うべき「これらの組織は、経済・政治闘争を経るなかで生まれ出、絶大な権威と大衆性を、最も広範な労働者人民諸階層のなかで得ている」[26]のである。したがって、革命の主体形成の遅れを何とか克服しようとしていたＫＰＤにとって、この「絶大な権威と大衆性」をもつ代表者会議運動への期待は大きい。

例えば、先ほど「政治的大衆スト」の箇所で登場したゲルバーは、まず、自らがイメージする「政治的大衆スト」という運動形態を担う実態的機関を、代表者会議運動に求める。そして、この機関が、「官僚的圧力なしに」展開されるならば、それは、「プロレタリア民主主義の確保を意味し、抽象的で大衆には理解できない問題設定を首尾よく防止することを意味する」とした。さらに、ゲルバーの代表者会議運動への期待は、「高度に工業化された国」「ドイツ革命の特殊性」として、政治的大衆ストのなかで代表者会議運動は、「プロレタリア統一戦線の最高形態であるソヴェト」への移行を果たす、というように、ソヴェトの実態的原型を代表者会議運動に求めるまでに至るのである。(27)

こうした代表者会議運動への期待の裏側には、この「新たな、より高次なる」統一戦線の対極にある、従来の「統一戦線組織」と呼ばれるものの否定的状況があったと考えられる。すくなくともゲルバーにとっては、赤色労働組合を含む従来の「統一戦線組織」なるものは、「机上だけの」「役立たずの」「官僚的」「形式的」「大衆的基盤をもたない」と映ったのであった。(28)

しかし、問題は、そうした状況のなかで、なぜ代表者会議運動だけが、「絶大な権威と大衆性」をもつに至ったか、である。では、この点を明らかにする意味からも、以下、KPD中央機関紙『赤旗《ローテ・ファーネ》』を中心に、いくらかでも代表者会議運動の実態を明らかにしたい。その際、ここでは対象は、ベルリン地区での代表者会議開催に至るまでの期間に限定されている。

## 第三節　ベルリンにおける反ファシズム・グラスルーツ

ベルリン地区の代表者会議は、三一年三月八日に開催された。だが、ここに至る代表者会議運動自体が生起する契機となった事件は、三〇年一二月三一日にさかのぼる。この日、SPD系の二名の青年が、ナチによって殺害された。この事件を契機にして、テロの直後から、下部においてはすでに、SPD、KPD、さらには無党派の労働者が統一し、糾弾集会や抗議デモが組織されていった。一九三一年一月四日に行われた抗議集会は、その集約点であり、このSPD系諸組織主催の集会には、SPD系労働者と並んで、KPD系の人たちも多数参加していたとされている。(29)

この期の社共指導部間の確執は、「これまで社会民主党と共産党は、ファシズム打倒という点で歩み寄ろうとしていないし、ここしばらくは今のままであろう」(30)と、当時一般に評される程であった。が、一月四日の集会で見られたような下部での先行した動きに対して、KPDは、その防衛組織であった「反ファッショ闘争同盟（Kampfbund gegen den Faschismus）」の名で、一月七日に予定されていた葬送行進に、それがSPD系諸組織の主催であるにもかかわらず、参加するよう呼びかけた。(31) その結果、七日の葬送行進は、実質的社共統一行動となり、その規模は数万に達した。(32)

こうした下からの大規模な統一行動の直後、ベルクマン＝ローゼンタルという一経営の労働者たちは集会をもち、まず、七日の統一行動を、「共産党、社会民主党、無党派、カトリック系労働者の戦闘的統一戦線結成の合図」としてとらえた。(33) そのうえで集会は、反テロと並んで、賃下げ・増税反対などといった生活要求を列挙し、これら切実な諸要求実現のためには、「労働者の統一戦線の組織化、プロレタリアートと小農、困窮する中間層との階級同盟が緊急に必要である」としている。ここで、この「統一戦線」、「階級同盟」結成へ向けた具体的方策としてあげられたのが、代表者会議の開催だったのである。そして、そのための契機を作り出すために、集会は、「経常、失対事業所、居住地区、農村の労働者、婦人、青年、職員、官吏、小農、困窮する中間層」にむけた「アピール」を発した。この「アピール」は、人民各階層が早急にこの「アピール」に応じて、反ファッショ代表者会議の召集へむけた委員会の設置や当面の闘争方針について協議する場に代表を派遣するよう訴えている。その後、この一経営の労働者集会の「アピール」に呼応した労働者集会、失業者集会、居住地区の集会は、相次いで、この「アピール」への賛同決議を挙げ、ここに代表者会議の準備が、具体的に始まった。(34)

こうしたなかでベルリン地区代表者会談開催にむけた準備会議は、一月一九日にもたれた。この間の詳細な経緯は明らかでないが、『赤　旗《ローテ・ファーネ》』によると、一九日の会議には、経営労働者、小農ら各層の代表が参加しており、KPDも、この場に一代表として出席していた(35)。まず席上、基調報告は、クリューガーという一金属労働者が担当した。彼はそのなかで、全人民は、人民収奪、ヤング税実施に反対するパンと職と自由をめざす全勤労人民の統一戦線に結集しなければならない、として、代表者会議運動が、この「パンと職と自由のための統一戦線」にあたると規定している。この基調報告に続いて討議にうつった一九日の準備会議は、最後に、これからの代表者会議運動を当面指導する機関のメンバーを選出した。この機関は、「行動準備委員会」と称するものであったが、この機関は、単に代表者会議の開催を準備するだけでなく、それと並んで、「当面する闘争課題に関する提起を全勤労人民にむけたアピールとして発表する」ことと「住民各層の任務を具体的に作成する」という三つの任務を与えられ、当面、代表者会議全体の指導を行うとされた。こうした行動準備委員会の発足によって、ベルリン地区の代表者会議開催にむけた動きは、不動のものとなったと言えよう。

そうした折、ベルリンでは、二月一日に再び、ナチによる共産青年同盟員殺害事件が起こった。これに対し、誕生したばかりの行動準備委員会は、当初の自らの任務に従い、事件の翌日に会議をもち、「アピール」を発した(36)。この「今なすべきことは何か」と題する「アピール」は、経営、失対事業所、居住といったタイプ別に、二月六日の葬儀当日を中心としたストライキ、集会、デモなど多様な抗議行動をとるように訴えている。多くの経営集会、居住集会は、この行動準備委員会の「アピール」に機敏に反応して、まず、スト決議や集会参加決議を次々とあげ(37)、さらに、葬儀当日の六日には、その決議に基づいて、各職場、居住で、一斉に反テロ行動が決行された。同時に、街頭には数万人が繰り出して抗議行進を展開したのであった。

こうした光景は、たしかに一カ月前にも見られた。だが、一月時点での反テロ行動が単発的抗議行動の域を出なかったのに対して、二月のそれは、テロを契機に、この後、「殺人ファシズム（Mordfaschismus）」反対闘争という継続的運動へと発展していくのであった[38]。この「自由」をめぐる闘争の中心となり、その指導にあたったのは、行動準備委員会である。すなわち、行動準備委員会は、その後二月一〇日にも会議をもったが、その席で、一五日に予定されていたナチの「ブリューニングに反対する大衆抗議」を、「ゲッベルス党による破廉恥な挑発」と規定し、同時に、これに対する解答として、一五日当日にナチ集会と同じ場所で、「殺人ファシズムに反対する大衆行動」を開催すると決定した[39]。つまり行動準備委員会は、ナチ集会の実力粉砕を企図したのである。

しかし、一五日当日は、ナチ、行動準備委員会双方の集会とも開かれなかった。というのも、二一日に、SPD党員で当時プロイセン警視総監のグルジェジンスキー（A. Grzesinski）が、一五日に予定されていた両集会を、ともに禁止したからであった。理由は、「公共の安寧秩序と参加者の生命、健康を危険に陥しいれる[40]」からだとされている。このように、まずナチが集会を提起し、これに行動準備委員会が対抗集会を呼びかけ、グルジェジンスキーが両集会とも禁止するといったケースは、二二日にも起った。こうして、短期間に二度にわたって集会の開催を阻止されたナチは、「赤色殺人組織の統一戦線」に対する焦燥を表明している[41]。他方、行動準備委員会は、たしかにナチ集会粉砕、という所期の目的の一半を達した。が、同時に、ナチと自らの集会を同列視して、これを禁止したプロイセン政府を「パンと職と自由」のための運動の障害と見なしたようだ。つまり、一度目の集会禁止措置が通告された一二日に会議を開いた行動準備委員会は、それまで方針上になかった「プロイセン連合政権反対」を、この席ではじめて採用しているのである[42]。

さて、二度目の集会禁止令によって、ナチ、反ファッショの両集会が開かれなくなったなかで、SPD系防衛組織国旗団だけが集会をもった。しかし、この集会は、参加者数が三〇〇〇余と少なく、失敗に終わった。この数は、SPDが前月一月の集会には、数万人を動員していたことを考えても、またこの日、ライプツィヒなどベルリン以

**表2-3** 3月8日ベルリン地区代表者会議参加者内分け

<table>
<tr><td>代表者総数</td><td rowspan="2">党派別</td><td colspan="2">KPD系</td><td>SPD系</td><td colspan="2">元ファシスト</td><td>無党派</td><td>その他</td></tr>
<tr><td rowspan="3">約2,100</td><td colspan="2">640</td><td>24</td><td colspan="2">8</td><td>1,436</td><td>2～3</td></tr>
<tr><td rowspan="2">階層別</td><td>経営労働者</td><td>失業者</td><td>農業労働者</td><td>小農</td><td>小経営者</td><td>職員</td><td>官吏</td></tr>
<tr><td>1,080</td><td>488</td><td>171</td><td>3</td><td>39</td><td>31</td><td>9</td></tr>
</table>

出典：*R.F.* Nr. 58 v. 10. 3. 1931 により作成。

外の各地で開かれた同種の集会への参加者数（二、三万）と比べても、きわめて少数である。[43] ナチによると、ベルリンでのこの集会の様相は、「哀れむべき」[44] だったとされた。が、同時に、この「哀れむべき」ＳＰＤ系集会を、集会参加者の数倍に及ぶ人たちが、とり囲んでいる光景が見られた。ナチに言わせると、「たいていが共産主義者から成る」これらの人々は、一方でナチの集会襲撃を阻止しながら、他方、集会に参加したＳＰＤ系労働者を、討論の輪の中にひきいれ、「いかにファシズムと闘うべきか」などの議論を旺盛に展開していたのであった。[45]

以上のように、ベルリン地区では、三一年二月、「殺人ファシズム」反対闘争がくりひろげられるが、代表者会議運動は、それだけでなく、この間に、各職場、居住で適宜、そこの事情に応じた運動も展開していた。[46] また、こうした運動と並行して、各集会では、三月八日のベルリン地区代表者会議にむけた代表者の選出も順調に進められ、この間の「パンと職と自由」を求める運動の高揚に支えられて、代表者の数は急速に増加していった。その結果、代表者会議当日の代表者数は、二一〇〇余人にまで達したのである。

これら三月八日の代表者会議に参加した代表者たちは、表2-3に見るように、経営労働者から農民、職員さらには、経営者にまで及ぶ各階層から成り、代表者会議運動が、階級同盟の実態的機関であったことを示していると言えよう。また、代表者たちは、その属する党派も様々で、全体の三分の二を占める無党派はじめ、ＫＰＤ系、ＳＰＤ系、果ては、以前ファシストであった代表者もいた。このことは、代表者会議運動が超党派的広がりをもっていたことを想像させる。さらに、こうした代表者の総数（二一〇〇余人）は、あくまで代表者の数であり、代表者会議運動に参加した者の数全体からみると、その一端を示しているにすぎない。つまり、これら二一〇〇余人の代表者を選出した場には、代表者選出基準（各集会参加者五〇人につき代表者一名）[47]から判断すると、一〇余万人がいたことになる。

## 第四節　民衆にとっての「ファシズム」「反ファシズム」言説

これら一〇余万人を代表する代表者たちの、一九三一年三月八日の反ファッショ代表者会議での発言をまずみてみよう。こうした民衆の生の声を拾うことは、サバルタン研究に代表されるような文字を残さず正史にならない下層の人々の声を発掘することだからである。

さて、三月八日の会議の席では「討論はボルジック商会の代表によって始められた」とされている。そのボルジック代表の発言は、革命的労働組合反対派（ＲＧＯ）の経営評議会選挙における凱旋報告のみであり、「ボルジックの選挙結果は労働者の敵が決定的に打破されることが可能だと示した」[48]というこの発言からは、「ファシズム」をとらえる当時の代表者の意識は明確でない。

上滑りではなく、切々と自らの境遇を訴えているのは、この会議に一七一人を参加させている農業労働者の代表の発言である。このノイルッピンからきた農業労働者は自らの惨状について次のように言明している。

農業労働者はますますユンカーに反対する闘争に結集してきている。また農業労働者は、改良主義者によって指導されているドイツ農業労働者連合がユンカーとの共同作業を行っていることを知っている。ドイツ農業労働者連合は、農業労働者の状態がきわめて劣悪になっていること、並びに、我々を腐った現物で丸め込んでいることに責任がある。私はここに豚でも一度として口にしない現物給与の小麦をもってきている。我々は従来の経験に基づき、改良主義的連合の官僚制から離れ、昨日赤色農業労働者連合を設立した。（嵐のような拍手）我々は、改良主義的連合に残っている社会民主党の仲間から離れるのではなく、この共同会議を前に我々がそれらの仲間に共同闘争を組むため手をさしのべることを宣言する。このことは「我々がもはや鉄床ではなく、ハンマーになるであろう」ことを意味している。(49)

この農業労働者にあっては、「豚でも一度として口にしない現物給与」について語り、そうした状態を〈三月八日〉のなかで社会民主党労働者の「仲間との共同闘争を組むため手をさしのべ」克服していこうとしているように考えられる。この発表者はまさに「パンを」求めているように思えるし、そうした意識をもった農業労働者が「反ファッショ人民会議」に参集してきているのである。

こうした経済的困窮を反ファッショ代表者会議で訴えているのは農業労働者ばかりではない。ランドスベルクの小農も「パンを」と訴える。

同志諸君！　君らの眼前には素朴で善良な小農、一目でドイツの百姓だとわかる一個の人間が立っている。我々善良な小農もしだいに我々が労働者に属してきていることを理解するようになってきている。我々は一日一五時間から一六時間もあくせく働かねばならないし、我々自身が妻や子を食い物にしなければならない。高い税を払わねばならぬし、それと共にヤング負担を支払わなければならない。

ユンカーに指導されている農村同盟は小農間から完全に一掃されるだろう。農村同盟と二四の全政党は村にやって来て扇動をやっているが、何ももはや彼らは獲得することができない。以前、我々は馬屋から最後の雌牛を共有しようと言いながら結局取り上げたひどい共産党員を恐れていた。しかし今日我々は共産党員ではなく、執行官が最後の雌牛をいかにして取り上げていくかの例を目にした。（まったく正しい。そして嵐のような歓声）今日我々は執行官の職が最良だと言いうる。

さらに私は別の例を語ろう。六五歳の未亡人が家畜、馬車等すべて差し押さえられねばならなかった。我々は誰が我々を助けてくれるかを知っている。多くの労働者、大抵は共産党員で、それに数人のSPD労働者が町からやってきた。彼らはこの未亡人の最後の全財産の競売を阻止した。（歓声）私はここに差し押さえ命令を手にしている。これによると全財産を競売しなければならない。なぜならまだ三二マルクの税が未納だから。この場で君ら労働者諸君が我々農民を救おうとしていることを明確に示してくれたまえ。我々が各々持っている砂で覆われた二〜三モルゲンの土地にはもはや何も育たない。風があると、一五〜三〇モルゲンが放置されたままである。そして刈りとりに我々が行ったなら、大鎌に袋を結びつけねばならないが、その袋の中にはわずかの穂を入れ込むことができるだけである。(50)

この小農は「高い税」「ヤング負担」に苦しめられ、「差し押さえ」「競売」を恐れ、〈三月八日〉の会議の席で「この場で君ら労働者諸君が我々農民を救おうとしていることを明確に示してくれたまえ」と労働者への救済嘆願をしていると考えられる。

小農代表の発言と並んで「人民会議」は、実際大会会場には三九名しか参加しなかった小経営者にも発言の機会を与えている。その代表は冒頭から「私はKPDに属していない」ことを言明している。

私はKPDに属していない。私は店をもち、小商売をする「資本家」の名で発言するよう依頼を受けた。私たちはしばしばあくどい金儲けで買い手の恨みと憤りが表明される対象となる。しかし私たちは労働者が現在経験している貧困に責任はないのである。小商人は自分が購入する生産物でさほど多く稼ぐ訳ではない。商品価値が高いのは小商人の利益ではなく、大商人と企業家の利益になるのである。たしかに電球は二五ペニヒで製造され二マルクで売られる。ミシンは三五マルクで作られ三五〇マルクから四〇〇マルクで販売されている。ラジオは一〇～二〇マルクで製作され一〇〇～一五〇マルクで売られている。だが私たちのうち多くの者が負債を抱え込んでいるのである。故に労働者とそれと同じ目的を目指している小ブルジョアジーは共通の敵に対して共同して闘わねばならない(51)。

反ファッショ代表者会議の席上でなされたこの小経営者の発言は、負債に苛む自らの窮状を訴えつつ、さらに進んで他階層との連帯を模索していこうとするときに立ちはだかる小経営者に対する偏見・誤解を解き、「労働者とそれと同じ目的を目ざしている小ブルジョアジー」の「共通の敵」に対する共同闘争を推進していこうとする意図をもってなされた、と考えうる。

これまでの各層の発言に加え、KPD党機関紙は〈三月八日〉の討論について「我々はすでに職員のなかんずくその失業者の恐るべき状況について語った。職員の多数は労働者よりも劣悪な状態にある」と言う失業職員の発言を載せている(52)。これも含め、以上『赤　旗《ローテ・ファーネ》』に掲載された反ファッショ人民会議の席での発言はいずれも自らの経済的困窮を語っており、連帯を訴えている。また賃金労働者の発言は、さしあたり先にあげたボルジック経営労働者のものだけが紹介されているにすぎないが、この間の代表者会議運動の展開のなかであげられていた要求は「賃金カット反対」等の生活諸要求であったことは確認しておく必要があろう。

たしかに「ゴルマン通りの失業者はグルジェジンスキーの警察政策とナチの反労働者性を非難した(53)」と〈三月八

日〉の席で反ナチの発言があったことも報じられているが、二月中あれほどの大運動が繰り広げられたにもかかわらずそれは一例にしかすぎず、その詳細な内容掲載も『赤旗《ローテ・ファーネ》』は扱っていない。これまで本書では主に史料上の関係から代表者会議運動の動きを反ナチ闘争を中心に追ってきた。たしかにテロは代表者会議運動の契機となり、さらに反ナチ闘争は大きな力を発揮し代表者会議運動自体の可能性を示した。しかしそれは運動の重要な一側面であったことには違いないにしても、決して「ドイツにおける反ファッショ人民戦線」が反ナチ闘争に一元化、還元されていなかったことを、上にあげた〈三月八日〉の発言が示している。つまり、反ファッショ代表者会議での発言は、反ナチを包み込んだより普遍的な「パンと職と自由を！」を訴え、そのための連帯を強調したもので満たされている。ここでは直接「職」については言及していないものの「パン」を要求する延長線上に「職」も存在すると思われるし、反ファッショ代表者会議運動が広範な運動として成立する可能性の重要な根拠は、こうした「人民」の意識に依拠していたと考えうる「パンと職と自由を」を運動論理としていたからだとは言えないだろうか。つまり、「我々の会議の席上、今日の破産した状況下では、もはや生きていることができるとも思わず、生きようとも思っていないあらゆる職層の困窮に悩み、搾取されている者の発言がなされた」[54]のである。

〈三月八日〉の発言を垣間見た限りにおいては、「我々の闘争会議はすべての勤労者の生活と自由を脅かすファシズムに反対する巨大な人民闘争の象徴である（強調——筆者）」とこの会議が全会一致で採択したとされる「人民会議のアピール」がいうように、この「ドイツにおける反ファッショ人民戦線の会議」に参集した代表者たちにとって「ファシズム」とは「生活と自由を脅かす」ものととらえられていたのではなかろうか。その「生活と自由を脅かす」ものは、先程の小農代表であれば「高税」「差し押さえ」「競売」であったろうし、農業労働者代表の発言では「腐った現物給与」であるし、「私はＫＰＤに属していない」から始めた小経営者にとっては「負債」であったろう。

こうした恐慌が半ば必然的に伴うと考えうる経済的破局状態——生活苦の進行——が〈三月八日〉参加者に「ファシズム」を実感させていたように思える。まだ十分な実証を経ていないが、もし自らの生活実感から概念化された「ファシズム」——いうなれば経済的現象としての「ファシズム」が当時「人民」のファシズム観の一面であったとすれば、そこで「反ファッショ」と言う時の内容は「パンと職と自由を」にそのまま等置されうると考えられる。故にまず「反ファシズム」闘争は、この代表者会議では、様々な「パンと職と自由を」をめぐる闘争だと設定される。

人民会議は、ファシズムに反対する闘争が金融資本とその政府による勤労人民大衆からの略奪・抑圧に反対するあらゆる闘争ときわめて緊密に結びついていることを、明確に確認した。強奪的ヤングプランの負担を転嫁し雇用者の利益を確保するために、数十億マルクが毎年独裁政府ブリューニングによって、勤労人民からしぼりとられている。それ故、ファシズムに反対する我々の闘争の呼び掛けは同時に、全ファッショ的ないしヤング資本家の人民略奪に反対する闘争の呼び掛けであり、賃金・俸給を強奪する政策に反対する闘争の呼び掛けであり、極貧者への援助金・年金の強奪に反対する闘争の呼び掛けである。

全人民に宛てた巨大闘争の呼び掛け——それは資本主義的破局政策の全搾取体系に反対して立ち上がろう——である。(55)

各層における「パンと職と自由を」をめぐる諸要求が、「ファシズムに反対する我々の呼び掛け」による闘争を喚起させることを「人民会議」は意図し、それを総括した「全人民に宛てた巨大闘争の呼び掛け」として反資本主義を打出している。この点に関しての考察にはいる前に、「反ファシズム」といった時の具体的闘争対象がいかに設定されていたかを見ておく必要がある。結論を先取りすれば「反ファシズム」と言った時、人民会議にあっては、生活苦を創出・促進・補助しているものすべてに向けられる。

ファシズムに反対する人民会議は、ラインラントの大金融資本・銀行家の命令に従順なるナチ党のスト破り政策・裏切り的政策を、全勤労人民を前に弾劾する。

人民会議は、賃下げに反対する労働者の重要闘争における社会民主党・労組指導部のスト破り政策、グルジェジンスキーとゼーフェリングの血に飢えた警察政策、大農への数十億の贈与、グルジェジンスキーによる右翼的フーゲンベルク出版コンツェルンの擁護、一〇億マルク以上を国防軍の巡洋艦に費やすブリューニングを承認するというような新たなる反人民的社会民主党の政策に対し憤激の声を上げる。

人民会議は、全ブルジョア諸党が富者の利益だけを自らの政策のなかで主張し、貧者の生活を切り捨てていることを確認する。SPDからナチまでの全政党の政策は、勤労人民には、もはやパンも自由もなく警官の発砲とゴム製警棒しかない腐朽した資本主義体制の救済に奉仕している(56)。

「警察政策」「裏切り」「スト破り」等、形容された「SPDからナチまでの全政党の政策」は、並列的に「パンと職と自由を」をめざす闘い=反ファッショ闘争の攻撃対象となると考えられる。なぜなら、それが「勤労人民には、もはやパンも自由もなく警官の発砲とゴム製警棒しかない腐朽した資本主義体制の救済に奉仕している」からである。そして「警官の発砲とゴム製警棒」という運動にとっての障害を担当し、「血に飢えた警察政策」を遂行するプロイセン政府に対し厳しい評価を下している。さらに「人民会議のアピール」自体は、「スト破り」「裏切り的」ナチに関してだけはとくに、各防衛部隊の創設を訴えるとともに「ヒトラーのファッショ的殺人部隊に反対する戦闘的自衛の意思からファシズムに反対する戦闘的大衆闘争へ！」と強調されている。

以上のような課題を総括して、「人民会議のアピール」は「ファシズム・ブリューニング独裁、プロイセン政府に反対する人民行動」と方針付けている。

ところで、生活苦に現実化する経済的破局状況の進行に〈三月八日〉参加者が「ファシズム」を認めたとするならば、それに反対する運動の方向性は、具体的個別闘争の設定、当面の闘争対象決定たる「人民行動」に一方では帰着し、他方では「革命」の問題を提起する。すなわち、経済破局の進行に伴う生活苦の深刻化のなかに「ファシズム」が見られるのであれば、その対極の「反ファシズム」と言った時の選択肢は、食えるか食えぬかといった経済的範疇に設定され、以下のような選択が迫られる。

今日勤労人民大衆の前には、カール・マルクスがすでに『共産党宣言』の中で設定した、社会主義か野蛮のなかでの破滅か、といった問題が提起されている。地主が美食をし贅沢三昧、法外な俸給、配当金をわがものとしている一方、数百万人が空腹を抱えている。これは野蛮への転落ではなかろうか。数十万トンの穀物が腐る一方、失業者は何物も口にしないでいる。ツェーギーベルとグルジェジンスキーは青い豆を食わせ、数十万の労働者を射殺させている。これは野蛮の文化ではなかろうか。またその野蛮の文化をナチは経済・国家・大逆に反対するとかいう法案の中で宣伝しているのである(57)。

こうした「社会主義か、野蛮のなかでの破滅か」といった二者択一は、政治的領域で行われる民主主義かファシズムか、といった選択とは異なるのではなかろうか。「パンと職と自由を！」＝反「ファッショ」闘争は経済的領域での「社会主義か野蛮のなかでの破滅か」の選択を迫られる時、当然前者を選ぶ。

勤労人民が生きようとし社会主義を建設しようとするならばファシズムは滅びざるをえない(58)。

しかし、ここで問題としたいのは、「野蛮のなかでの破滅」に対置される「社会主義」がいかにとらえられて使用されていたかである。そこに現れる民衆が期待した「社会主義」なるものは、「勤労人民に工場、銀行、土地を与えるソヴェト・ドイツ」、「勤労者の自由の国、資本家・恐慌・失業者のない国ソヴェト連邦は社会主義による全人民の飛躍のための救済の道を指示している(59)」といった表象を伴うものであった。

これら「人民会議のアピール」、レメレによる報告に挙げられた一連の「ソヴェト」「社会主義」に関する箇所は、多分にイメージ化されていた感が拭いきれない。つまり革命のプロセス、手段、運動、組織に関しほとんどふれられない「社会主義」イメージは、明確な概念化がなされない所から理論的不整合が生じているのであり、実はこの不整合を基に「人民革命」が提起されるのであると考えうる。すなわち、「人民」による「社会主義」がそこでは提起される。

次に核心問題について。いかなる道を通って資本主義的ヤング奴隷制から解放をかちとるのか。ナチ指導者ワーグナーはある集会でドイツ国民はただその軍隊の増強と新たなる戦争によってこそ解放を手にすることができる、と表明した。しかし、人民大衆は今日すでに新たな帝国主義戦争でなく、唯全被搾取者・被抑圧者の人民革命のみが人民に解放をもたらしうることを知っている。（嵐のような拍手）

ソ連邦はヴェルサイユの軛から脱することができた。なぜならロシアの労働者・農民は内戦のなかで資本主義体制を覆しソヴェト権力をうちたてたからである。ドイツの勤労大衆も権力を獲得するのを契機にすべての貢納負担と手を切るだろう。(60)（強調——筆者）

こうして位置づけられた「人民革命」から振り返って、〈三月八日〉を見た場合、そこは「動員」の場と設定されていた。

この会議は勤労大衆をナチのまやかし政策反対、社会ファシストの裏切り反対、全勤労者に職と自由とパンをもたらすであろうソヴェト・ドイツのための解放闘争に動員するためにすべてのことを成さねばならない(61)。

以上記してきたように、三月八日の代表者たちは「ドイツにおける反ファッショ人民戦線」に「パンと職と自由」を求め参集してきたと考えうるし、各層・各党派の代表にとって「反ファッショ」とは「パンと職と自由を」と等置しえたのであろうし、それ故にそのスローガンを標榜した代表者会議運動は広範な層を結集しえたとは言えないだろうか。そうした代表者たちの意識を反映した形で、〈三月八日〉の方針は一方で「人民行動」を、他方では多分にイメージ化された感の「社会主義」を「人民」がめざす「人民革命」を提起しているように思えるのである(62)。

さて、「パンと職と自由」を求める声と並んで代表者会議運動を支えていたものは、これまで見てきたような下部における統一志向であったと考えられる。現在の眼からすれば、いとも簡単に結集し、集団行動を取る労働者たちの結合は、当然ながら、それを支える日常的な生活のなかで培われた人間的結合を基にした独特のミリューなしには考えられない。

労働者街で生活を小さいときから共にし、友達といえばそうしたつながりのなかでしか考えられず、とうちゃん、かあちゃんたちから受け継ぎ、自分たちもそのなかで成長し、自分の子どもたちにも伝えられる生活様式、コミュニケーション網、結合形態からすれば、「仲間」がよそ者のナチから襲撃されると、それへの反撃はいとも簡単に組織されようし、マルマンが繰り返し主張するように、こうした結束は労働運動が社会民主党と共産党に分裂しようとも、持続していた。実際に、ここでさらに一例をあげると、代表者会議の代表に選出された一SPD労働者は、KPD系防衛組織に宛てた手紙の中で、「差し迫ったファシズムの危険に対し、私も、ファシズムを真に克服しようとするすべての勢力の統一だけが、ハーケンクロイツ一味への有効な防衛という見解であります」として、この防衛組織への加盟を申請しているほど、労働者の結合は強力であったと考えられる。(63)

こうした伝統や声を背景に、代表者会議運動は展開されたと考えられるが、この反ファッショ運動の高揚は、この期、ベルリン地区といった地区レヴェルだけでなく、先にあげた代表者会議運動の構造によると、地区の下の下級地区も、またその下の地域レヴェルでも見られたと考えられる。(64) さらに、こうした運動は、単にベルリン地区に限らず、表2-4に見られるようにこの期のドイツ全土にわたって同様に展開されていたというのであるから、(65) 三〇年末から三一年初頭にかけての代表者会議運動の隆盛は、当時の機関誌に登場した表現を借りれば、「ドイツにおける反ファッショ人民戦線(66)」の様相を呈していた。

## 第五節　失　速

さて、KPDからすれば、「ファッショ独裁」という事態の緊要さから、以上のような「絶大なる権威と大衆性をもつ」代表者会議運動を革命主体形成の梃子と見なし、「反ファッショ人民革命」構想において、その包摂を計ったと考えられる。

だが、KPD党内では、すべての指導者が、こうした代表者会議運動の包摂を幹とする革命構想に対して、一様な対応を示した訳ではなかった。レメレ、ミュンツェンベルク（W. Münzenberg）をはじめとする一連の指導者た

表 2－4　人民革命構想期の代表者会議

| | | 地区レヴェル | | | | | | | | | | 下級地区・地域レヴェル | | | | | |
|---|---|---|---|---|---|---|---|---|---|---|---|---|---|---|---|---|---|
| 開催地 | | ラインラント | ハレ・メルゼブルク | ザクセン | ルール | ハンブルク | テューリンゲン | 中央ライン | ヘッセン・フランクフルト | 北西（ブレーメン） | メクレンブルク | アメンドルフ | ヴィッテンベルク | ポンメルン（三カ所） | マグデブルク | カッセル | マンハイム（四カ所） |
| 開催日 | | 1930.12.23 | 1931.1.20 | 1.25 | 2.1 | 2.10 | 2.16 | 2.17 | | | 4.26 | 1931.1.27 | 1.27 | 2.1 | | 3.29 | 4.19 |
| 報告者 | | ミュンツェンベルク | | | レメレ | レメレ | レメレ | シュテッカー | ヘッケルト | ゲシュケ | シュテッカー | ケネン | | | ヘッケルト | ラインハルト | |
| 代表者総数 | | 922 | 1,339 | 1,578 | 約2,100 | 約2,000 | 1,027 | 約500 | 372 | 331 | | 433 | 103 | 362 | 約300 | 219 | 545 |
| 党派別内分け | KPD系 | | 556 | 354 | 1,083 | | 504 | 198 | | | | | | 99 | | | |
| | SPD系 | 18 | 19 | 48 | 33 | 47 | 12 | 6 | 21 | | | 11 | 2 | 25 | 23 | 8 | 10 |
| | 無党派 | | 762 | 932 | 950 | | 509 | 277 | | | | | 57 | 236 | | 87 | 203 |
| | 元・現ファシスト | | 7 | | 17 | | 2 | 2 | 1 | | | | | 2 | 3 | 2 | 4 |
| | その他 | カトリック系21 | | 民主党1 サンジカリスト1 | | | | | | | | | 2 | | | | |
| 階層別内分け | 経営労働者 | 316 | 275 | | | | | | 33 | | | | 30 | | | | |
| | 失業者 | 75 | 848 | | | | | | 248 | | | | | | | | |
| | 農業労働者 | | 31 | } 25 | | | | | | | | | 2 | | | | |
| | 小農 | | 39 | | | | | | 4 | | | 5 | 3 | | | | |
| | 小経営者 | | 53 | | | | | | 8 | | | 13 | 4 | | | | |
| | 職員・官吏 | | | 27 | 22 | | | | | | | | 1 | | | | |
| | その他 | | | | 手工業者288 | | | | | | | | | | | | |
| 婦人 | | 107 | 93 | | 233 | | | | | | | 83 | 6 | 39 | | | |
| 青年 | | 148 | | | | | | | | | | | | 14 | | | |

出典：*R. F.* Nr, 30J v. 25. 12. 1930～ Nr. 99 v. 29, 4 . 1931 から作成。

ちは、代表者会議での基調報告を担当するといった形で、これに積極的姿勢を示している[67]。たしかに、KPDが代表者会議との共働に積極的であった期間、一時失速していたKPDの党勢は、党員、KPD系組織の急速な膨脹や地方選挙における得票の回復、増大などに見られるように、明確な上昇曲線を辿る[68]。

しかし、このことは、同時に「反ファッショ人民革命」構想そのものの土台を切り崩していったのである。つまり、この革命構想は、先に述べたように、三〇年一二月二日の「ファッショ独裁」規定を直接的契機とするとともに、「眠れる闘争エネルギー」という現状を打破すべくうち出されたものであった。その意味において、「ファッショ独裁」規定と「眠れる闘争エネルギー」は、「反ファッショ人民革命」構想にとって二つの前提であったと考えられる。しかるに、まず、急速なKPDの党勢の拡張は、KPDに、あたかも「眠れる闘争エネルギー」といった状況が解消したかのような幻想を与えたのではなかろうか。そしてさらに、三一年初頭の反ファッショ運動の高揚は、革命構想のもう一方の前提をも動揺させるような状況を生み出した。もともと「ファッショ独裁」規定が、その「さらなる段階」としてのナチ政権成立を予測したうえで、はじめてなされた判断であったということは先に述べた。その判断の根拠が、「独裁」規定当時のナチの急伸にあったことは明らかであろう。しかし、三一年にはいると、ナチの進撃は一時的にとまり、ナチは守勢に立たされたのである[69]。それだけでなく、この期、ナチは、シュティンネス反乱やシェリンガー事件に象徴されるような内部矛盾の激化に苦慮させられていた[70]。

こうしたナチの状況を見て、KPDは、ほぼ三一年一月を境に、その状況認識を転換しつつあった。すなわち、テールマンは、三一年三月時点で、たしかに、ブルジョアジーは三〇年九月国会選挙から三一年一月までは、ナチを政権につけようとしていたが、今は違った段階にはいった、として、この新しい段階の特徴を、ナチが政権の座につかないこととブルジョアジーの大半が鉄兜団に向かっていることに求めた[71]。

このように、KPDは、ナチ政権成立の可能性は後退した、と判断したが、そうすると問題になってくるのが、その「さらなる段階」＝ナチ政権の成立、を前提としていた三〇年一二月二日の「ファッショ独裁」規定である。そこでKPDは、この宙に浮いた形となった「ファッショ独裁」規定を三一年一月以降、まずは、一月総会で「成熟しきったファッショ独裁ではなく、成熟しつつあるファッショ独裁(72)」と改め、さらに、三月のコミンテルン執行委員会プレナム大会では、「ファッショ独裁の遂行(73)」と言いかえて、なしくずし的に否定していったのである。このような状況認識の推移と並行して、「ファッショ独裁」という特殊な状況下であったからこそ、KPDがあえて追求してきた代表者会議運動との共働に対して、消極的な姿勢をとろうとする雰囲気が、党内に広がったと思われる。それればかりか、この間の代表者会議運動の高揚は、この運動とKPDとのあいだに、新しい問題を生み出していた。この問題は、すでに、三一年初頭のヴァイマル末期最大規模のルール炭鉱労働者ストにおいても表面化し、一月のKPD中央委員会総会でとりあげられた。

例えば、ルール闘争の際のストライキ指導において、既存の闘争準備指導部を適合させるのではなく、それにかわって、代表者会議や反ファッショ行動委員会を設定したことを正当であったとする見解は、まったく誤っている。このようなすべての傾向は、ロシア革命当時のメンシェヴィキのスローガンを想起させる(74)。

ここにいたって三〇年一二月一二日の論文では、「ドイツ全土に、勤労人民のすべての層から選出された代表者たちから成る労働者代表者会議を結成せよ！(75)」と呼びかけていたテールマンのこの運動に対する評価はきわめて否定的なものに変化している。さらに、彼は、未だ代表者会議運動に期待をかける一部の党員たちを批判する。

既存の統一戦線機関を実際に構築していくのではなく、新しい機関（代表者会議運動——筆者）のことばかり考えている同志たちがいる。しかし、党がその方法をとらないことは明らかである。[76]

こうして、代表者会議運動を党の路線から排除したテールマンは、この一月総会の席で、「人民革命」の新たな定義を行う。それによると、「人民革命」とは、具体的革命論を欠いた単なる「戦略的スローガン」なのであった。しかし、この一月時点では、まだ、機関誌上で代表者会議運動への期待が表明されるなど、党内にコンセンサスが確立していたとは言い難い。[77] この点での最終的転換は、三月に「上」から強引になされた。すなわち、第一一回コミンテルン執行委員会総会が開催される直前、KPDの最高指導者であったテールマンとノイマンは、モスクワに召喚され、「ファッショ独裁」規定を変更するよう、三日間にわたって説得されたのであった。[78]

時を同じくして、「反ファッショ人民革命」構想の最終的廃棄を象徴するかのように、この構想の根幹的発想を体現していたと思われるゲルバーの論稿は、「ルクセンブルク主義」[79]と烙印され、さらに三月、KPD中央委員会は、彼の論文がKPDの公式見解ではない、との宣言を、党機関誌に掲載したのであった。[80] ここに、KPDの「反ファッショ人民革命」構想は、その提起以来、わずか四カ月余りにして、ひとまず終息したのである。

ただ、「ローカル」では、「逸脱」を伴いながら、その後も反ファシズムのポテンシャルが確認できる。ブラウンシュヴァイクを例にとろう。

# 第三章　「ローカル」のポテンシャル（一九三一年春）

## 第一節　ブラウンシュヴァイクという地

ブラウンシュヴァイクでは、一九三一年三月一八日ＫＰＤとＳＰＤがヴァイマル末期にあってはきわめて稀有な院内共闘を成立させた結果、当地を完全に支配しようとしたナチの企図は阻まれた。しかし問題はその直前までＳＰＤを主要敵と見なしていたＫＰＤが何故転換したのかにあるが、事態の推移を見ていくと、この転換の背景には反ファッショ運動の高揚があったことが認められる。この点に関してはＫＰＤ中央機関紙『赤旗《ローテ・ファーネ》』を基にＷ・アイルラントがはじめて問題とし(1)、Ｖ・ヴュンデリヒもふれている所だが(2)、未だ端緒的であるし、この期の当地の労働運動を扱ったラインは院内共闘自体に言及していない(3)。そこで、ここでは三一年初春のブラウンシュヴァイクにおける院内共闘成立の要因を探るに当たり、当地のＫＰＤとＳＰＤの機関紙というきわめて限定された史料からではあるが、反ファッショ運動がいかなる展開をし、それとの関連からＫＰＤがいかなる「ジグザグ・コース」を辿ったのかという点から考察したい。

中部ドイツ工業地帯の一端を成す小邦ブラウンシュヴァイクは、ヴァイマル期を通じて、食品・罐詰加工業、ブリキ加工業、電気等の大経営を抱える一方、「手工業的性格」を未だきわめて色濃く保持するという特異な産業構造を有していた。しかし、一九二七年を中心とした、大経営における一連の大量生産体制の確立と独占化の進行は、これら優勢な手工業者を、負債の過重による破産に陥れ、加えて大恐慌の波及は、さらに当地の小商業者や零細農らの没落をも決定的にした。(4) このような状況が「中間層パニック」を生み出し、これらの層を二八年以降ナチへと傾斜させ、三〇年九月の邦議会選挙では遂にブルジョア・ナチ連合政権を誕生させるに至る。このキューヘンタル政権は、テューリンゲン州についでナチが入閣する史上二番目の邦政府ではあったが、他のブルジョア諸党の無為のなかで、ナチが実質的主導権を得ていたし、(5) 三一年四月からしばらくの間は、ブラウンシュヴァイクが鉤十字の君臨する唯一の邦政権となったことから、当地は「ナチの牙城」(6) として名を馳せていた。実際、フランツェンを邦の内相、教育相につけたナチは、一連の「強制的同質化」の先取り政策を強行したし、また、これと呼応した突撃隊（SA）による「合法下のテロ」が猛威を振るうようになっていた。

しかし他方、当邦は、一三万名（全就業者数の半数）を数える労働者層を抱え、この有力な勢力が「ナチの牙城」に対抗していた。そしてこれら労働者たちは、アイゼナハ派以来の社会主義運動の伝統を持ち、第一次世界大戦中からドイツ革命期にいたっては、最も急進的な反戦運動やレーテ運動を展開したのである。(7) だが、その後労働者政党間で、一連の再編成が行われ、「相対的安定期」には、SPDが、相次ぐ内部抗争で弱体化したKPDに比して、圧倒的勢力を擁するようになっていた。(8) とはいえ、この優勢なSPDは、その内部に、大別して、ヤスパー（J. Jasper）を中心とした右派主流派と、グローテヴォール（O. Grotewohl）、ユンケ（P. Junke）らに代表される左派反対派とに系列化される拮抗関係を内包していた。(9) このうち反対派は、主としてSPD系防衛組織、国旗団に依拠し、なかんずく、反対派の中心地邦都ブラウンシュヴァイク市では、二七年に党指導部を制覇し、二九年には、国旗団創立の功労者ベーメを市長の任に就ける程であった。しかしながら、こうした「相対的安定期」における右派主流派対左派反対派という対立構造は、二八年を境に相対化し、第二次世界大戦後はＫＰＤとの合同の先頭に立ったグローテヴォールをはじめとする反対派指導者たちも国旗団指導者ルーベを唯一の例外に、むしろ党中央の「寛容政策」には、その積極的支持者として登場し、とくに全国的党内抗争の場であった三一年ライプツィヒ党大会では、党内左派に対抗して、党中央派に与している。そして、三〇年秋にはすでに、グローテヴォールも「共産主義者は労働者階級内のナチ」といった類のＫＰＤに対する非難を展開するに至っていた。(10)

さて一方、ＳＰＤに次いで労働者間に勢力を張るＫＰＤだが、ブラウンシュヴァイクの党組織は、その上級機関にあたるニーダーザクセン地区が、ハノーファーを中心に、カッツら党内左派の一大拠点であったのに反して、「調停派（Versöhnler）」が有力であった。(11)とくに、一九二五年から二六年にかけて、党内で左派が一斉に排斥され、この地でもメルゲスらが党を離れると、路線としてはブハーリンに系列化され社共統一を主張するこの派の影響力は支配的になるに及ぶ。この「調停派」の中心となったのは、邦議会議員で当地の党指導者でもあったヴィンターという教員であった。彼は、その後一九二八年から二九年にかけて全党的に展開される右派排除、「調停派」非難のなかにあっても、「自己批判」はしたものの、そのままＫＰＤに留まることとなる。(12)こうした「調停派」勢力が温存されたことが、その後、党指導部派に、ブラウンシュヴァイクでは、党中央の方針がなかなか定着しない、と嘆かせる一因となったと考えられる。(13)とはいうものの、ヴィンターを除く当地の一連の「調停派」指導者が排除され、三〇年初頭に党議長テールマンに忠実だったとされるシェール（J. Schehr）が当地区委員長に就いてからは、漸次、党中央の意向が浸透しはじめ、少なくとも、地区党機関紙『新労働者新聞（Neue Arbeiterzeitung）』は三〇年後半になると、峻烈な社会民主主義主要打撃論を展開するに至っている。

以上、ブラウンシュヴァイクＳＰＤにおける有力な反対派の存在と、ＫＰＤ内の「調停派」の優勢は、それらを媒介に、とくに二七年を頂点とした様々な社共共闘を成立させており、この経験は、後に見る三一年三月の社共院内共闘成立の前史を成している。しかし、その後両党の内部事情は変化をきたし、二九年以降当地の社共間では相克が前面に押し出され、両者の共闘は絶えて久しかったのである。とくに三〇年後半、SPDは「寛容政策」へと転換し、KPDは「極左」路線主導が強化された所から、社共の確執は決定的となった。そして、労働者政党間の乖離が一因してか、当地では三〇年秋にナチ政権が誕生したにもかかわらず、とりわけその成立直後の反ファッショ運動は、全体として低迷の域にあり、なかでも経営内闘争の軌跡を辿ることは難しい。そこで、ナチ邦政権は、矢つぎばやに「強制的同質化」政策を強行し得たのであり、しばらく事態は、反ファッショ勢力が押えこまれた形で推移していた。しかし、そうしたなかでも端緒的ながら、反ファッショの主体形成がなかった訳ではなく、その動きは経営外で醸成されていた。

ナチ邦政府誕生直後に波紋を呼んだ問題に、「強制的同質化」の一環としてナチが教育への干渉に踏み出し、二六名の教師が「無神論者」であるとの理由で解任されるという事件があった(14)。父母たちは、これに対し、学校父母同盟という組織を軸に、集会、デモ、ストライキ等激しい抵抗を示した。ただ、当時の社共間の確執を反映してか、学校ストの可否を巡って、SPDが父母同盟の主導権を持った所では、ストは拒否され、KPDが強力であった集会ではストが決議されるなど、内部に不協和音が見られた(15)。こうした形での抗議運動は、この他にも反デフレ政策、反動化反対、テロに対する抗議等多岐にわたるが、二六名の教師解任に反対する運動とは異なり、社共の労働者は個々別々に集会をもっており、したがって、それらの集会は小規模なものにすぎなかった。

これら反ファッショ運動は、未だ収束し得ないままであったが、重要な点は、これら一連の運動の経験のなかで、次のような声が生じていたことであろうか。すなわち三〇年末、四〇〇名の党活動家を前にして、グローテヴォールが「許容政策」と題し、これを支持するのに終始したのに対し、出席していた一青年は「それより他にあなたが正しいと思う解決策や方策は本当にないのか」との疑問を提起しているのである。[16] また別の一ＳＰＤ党員は、『新労働者新聞』に手紙を出し、その中で、ＳＰＤ指導部に「共産主義者との闘争」という方針を撤回するように決議したある党員集会の模様を伝えながら「我々社会民主党員は、共産党員を兄弟と見なしており、むしろプロレタリアートの不倶戴天の敵にこそ、不断の闘争を差し向けんとする。……たとえ、我々の指導部が、この集会決議を一笑に付し、受諾しないにせよ、この決議は、社会民主党支持者の広範な層の声を表しているのである」と結論するのであった。[17]

ＫＰＤ党員にも該当すると思われる不満や志向は、さらに、一月一三日に起こった事件によって加速され、統一を緊要視させたと考えられるのである。この日、国旗団集会をナチが、国会議員指揮下に襲撃し、多数の負傷者が出た。この間、国旗団は、国家機関の助力なしに独力で集会等を自衛できるようにという、ＳＰＤ指導者ルーベの主張を部分的に受けいれた形で、国旗団員のうち四〇〇名から成る武装した防衛部隊シューフォーを創設していた。だが、「合法性」に固執する党指導部は、これに十分な財政的保障を与えず、したがって集会は、ナチ邦警察の黙認下で振るわれるＳＡの攻撃に対して、ほとんど無防備のなかで開催されざるをえなくなっていた。[18] こうした状況では、たとえ国旗団が、邦内に五〇〇〇の団員を擁する当地最大の防衛隊であっても、独自集会を成功させ得ないということを、三一年一月一三日の事件は明らかにした形となった。そこで、益々頻発するナチの襲撃に対して「共同防衛闘争が組織的にされなければ何が待ちうけているかが社会民主党員にわかった」[19] のであり、ＫＰＤは、この事件が「ブラウンシュヴァイクの労働者階級に、反ファシズム・プロレタリア統一戦線結成の問題を鋭く突き付けている」と見なしたのである。[20]

さて、この一三日の事件を経た一月下旬、邦の東方に位置する人口一万七〇〇〇のヘルムシュテットでは、すでに新しい動きがはじまっている。まず、その契機となったのは、ＫＰＤの提起によるとされる、自由学校協会から発せられたアピールであった。この「フランツェン政府の文化ファシズムに反対する全プロレタリア組織の大衆デモ遂行」の呼びかけに応じ、一月二〇日には、失業者やスポーツ・文化組織等から約五〇〇名が参集し、デモを挙行している。このデモは、その先頭に国旗団の楽隊が立ち、種々の横断幕、「ファシズム打倒！」の声で満たされた。集会ではKPD邦議会議員と並んで一SPD党員も発言に立ち、SPDこそがファシズムと真摯に戦っている唯一の党である、として嘲笑をかったとされるが、ともかくも、KPDは、このデモを「統一戦線デモ」と規定しており、勤労者が反ファッショ統一戦線の必要性を認識した例証と見なしている(21)。

こうした新たな反ファシズムの主体形成がはじまって間もない一月二七日の当地で、超党派集会をナチが襲撃するという事件が起きた(22)。これを受けて、三一日には、再び五〇〇名の「労働者・中間層」が抗議集会を開催したが、ここで糾弾の対象となったのは、ナチ自身というよりは、むしろ、その襲撃に加担したナチ邦警察であった。つまり、多数のSPD党員を含め全会一致で採択された集会決議には、事件に関する警察報告がまったくの虚偽であり、警察がナチの突撃隊（SA）を擁護し、労働者を抑圧していると確認したうえで、襲撃に関与した警察隊員の免職要求が掲げられているのである。

さらに決議は、SAの襲撃並びに、それへのナチ内相指揮下の警察の加担を保障しているナチ邦体制に反対するために、実効ある対抗策を提起している。すなわち集会決議はいう、「ファッショ独裁に反対する闘争のために、行動委員会（Aktionsausschuß）の創設を、全プロレタリア大衆組織の参加の下に、速やかに軌道にのせねばならない。行動委員会の代表を即刻選出するよう、アピールが、すべての経営並びにプロレタリア大衆組織に向けて発せられる(23)」と。

ここに言う行動委員会とは、代表者会議運動という一九三〇年末から三一年初頭にかけてドイツ全土で展開された反ファッショ運動の執行および指導機関であるが、警察報告によると「行動委員会と代表者会議は、単に『ファッショ独裁打倒、政治的大衆ストや権力をめぐる大衆闘争の組織化のための』闘争機関であるばかりか『革命遂行の際に、プロレタリア権力の国家機関となる』『ソヴェトの先行形態』である[24]」とKPDが見なしているというのだが、それ程までにKPDは、この反ファッショ運動を高く位置づけていた。ともかく、ブラウンシュヴァイクでは、先にあげた一月末のヘルムシュテットにおける代表者会議運動喚起のアピールが、『新労働者新聞』にはじめて現れた代表者会議運動ののろしであった。しかし、『新労働者新聞』紙上で「反ファシズム人民会議を準備せよ！」とのスローガンが、はじめて掲げられたのは、それ以前の一月二〇日のことであり[25]、同時に、この時ニーダーザクセン地区の反ファシズム人民会議が、二月二二日に開催されると報じられている。ここで、まず当地のKPDは、この会議を次のように位置づける。

労働者のみならず、中間層も決断に迫られている。プロレタリアートと小経営者の生存を脅かすナチとともに、すなわち賃金泥棒とともにあるのか、それともナチに反対し、すなわちすべての自覚的労働者の側に立ち、労働者が恐怖で萎縮してしまわないうちに葬り去らねばならない第三帝国の殺人部隊に反対するのか、というそれは決断である。これが、反ファシズム人民会議の真意であり、何故すべての人に呼びかけねばならないかの理由である[26]。

ここに見る結成が急務とされるプロレタリア統一戦線を核に、その枠をさらに中間層にまで拡張し[27]、これをもって、反ファシズムの主体形成の方途とするといったKPDによる代表者会議運動の位置づけは、ブラウンシュヴァイクがナチ政権下であっただけに、なおさらのこと強調されているようにみえる。そして、こうした呼びかけの一方で、『新労働者新聞』紙上には、代表者会議運動の実態の形成が、進行しつつあったことも散見される。まず、オストシュタットでは、二月一五日から一七日までの期間、「統一戦線を！　誰との？　反ファシズム人民会議」というテーマを掲げた計七つの集会（経営二、地域二、農民二、中間層一）がもたれたとされているし、[28]セレのＫＰＤ組織は、人民会議の当日に予定されていたセレでの反ファッショ行進に、ＫＰＤ系譜団体のすべてが参加するよう、アピールを発している。[29]また、これと並行して、各層における超党派集会では、人民会議へ代表者を送るといった動きも始まっている。すなわち、女性たちは、二月一一日に集会を開き、働く女性の権利を政府が侵害しようとしている、と政府に対する抗議の声をあげるとともに、人民会議にむけて、数多くの代表者を選出したとされる。[30]また一方、ハノーファーの失業者委員会が報告しているところによると、地区内で、二四名の失業者が人民会議の代表者として選ばれ、半数が無党派、四名がＳＰＤだったともいう。[31]だが、『新労働者新聞』に現れたこれら当地の代表者会議運動の胎動は、二月中旬に至るまで、未だ端緒的なもので、代表者選出の具体的事例も前述の二例が報道されているに止まる。しかし、こうした序奏段階を経て、当地の反ファッショ運動は、二月半ばを転機に、運動の本格的高揚期を迎えることとなるのである。

二月二二日は当初、人民会議の開催が予定されていた日であったが、またこの日は、全国的注目を浴びた三月一日市町村議会選挙直前の日曜日でもあり、各党派とも大量のオルグを当地に送り込むとともに、二二日当日集会を企画していた。[32]さらに、その日にむけて「合法下のテロ」にも一層拍車がかかるというように極度に緊張が高まったことから、二月一一日、ナチ内相フランツェンは、二二日の邦都での一切の集会を禁止する措置に出ることとなる。[33]ここで、この間に成立していたとされる「各層および各労働者組織の代表から成る」人民会議準備委員会が、はじめて『新労働者新聞』紙上に登場している。つまり、この集会禁止令を受けた人民会議準備委員会は、一四日に「ＫＰＤおよび反ファッショ運動に参加しているすべての組織」との共同協議を持ち、その場で、禁止措置にもかかわらず、人民会議を、予定通り二二日に州都で断行する、との決定を下した。それと同時に、二二日当日に、邦の主要四都市での反ファッショ行進の決行を、改めて提起している。[34] しかし、その後一八日に、ナチ内相が、二二日のファシスト共同の行進だけを認めたため、状況が一変した。[35] すなわち、全国各地から、ナチや鉄兜団等のファシストが結集し始めるに及び、ブラウンシュヴァイクでは、労働者街を中心に、予期される襲撃に備え、すでに防衛隊の組織化等の態勢がとられ始めていったのである。

こうした状況の変化に応じて、二月一八日に再度会議をもった人民会議準備委員会は、労働者街の防衛が一義であるとして、四日前に下した二二日人民会議断行の決定を変更して、それを四月一二日に延期するとともに、すでに選出されていた人民会議の代表者たちには、次の四点にわたる任務を課したのである。[36]

一．経営において、また失業者、職員、官吏、都市と農村の中間層の下での啓蒙活動の強化。

二．ブラウンシュヴァイク州における反ファッショ行進に参加し、そこで特殊任務として、反ファッショ人民会議への勧誘を行うこと。

三．地域ないし地区の代表者会議に結集し、そこで反ファッショ人民行動を組織化するという任にあたる反ファッショ行動委員会を選出すること。

四．反ファッショ人民会議のために、とりわけ経営評議会選挙闘争を人民会議と代表者選出のために活用すること。


これらの任務を課せられた人民会議の代表者たちは、あわせてファシストの襲撃に備えて、各層・各地域で、防衛隊の組織化等をすすめていったと考えられる。こうしたなかで、当地は二月二二日を迎える。この日、この地では、ヒトラーの眼下、ファッショ勢力共同の大規模なデモが挙行された。しかし、その様子を伝えるナチ機関紙にしても、この示威行進に対抗する反ファッショデモが、各地で展開されたことを報ぜざるを得なかったし、[37]『新労働者新聞』は、労働者街を襲った「褐色のペスト」の一群が、労働者の反撃にあって、指揮官も負傷するなかで一同遁走した模様を報じながら、凱歌を奏している。[38]またこうしたなかで、党派を超えた討論が盛んに展開されたともされるが、当時『新労働者新聞』の編集にあたっていたボーンの回想によると、これら一連の二月二二日の反ファッショ抗議行動は「自然発生的」なものとされている。[39]

さて、以上のようなブラウンシュヴァイクにおける「反ファッショ闘争意志」[40]の噴出は、当地のKPDにいかなる影響を及ぼしたであろうか。まず、二月二二日の興奮が未ださめやらぬ二七日、当地は、ここを訪れたKPD党議長テールマンを、六〇〇〇名という近年稀にみる大規模な集会で迎えいれ、さらに集会後には、一〇五名が入党を申し出たとされるが、こうした大集会の成功と大量入党という現象は、この時ばかりでなく、この前後で断続的に起こっている。[41]また、この間の運動の高揚は、ここのKPDに理論面での変容をもたらした。例えば、統一戦線論について、運動前夜の三〇年九月の時点で、KPDは、ファシズム打倒をソヴェト・ドイツの達成と同置し、そうした革命志向を試金石とする統一戦線を唱道していた。[42]それが、代表者会議運動の展開をみた三一年一月には、そうした論調は大きく後退し、統一戦線は「反ブリューニング独裁、反賃金泥棒、反スト破り」を目的とする、と戦術的レヴェルに限定され、それと並行して「兄弟よ、今や団結しよう」という呼びかけの対象も、従来の下部SPD党員だけでなく、無党派、さらには、カトリック系の「階級的同志」にまで拡張されるのである。[43]ここに、反ファッショ運動の主体が形成されるなかで、KPDが、その事態を受容しうる理論的態勢を作り出していることを我々は知る。そして、三一年初頭のブラウンシュヴァイクにおける「反ファッショ闘争意志」の表明は、これだけに止まらず、さらにKPDに典型的な「ジグザグ・コース」を辿らせるような特殊な政治状況を生み出したのである。

## 第二節　一九三一年春の社共院内共闘

一九三一年三月一日、ナチが参画するブルジョア・ブロックが邦政権制覇の余勢をかって、市町村までその傘下に収めるのか、それともそれが阻止され得るのか、で全国的注目を浴びたブラウンシュヴァイク市町村議会選挙が行われた。しかし、この選挙結果は、当初の予想に反して「右翼の落胆」(44)に終わった。つまり、ナチ＝ブルジョア連合がめざした「マルクス主義殲滅」は果たされず、逆に、右派は大敗を喫したのであった。表3-1に見られるように、その直接的敗因は、ブルジョア諸党の大幅後退によるものだが、ここで注目すべきは、従来それらブルジョア政党票を吸収して、なお余りあったナチの躍進が、この選挙では見られなかった点である。とくに、それまでナチの地盤とされた農村地域では、ナチが票を減らしている所もある程で、全体としてみても、ナチ票は、邦議会選挙に比べ、二％のびたにすぎない。

さて一方、左翼の側だが、SPDの後退をKPDが補充する形で、邦全体の得票率では、右派優勢に終わった前年九月の邦議会選挙時の力関係を、互角にまで押しかえしている。とくに、邦都ブラウンシュヴァイク市では、邦議会選挙時四八％対五二％で劣勢にあった左翼は、今回五一％対四九％と逆に優勢に立ち、議席数でも、右翼一七に対して、一八議席を確保したのであった。だが、この勢力比は、社共間のなんらかの〈統一〉を前提として、初めて実現するものである。しかるに、ブラウンシュヴァイクの当時の社共関係はというと、市町村議会選挙期間中には、SPDは、KPDを「不倶戴天の敵」と規定していたし、一方のKPD側も、選挙結果が判明した後も「国民社会主義者に劣らずファッショ独裁の先導者たる社会ファシズムは精力的に克服されねばならない」といった論調をくずしていない(45)。しかし、いかに亀裂が深くとも、両者間の共闘がなされない限り、選挙結果によって、よう

**表3-1**　1931年3月1日　ブラウンシュヴァイク市町村議会選挙の結果

| 政　党　名 | ブラウンシュヴァイク州総計 | うちブラウンシュヴァイク市 | |
|---|---|---|---|
| | | | 議席数 |
| SPD | 113,111(126,887) | 37,672(41,621) | 14 |
| KPD | 27,229 (21,337) | 12,236 (8,828) | 4 |
| ナチス | 84,526 (83,184) | 27,040(25,262) | 10 |
| ブルジョア諸党 | 59,178 (82,400) | 20,176 | 7 |

注：(　) 内は1930年9月州議会選挙結果。
出典：*NAZ*, Nr. 52 v. 3. 3. 1931.

やく開かれたナチ政権阻止の可能性は、うずめられてしまうというジレンマが、ここに生じたのである。

こうした特殊な状況の出現のなかで、〈統一〉を要望する各層の動きも顕著となった。例えば三月一三日に全労働者集会を開いた市の車廠労働者たちは「労働者階級のために、いかなることがあろうともブラウンシュヴァイクで、社共の多数派が十分活用されるよう期待する」との決議を保留四、反対〇その他全員賛成の圧倒的多数で採択し、同時に、一．中央ドイツ経営者団体からの即時脱退、二．計画中の賃金削減の回避、三．賃金グループのランク四と五の撤廃とグループ三から一までへの編入、という三つの要求を、実現さるべき社共多数派に、実施するよう迫っている[46]。また、ゲルバーヴィーゼの労働者も、新税導入阻止などのために「赤いブラウンシュヴァイク」が樹立されるよう、SPD並びにKPDの市議団宛てに、要請書を提出しているが[47]、それら集会から出された「パンと職と自由を！」を基調とする種々の生活要求は、後に見る「KPDの最小限要求」に盛られることになる。このような〈統一〉を希求する下部での動きが現れ出すとともに、社共両党の機関紙上にも微妙な変化の兆しが見えはじめた。まず、SPDは選挙結果を報じるなかで、「マルクス主義者はむしろ前進した」とか「ブラウンシュヴァイクは赤いままである」とかいった社共院内共闘を前提とした論陣を張るとともに[48]、「敵は右にいる！」と強調するのである[49]。これに対して、KPDは、より間接的な形ではあるが、当地の社会主義草創期からの闘士である古参KPD党員も「赤いブラウンシュヴァイク」達成を望んでいるとして、その発言を紹介しながら、暗に、社共による多数派形成実現への意志を表明している。[50]

こうした反ファッショ運動の展開と選挙結果によって生み出された「政治的に強制された状況[51]」のなかで、ブラウンシュヴァイク市議会の社共両党は、結局、ヴァイマル末期にあっては、稀有の院内共闘を成立させることになるのである。まず、市議会内での院内共闘を申し入れたのは、SPDの方であった。[52]つまり三月一四日、SPDは「弱者に対する強者の礼儀」として、KPDに交渉を申し入れ、これをKPDも応諾した結果、ここに三月一六日夜、積年の確執にもかかわらず、両労働者政党の協議が実現することとなる。[53]この一六日の席でKPDは、共闘の条件として、それまでブラウンシュヴァイク党組織が提案していたとされる六項目の政策協定案に、さらに一二条件を付加し、計一八項目の政策要求を「KPDの最小限要求」と称して、SPD側に提案した。ここで、KPDが共闘条件を急速追加した背景には、当地の党組織の上級機関にあたるKPD・ニーダーザクセン地区の指導者、シェールの関与があったとされる。つまり、SPD機関紙によると、シェールは、先にブラウンシュヴァイク党組織がSPDに示した六項目要求だけでは「不十分」と判断し、新たに、多様な一二条件を加えたというのである。[54]ともかく、この「KPDの最小限要求（以下、「要求」）」は、「金持ちによる負担と働く者への負担軽減、補助」という原則の下に成るものであった。[55]

そこに見る「要求」の内容は、後にKPD中央が批判するように、いわゆる政治的要求をあまり含まず、賃上げ諸補助金の増額、住宅建設といった具体的生活要求が、その中心を成し、この間高揚を見せた代表者会議運動のスローガン「パンと職と自由を」を具体化した形をとり、各階層の諸要求を網羅したものとなっている。

さて、このKPD側からの政策協定案を基に、共闘が協議された一六日の第一回目の会議は、夜九時までの二時間以上の交渉にもかかわらず、その場で社共共闘は達せられなかった。[56]これは、主に、SPD側の「要求」に対する否定的態度によるものであったが、後のSPD自身の弁明によると、「要求」の受諾拒否の理由は、この「要求」が、第一に、市議会の裁量事項でないものを多く含んでいること、次にプロイセンのシェーマに依っていること、そして「扇動的すぎる」というのである。[57]だが、SPD機関紙上では、四倍以上の議席を有する「強者」＝SPDが、何故「弱者」たるKPDによって「命令され」ねばならないのかといった類の不快感が、如実に表明されており、ここに我々は、交渉を決裂させたSPDの本音を垣間見ることができるのである。

この一六日の協議以降、共闘に関しては、市議会議長など主要ポストを決定する第一回市議会開催当日まで、社共間の話し合いはもたれていない。しかし、このまま推移すれば、市議会も右翼勢力に制覇されるといった状況のなかで、市議会開催を一時間後に控えた三月一八日の午前、社共両党は、院内共闘に関して、土壇場の交渉をもったのである。[58]この切迫したなかでもたれた協議の場で、社共両党がとった対応は、二日前のそれとは、著しく異なったものであった。つまりSPDは、この場で、二日前に拒絶した「要求」に関する詳細な回答を行い、市議会段階では処理不可能な事項を除き、これを基本的に受け入れることをもって、SPDの最終回答とした。[59]他方、KPD側は、当初「要求」の全面承認なくば、大臣ポストの配分交渉は無意味である、としていたにもかかわらず、SPDのこの最終回答に、それ以上異議は唱えなかった。[60]こうして硬直したシェーマを捨て「強制された状況」に従ったブラウンシュヴァイクの社共両党は、土壇場で、社共院内共闘を成立させるに至り、その結果、第一回市議会の席では、議長にSPD、副議長にはKPD各一名が選出され、同時に諸委員会でも、社共が多数派を占めた。ここにひとまず、ナチによる当市議会制覇は阻止されることになった。[61]

## 第三節　慌てる共産党「中央」

しかしながら、この院内共闘成立に対する反響は、それが二〇万に満たぬ一地方都市での出来事であったにもかかわらず大きかった。とくに問題とされたのは、当地のＫＰＤ組織がとった選択である。例えば、当時統一戦線結成に熱心だったとされるドイツ共産党反対派（KPD-Opposition）などは、院内共闘が大衆宣伝なしに、社共の指導者間の密室交渉によって成ったことをもって、当地のＫＰＤに「日和見主義」と烙印し、同時に、ＫＰＤ中央指導部の「極左政策の破産の兆候」を論じているのである。[62]一方、当の共闘相手たるＳＰＤとなると、「我々は、ブラウンシュヴァイクの共産党員たちが、党中央委員会のスローガンに背反したことを歓迎する」と当地の党組織の「賢明さ」を称揚しているが、[63]ＳＰＤとしては、こうしたＫＰＤ内における齟齬を強調することによって、保守派から浴びせられる「モスクワの皮むちの下に」共闘が成立したとする批判をかわそうとしているように思える。

ともかく、こうした反対党派の主張に対して、ブラウンシュヴァイク党組織の上級機関であったＫＰＤ地区組織、さらにＫＰＤ中央は、党方針の一貫性と組織の統一性を証明する必要性から、何らかの対処、反論をせざるを得なくなったのである。まず、ＫＰＤ中央機関紙『赤　旗《ローテ・ファーネ》』は、この問題を社説にとりあげ、次のようなＳＰＤ批判を展開している。

シュタンプファー（ＳＰＤ党機関紙の編集者――筆者）の出版物は、ブラウンシュヴァイクにおける社会民主党市議会議員団が、共産党によって救われたということに関する弁解で埋めつくされている。その際、彼らは、まったく不機嫌で、言いふるされた長ぜりふで、狼狽を言いつくろおうとしているのだ。そして、諸君に、ブラウンシュヴァイクと他の地区で「中央委員会のスローガンに逆らって、社会民主党と同盟をつくりあげた」「共産党の賢明さ」というおとぎ話を語っているのである。

彼らと我々の間には「なんら共通した一致点がない」ことを社会民主党員は知っている。戦艦政党、戦艦社会主義者、ファシズムの先導者どもとは、我々には、唯その抹殺に至るまでの闘争しかあり得ないのである。(64)

しかし、こうした辛辣なSPD攻撃だけでは、逆に何故そうした「社会ファシスト」とKPDが連携したのかが益々不可解となる。そこで、KPD地区組織およびKPD中央は、激しいSPD批判の裏側で、党内説得の論理を展開する必要にかられるのである。

ここでまず、KPDニーダーザクセン地区の指導者であり、かつ先に「要求」を提案したとされるシェールは、「考慮すべきは、ブラウンシュヴァイクにおける特殊な状況である」として、当地の「特殊な状況」を四点にわたり説明している。(65)その第一は、ここが、ナチ邦政権下にあったことであり、次に、KPDが六年間市議会から排除されてきたことであり、第三には、当地のKPDが以前、イデオロギー的・組織的にきわめて弱体であったこと、そして、最後にシェールがあげた「特殊状況」とは、当地のSPD内で、反対派指導部が強力であることであった。

しかし、ブラウンシュヴァイクで生じた事態を、こうしたこの地の特殊性のみで根拠づけようとするシェールの試みは、例えば「極左的党指導部によれば、統一戦線戦術は、ファシズムがすでに権力についてはじめて有効であるということになる」(66)といったKPD反対派の批判にも耐えうるものではない。

ここで我々は、より説得的説明を、KPD中央が発した『回状』の中に求めることができる。つまり、KPD中央書記局は、ブラウンシュヴァイクに関する議論が高まるなかで、党内に三月二五日付『回状六号』(67)をまわし、その中で、党内慰撫の論理を展開しているのである。この「ブラウンシュヴァイクにおける我々の戦術」と題する

『回状』は、院内共闘成立の理由を、単に当地の特殊性のみに帰するのではなしに、二月二二日を中心とした反ファッショ運動の高揚や選挙の際に広範な大衆が動員されたことにも注目しながら、それら一連の運動に、ＳＰＤ党員も参加するとともに、ＳＰＤ内部に分化が生じたとするなど、この間の反ファシズムの動きとの関連から院内共闘の成立を跡づけ、そして次のような結論に至る。

> このような状況の下で、我々が市議会のすべての主要ポストに共産党員を立候補させ、それに投票するといった戦術の図式的適用は、共産・社会民主党の多数派が存在するにもかかわらず、国民社会主義者を市議会議長に就けるといったことになったであろう。ファシズムに反対し、ナチ・フランツェン政府に反対する我々の一大政治キャンペーン全体の重点をわきまえないそんな戦術は、広範な大衆には、理解できないままであろうし、党の孤立化を生み出していただろう。

こうしたＫＰＤ中央の「党の孤立化」を阻止するといった観点から、院内共闘の成立を正当化しようとする説明と並行して、『赤旗《ローテ・ファーネ》』紙上にも、「政治的に強制された状況」を認める記事も掲載されている。すなわち、そこでは、ブラウンシュヴァイクにおける事態をまず、「大衆の反ファッショ闘争意志の高揚」→三月一日の選挙でのＫＰＤの勝利→ＫＰＤがキャスティングボートを握るような状況の出現、ととらえたうえで「こうした特殊な状況は、全勤労者の生活要求実現をめぐる闘争において、ＫＰＤにも特殊な戦術をうち出させた」とされるのである(68)。このように、下からの圧力によって生まれた追いつめられた状況が、ＫＰＤに院内共闘という選択をさせたということは、ヴュンデリヒ(69)やアイルランド(70)の研究が強調する所だが、ただ史料的制約もあってか彼らは「強制された状況」のなかで、ＫＰＤが、党中央から下級機関に至るまで、一様な行動をとったように叙述している。しかし、実際には、事態への対処をめぐって、KPD内側には、様々な齟齬が生じていたのではなかろうか。つまり、その一例は、先に見たように、ブラウンシュヴァイク党組織が院内共闘の条件として、SPDに六項目の条件をつけたのに対し、KPDのニーダーザクセン地区指導者が、それでは不十分として、さらに一二条件を加えたという所に現れているが、その地区指導部の対応も『回状』の中では、KPD中央の批判の対象となっている。すなわち、『回状』はいう、

「要求の選択はまったく申し分ないものではない。社会的要求の数を減らし、逆に二、三の点に関する政治的要求が拡大されていたら、より合目的的であったろう。広範な労働者層へのキャンペーンの指導はまったく不十分であり、決してこの戦術の攻勢的性格に合致しない。我同志たちが、ブラウンシュヴァイク市議会でSPDに賛成したやり方やSPDに投票したことの理由づけは不十分であった。そのやり方は、我々にとって無条件に必要である厳格にして明解な立場からなされた行動でもSPD評価でも決してない」と。

こうしたこの間KPD地区指導部がとった行動の全面否定ともとれる批判を展開したKPD中央だが、同時に党中央はそうした対応に出たニーダーザクセン地区指導部のなかに「危険」が生じる可能性をみとめている。『回状』では、この「危険」の具体的説明はないが、察するところ、それはブラウンシュヴァイクに見られたような下部の動きに対応して「党の孤立化」を恐れる地区指導部が、中央の基本方針から外れた行動にでることであったろうし、また、そうした傾向が常態化し、さらには全国的に波及するといったことが党中央には、「危険」と映ったのではなかろうか。そこで、そうした事態を未然に防ぎたい党中央としては、『回状』の中で具体的措置を講じている。つまり、そこで党中央はまず、ブラウンシュヴァイクの院内共闘については、一応の承認を与えつつも、これを「特殊」視し、さらには「危険」の震源地となっているブラウンシュヴァイク党組織に対して、党中央方針の全面実践を迫るとともに、加えて当地党組織が、全党の援助によって今ある「弱点」を速やかに克服せよ、との責務を

課しているのであった。こうした党組織のモザイク的構造のなかで、党中央がとった対応が、牽制となったのか、ひとまずブラウンシュヴァイクの事態は拡大もせず、また進展もせず、むしろ後退していくのである(71)。

ブラウンシュヴァイクにおけるその後の反ファッショ運動の軌跡は、一九三一年四月から五月にかけて『新労働者新聞』が発行禁止になっているのでここでは明らかでなく、したがって四月一二日に予定されていた代表者会議へ向けた動きも辿ることができない。だが、後述するように、三一年の秋になると再び当地の反ファシズムの動きは活性化し、とくに一〇月末に当邦の一角ハルツブルクでファッショ勢力の全国的戦線統一（ハルツブルク戦線）が成立した直後などは、これに対する「政治的大衆スト」が生起し、そのなかから「貧困と反動に抗する統一委員会」という新たな反ファシズムの主体形成を見るなど、この地でのファッショ運動がその後も継承されていった事実は確認できる。一方三一年初春の社共院内共闘のその後は、市議会をナチから防衛したという余勢をかって州議会解散にむけての人民要求を組織化しようとするＫＰＤとこれに否定的なＳＰＤとの間に新たな、そして深刻な確執が生じるといった軌跡を辿る。しかし、三二年中葉にはいると「反ファッショ行動（Antifashistische Aktion）」という形をとって全国的に高揚する反ファッショ運動を背景に、今度はドイツ最大のプロイセン邦議会で反ファシズム院内共闘が再び模索されるのも我々は見ることができるだろう(72)。

# 第四章　理論転換の前触れ（一九三一年春～秋）

## 第一節　『プロパガンディスト』派

以上のように、一九三一年のドイツ共産党の「人民革命」構想は、単に机上の空論ではなく、実態としてのグラスルーツ運動を伴うものであり、ドイツ共産党の宣伝・扇動部（アジ・プロ部）の一員であったシュレジンガーが回想するところによると、この「人民革命」構想こそは、「当時まだ目的意識的に気づかれていなかったが、後の『人民戦線』のようなものへの移行を果たすことができた」とそのポテンシャルを評価する。(1) だが、それをさらに「人民戦線」にさらに接近させるには、ＫＰＤ党内に転換を実現する有力な勢力の形成とそれを支える理論が必要である。

ランゲによると、「人民革命」構想が、アジ・プロ部副部長のエーメル（A. Emel、実名は Moses Lurje）によって「理論的に準備された(2)」とすれば、一九三五年コミンテルンの歴史的転換と呼ばれているものを先取りしていた党内グループとして、アジ・プロ部が浮上することになる。したがって反ファシズムのポテンシャルや失われた可能性を拾い集めようとするここでは、アジ・プロ部による「人民革命」構想の展開を、その機関誌『プロパガンディスト』を中心に検討してみよう。

アジ・プロ部は、KPD中央委員会のなかでも労働組合局（労組局）と並ぶ重要な専門部あり、党内イデオロギーの統一という任務をもち、そのために各種出版物を発行したり、党員教育の重要な柱である党学校を主催・運営していた。その部長ヴィンターニッツ（J. Winternitz）はチェコ出身のドイツ人で、左派ルート・フィッシャーが党指導部を握っていた二〇年代中葉には、その理論家として登場し、KPDが再び「極左戦術」をとり始めた二九年以降、アジ・プロ部の指導者として中央委員にも選出されている。そして注目すべきは、シュレジンガーがヴィンターニッツを、「彼のマルクス主義は私のよりはるかに教条的であったが、それは当世のスターリン主義的な意味ではなくて、良い意味でそうであって、ヨゼフ（ヴィンターニッツ——筆者）は常にスターリン主義的正統を嗅ぎ回る党理論家を胡散臭く思っていた。……マルクス主義の古典は、彼をスターリンによる理論的改訂に深い不信の念を抱かせた」と評していることである。(3) これからすると、アジ・プロ部の部長は、マルクス主義の古典に精通し、そのスターリンによる解釈を快く思っていなかったことがわかる。

またアジ・プロ部副部長エーメルは、『プロパガンディスト』誌上に頻繁に登場し、三一年後半に再び開始される「ボルシェヴィキ化」のなかで最も厳しく批判・処分を受けたが、もともと彼は白ロシア出身のユダヤ人で、二四年からフィッシャー時代のベルリン地区でアジ・プロ活動に従事した。そして二五年には、それまで敵対関係にあったスターリンへの反抗を放棄し、その後一時的に党内左派反対派に属したものの、二八年にそれと最終的に決別し、二九年からはテールマン指導部の下で、アジ・プロ部副部長として、常に党学校で講演したり、精力的に論文を執筆していた。(4) このヴィンターニッツ、エーメルの下に、アジ・プロ部は、党内教育に従事した元党内右派の最後ドゥンカー（H. Duncker）やゴルミック（W. Golmick）、シュレジンガーらを擁していたが、さらに、党内右派の最後の大人物と目されるツェトキン（C. Zetkin）によると、彼女と密接な関係にあったレーゼ（M. Reese）がこの部のなかで大きな影響力を持っていたとされるのである。(5) こうしたアジ・プロ部は、三〇年二月から独自の党内誌として『プロパガンディスト』を発行し、その編集にはヴィンターニッツとエーメルがあたったが、同年一一月になるとこのアジ・プロ部の機関誌は公刊されるに至る。これはちょうど「人民革命」構想が提起された時期であった。

ただ、『プロパガンディスト』に参集することになるメンバーの、ナチ主敵論と、中間層への注目とその獲得の必要性の強調という二つを柱とする理論的な展開は、それ以前からすでにはじまっていた。

すなわち、ヴィンターニッツは早くも二九年一二月の『インテルナツィオナーレ』誌に「ドイツにおける民族ファッショのうねり」と題する論文を発表し、(6) 第二章で見たメルカー・レメレ論争の中で、アジ・プロ部部長ヴィンターニッツらは、当初からレメレ側に立った論陣を張っている。

ここで彼はすでにナチの分析に着手し、ナチ党における金融資本の指導性を認めつつも、同時に、ナチの運動が小ブルジョアの憤激を革命的空文句によって組織化することに成功している、と中間層の動向に着目し始めている。そして三〇年五月の論文になると、ヴィンターニッツはさらに進んで、ナチの労働者層への侵入にまで言及するとともに、「すべてのブルジョア政党は、直接に買収された階級脱落分子の組織によって簡単に取って替られるから」すべてのブルジョア政党の漸次的ファッショ化というテーゼは「意義を失った」とするのだが、この否定されたテーゼこそは、従来コミンテルン、ＫＰＤの主なファッショ化観だったのである。(7)

こうしたヴィンターニッツによる理論的展開の一方で、『プロパガンディスト』誌上には、ナチの大衆的基盤と見なされた中間層に関する考察も進展している。つまりそこでは、ラサールが中間層を一概に「反動的大衆」と規定したことを巡って、議論が展開されるのだが、この点に関して『プロパガンディスト』は、その三〇年第四号、第六号に三名の投稿者による誌上討論を掲載している。(8)

そこでは総じて、ラサールの「反動的大衆」論に対して、むしろ恐慌下で中間層が革命化しつつあるという認識の上に立って、これを実践的に獲得していこうという議論が『プロパガンディスト』誌上でも展開されていたが、これと前後して三〇年六月四日には、KPDは、反ナチのための「数百万人の戦線」結成を喚起した政治局決議「ファシズムに反対する闘争について」を発表した[9]。しかしこのように主砲をナチに差し向けたにもかかわらず、六月末のザクセン邦議会選挙でナチの躍進を許してしまったことに関して、KPDはその後とくに、ナチの民族的扇動がその中間層獲得にあたって大きな役割を果たしている、という教訓を導き出し[10]、これに対抗する意味から八月二四日には、ヴェルサイユ体制打倒、ヤング案反対を骨子とする『綱領宣言』を発表するに至る[11]。

その後、一九三〇年九月一四日の国会選挙によってナチが一二議席から一〇七議席に増加させ、国会内第二党に躍進すると、中間層獲得の重視の姿勢をさらに進め、中間層を「人民革命」という革命の主体にまで位置づけるようになる。この点に関して『プロパガンディスト』の中に現れたS．なる論者は、「高度に発展したすべての資本主義諸国において、ということはドイツにおいても、プロレタリア革命の諸条件が変化したなかで、この概念（人民革命の概念—筆者）は不可欠である」としたうえで次のように続ける。

「プロレタリアートのみが資本主義体制を打倒し、社会主義体制を導入することができる。しかしこのことは、プロレタリアートだけで、同盟者もなしに社会主義革命を遂行せねばならないというのだろうか。疑いもなく、小ブルジョアジーが国民の大きな部分を占めている国々ではそうではあるまい。そしてこのことは、ヨーロッパの大陸諸国にとっての基準である。ここではプロレタリア革命の戦略、戦術にとって、とりわけ小ブルジョア各層をプロレタリア革命に獲得、ないしは少なくとも中立化することがとくに重要なのである[12]。」つまり、ここでは、ドイツの当時の状況や特殊性を念頭に置きながら、中間層を革命主体へ取り込むことによって緊要なる「反ファッショ人民革命」の主体を形成しようというのだが、こうした点はエーメルによってさらに補完される。彼は、三一年二月に「プロレタリア革命と人民革命」を『プロパガンディスト』に発表しているが、そこでは「人民革命におけるプロレタリアートのヘゲモニーは、数の上で強力なプロレタリアートを前提とは決してせず、数的に弱小なプロレタリアートであっても、適切な国内、国際状況にあっては革命を組織化する」としている(13)。

つまりエーメルにあっては、KPDが目指す労働者階級の多数派獲得が進んでいない一方、「鎖の弱い環」たる中間層が貧困化—革命化しているという認識の上に立って、この層を積極的に革命の主体と位置づけようとしていた、と考えられ、ここに我々は、この間ナチへの脅威からその大衆的基盤と見なされた中間層の動向に注目し、その後積極的に中間層獲得を模索していたアジ・プロ部が、さらに今この層を革命論のなかに昇華しようとする段階に到達したことを知るのである。

こうした中間層を取り込んだ「人民革命」構想は、さらにその具体的運動・組織体として、三〇年末から高揚を見せる「諸闘争の包括」としての代表者会議運動の形をとり(14)、これを軸に「情勢の先鋭化に応じてますます重要な闘争手段となって」いる政治的大衆ストライキを喚起し(15)、一気に「人民革命」を達成しようとするものであった。とくにこの政治的大衆ストライキ論に関しては、この期『プロパガンディスト』誌上に、多くのルクセンブルクやレーニンの論稿が紹介され(16)、なかんずく、ルクセンブルクが一九一〇年ハーゲンの金属労働者を前にした演説は、「政治的大衆ストライキに関して」と題してはじめてここで刊行されている。

しかし、その後KPD全体としては、三一年一月中央委員会総会で、三〇年一二月二日の「ファッショ独裁」規定が否定され、したがって、それを早急に克服するべき「反ファッショ人民革命」の緊急性が後退するとともに、中間層の取込み、政治的大衆ストライキ論、代表者会議運動の位置づけ等で当時のドイツの状況に適応しようとした姿勢が見えた「人民革命」論は、テールマンによって「人民革命はプロレタリア革命と同義語」とされ、〈転換〉を生み出すまでには至らなかったのは前に見たとおりである。

## 第二節　理論転換の萌芽

その後三一年三月になると、最終的に「反ファッショ人民革命」構想は党路線から廃棄されることとなるが、その際、この構想の組織論として位置づけられていた代表者会議運動のなかにソヴェトの萌芽を見ていたアジ・プロ部のシュレジンガーは、「ルクセンブルク主義」との批判を受け(17)、あやうくブレスラウへ左遷させられるところを、党機関紙『赤旗《ローテファーネ》』の編集に携わり統一戦線志向をある程度もっていたとされるヒルシュ（W. Hirsch）が駆け回ってこれを阻止した(18)。ただ、アジ・プロ部内部では、シュレジンガー自身「すくなくとも、ヨゼフ（ヴィンターニッツ——筆者）が宣伝部を指導していた時期は、私は委託される仕事に不平を言うべきことはなかった(19)」としているように、ある程度の意見ないし異見を発表する余地がその後も許されていたと考えられる。実際に、今や中間層の獲得を重視していた「人民革命」論から離脱したＫＰＤは、三一年春には赤色労働組合主義を梃子とした労働者階級の多数派獲得へと党全体としては進んでいったものの(20)、『プロパガンディスト』は、これに対してその後も「人民革命」論の理論的展開を模索するのであった。

そこでのアジ・プロ部による「人民革命」論の基点は、テールマンが三一年一月中央委員会総会で定式化した「人民革命すなわちプロレタリア革命」とする立場ではなく、エーメルが言うように「人民革命とプロレタリア革命」と問題を立てることであった(21)。こうした『プロパガンディスト』の基本的立場は、さらにＳＰＤ左派のなかにあったとされる「人民革命かプロレタリア革命か」という二者択一とも異なるとされるのだが、では一体、この二つの革命が具体的にいかなる関係にあるのかについて、まずエーメルは「レーニン主義と人民革命の問題」という論文の中で、「人民革命」が展開されるや否や「この瞬間、ブルジョア革命とプロレタリア革命との絡み合い

（Verflechtung）がはじめて語られるのである」としている。[22]

ここでいわれる「絡み合い」は、きわめて曖昧な表現だが、同じエーメルによって書かれた「プロレタリア革命と人民革命」では、「墓掘り人たるプロレタリアートは、大衆の自然発生的蜂起たる『人民革命』を、プロレタリアートの組織的、政治的な指導的行動を通して、プロレタリア革命へと転換させるという課題をもって指導的役割を奪取しなければならない」と、明確に「人民革命」をプロレタリア革命に先行しかつ連続する段階としてとらえている。[23]

プロレタリア革命に先行・連続する「人民革命」といった像は、エーメルが一九〇五年三月のロシア・ボルシェヴィキ派のロンドン党大会における「二つの戦術」を巡る議論を論じた箇所でさらに展開を見る。つまりエーメルは言う、「ここで扱われた最も重要な問題の一つは人民革命のそれである。というのも、この場で扱われたすべての他の諸問題――ブルジョア革命とプロレタリア革命の性格の問題、プロレタリアートと農民の革命的・民主的独裁の問題は、人民革命のそれと最も密接な関係にあるからである」と。[24]

ここでプロレタリア革命の前段階としての「人民革命」は、ロシア二月革命からの類推から、「プロレタリアートと農民の革命的・民主的独裁」との関連で論じられていることを我々は知る。さらに、エーメルはこうした「人民革命」を、「レーニンがマルクスに言及しながら、この革命の民衆的性格をさらに強調するために使った」「平民《プレブス》の革命（Plebejische Revolution）」とも言い換えているのだが、こうした「人民革命」の主体たる「平民《プレブス》」とは、具体的には、「もし主勢力と言うならばプロレタリアートと農民であり、それに都市と農村の小ブルジョアジー」を指し、[25]この間アジ・プロ部が追求してきた中間層重視の姿勢が反映され、労働者、農民、中間層の「三者同盟」によって、「人民革命」＝「プレブスの革命」は達成される、とされるのである。

こうしたプロレタリア革命の前段階で、革命的・民主的独裁を目指し、「三者同盟」によって担われる「人民革命」を歴史的に位置付けようとするエーメルの試みは、三一年六月に発表された「スペイン革命におけるプロレタリアートのヘゲモニーの問題」の中に見ることができる。そこで「人民革命」は、プロレタリアートの登場とともに歴史上に登場したとされ、その後帝国主義時代に入ると、民衆的性格を持つ「人民革命」を遂行する能力をブルジョアジーは失い、その意味で、もはや「『純粋な』ブルジョア革命は存在しなくなった」と見なされ、それに替わって「二〇世紀のジャコバン」たるプロレタリアートがヘゲモニーを持ち、この革命を一貫して遂行して、真にプレブス的人民革命へと展開させる任務を持っている、とされる[26]。

ここに見るのは、「二〇世紀のジャコバン」といった用語法もさることながら、ここで人民革命を、「純粋民主主義」に対する「一般民主主義」的課題を達成する革命と読みかえるならば、プロレタリアートの指導下における民主主義革命といった三五年の〈転換〉以降蘇生した発想に、エーメルがきわめて接近していることである。そしてエーメルは、こうした人民革命を現実には、当時スペインで進行しつつあった変革の動きのなかに見ており、例えば三一年四月から五月にかけてのスペインでの動向を「さし迫った真にジャコバン的、プレブス的革命の前奏曲」と位置付けるのであった[27]。

また、一九一八年のドイツ革命の性格規定にふれたところでエーメルは、「よくいわれているように一九一八年の革命はブルジョア的だった」という意見を批判する立場から、「もし一九一八年一一月に専らブルジョア革命だけが日程にのぼっていたとするならば、社会民主主義の裏切りはそんなに驚くほど大きくはないだろうし、『その』一一月の『獲得物』は膨大だったろう」と言うのだが[28]、この点は、もし逆に「よくいわれているように」十一月革命＝ブルジョア革命とすれば、「社会民主主義の裏切り」や「一一月の獲得物」について、当時ヴァイマル民主主義をトータルに否定していたKPDの基本姿勢とは異なった意見の展開の可能性を嗅わしているのである。

こうしたエーメルやヴィンターニッツが、具体的なドイツの状況分析や実践的統一戦線問題について、わずかながらもKPDの公式的見解とニュアンスを異とする意見を持っていたであろうとは推察できるのだが、にもかかわらず、それが人民革命の一般概念に比べて著しく端緒的であったのは、もし一般的人民革命論がドイツに適応されて全面的に展開されたとするならば、KPDの当時の基本路線や発想を根底から覆しかねなかっただけに、それがこの段階では回避されたとも考えられる。だが、その後党中央からの『プロパガンディスト』攻撃は再び高まった。

一九三一年末は、一〇月にスターリンがロシア革命史研究雑誌『プロレタールスカヤ・レヴォリューツィア』編集部に宛てた「ボルシェヴィズム史の若干の問題について」と題する手紙（いわゆる「スターリン書簡」）を契機として、コミンテルン内部で新たに「ボルシェヴィキ化」がとくに強調された時期であったが[29]、こうしたなかで書かれたテールマンの「わが党の理論的、実践的活動における若干の誤りその克服への道」は、下村が言うように、「党内の動揺と混迷を如実に物語」る「KPDの苦悩の記録」というべきものであって[30]、そこでは様々なKPDの党内問題があげられている。そこであげられた四つの主要な論点のうちの一つが「人民革命のスローガンの適用における誤り」であり、ここでこれまで展開されてきた『プロパガンディスト』派への全面的批判が展開されている[31]。

テールマンはまずここで、「このスローガン（人民革命のそれ——筆者）がつねに完全に、問題なく使用された訳ではない」として、「プロレタリアート、農民、そして都市中間層の三者同盟」とか「勤労者の三者同盟」を「認めがたい表現」とする。こうしたテールマンによる『プロパガンディスト』派の人民革命構想の批判は、大きく二つの方向性を持つ。一つには、中間層の革命化の否定である。つまり『プロパガンディスト』では、「恐慌下の中間層の革命化は、その反動的本質に優越する」とされ、テールマン自身も、少なくとも三一年初頭の中央委員会総会の時点までは中間層の革命化を口にしていたのだが、今や彼にとって中間層は、「その階級的状態からしばしば反動の同盟者」であり、「資本主義との『関係を絶ち』、プロレタリアートの方向に『向かって来させる』ことに成功してのみ」同盟相手となる、というのである。

テールマンによる『プロパガンディスト』批判の第二の方向性は、「人民革命内におけるプロレタリアートのヘゲモニーの承認」を『プロパガンディスト』に求めることである。しかし、上に述べたようにアジ・プロ部にしてもそのヘゲモニーを認めているから、問題は、プロレタリアートのヘゲモニー自体の有無なのではなく、テールマンが「『まず』専らプロレタリアートを他から区別し、そして『それからはじめて』」他の諸階層の組織化にあたるというように、まず労働者の多数派を獲得してから、その後に中間層獲得に向かうといった段階論をとるか否かであった。

こうした段階論をとるテールマンにとっては、労働者の多数派獲得が終わらないうちにすでに「人民革命のなかにプロレタリアートのヘゲモニーがはいり込んでいる」とするアジ・プロ部の論調は、「抽象的、図式的で、実践的には空文句」なのであった。こうした中間層の革命性の否定と「プロレタリアートのヘゲモニーの承認」を求めるテールマンの『プロパガンディスト』批判は、三一年一月の中央委員会総会で彼自身が「戦略スローガンとしての人民革命は、同時に現状では、革命的階級戦線へ広範な中間層を強力に引き入れることを意味する。我々には、勤労者獲得に断固たるイニシアティブをもって着手するという責務がある」[32]と中間層獲得を積極的に進め、「人民革命」を党の戦略スローガンとしていた方向性を否定しているばかりか、恐慌下における中間層の革命化の否定は、三〇年初頭に「二正面闘争」に徐々に移行していく際にこれを支えた二九年後半以降のKPD全体による中間層認識からも大きく後退していると言えよう。

こうしたテールマン論文は、党の機関誌紙上に「真にマルクス＝レーニン主義的」と紹介されるとともに、この論文を支持する立場から他の論者による『プロパガンディスト』批判も展開されるなかで[33]、アジ・プロ部は追い詰められた形となり、部長ヴィンターニッツは、『プロパガンディスト』の三二年一月号にヴィンターニッツ自身を批判した上述のテールマン論文を紹介した[34]。

しかしその後、アジ・プロ部に対する理論的批判はさらに進んで組織的措置に発展した。すなわち、三一年一二月三一日付で中央委員会は、アジ・プロ部が十分な自己批判を行わなかったことや、「批判された反レーニン主義的見解の主唱者」たるエーメルが、ベルリン北西下級地区の「政治教育会議」で、報告者として彼の独自の意見を披露したことを理由に、ヴィンターニッツとエーメルを各々アジ・プロ部の部長、副部長から解任し、エーメルを報告者として招待したベルリン地区のアジ・プロ部部員に警告することを決議した(35)。

その後『プロパガンディスト』誌の三二年二月号には「クラウスの宣言」として、ヴィンターニッツの自己批判が掲載されている(36)。ここに、一九三〇年から三一年にかけて展開されたＫＰＤによる「人民革命」論は、その中心となる主導者を最終的に失うことになり、理論転換の可能性は失われてしまった。

# 第五章　「モスクワ」と国内世論の狭間の共産党（一九三一年夏）

こうしてナチへの対抗上からも中間層を重視しこれを獲得しようとした「人民革命」構想が中断されると前後して、一九三一年夏にＫＰＤに新たな混乱が持ち込まれることになる。その混乱の原因の一つは、コミンテルンがＫＰＤの路線に干渉したからであるが、ＫＰＤと「モスクワ」との関連について論じようとするここで浮上してくるのが、一九三一年八月のプロイセン邦議会解散のための人民決定問題であった。

この当時ドイツの中央政府は、ＳＰＤ主導のミュラー内閣が一九三〇年三月に倒れた後、議会の多数派に依拠せず大統領の信任のみに基礎を置く大統領内閣となっていた。しかし、面積でドイツ全土の約三分の二をしめる最大の邦プロイセンでは、ＳＰＤを中心としたヴァイマル連合が、依然として邦政権を握っていた。そこで、この邦政権は「赤いプロイセン」と呼ばれ、なにかと右翼勢力の憎悪の的であった。

実際に、一九三一年二月に右翼の鉄兜団は、ヴァイマル憲法で保障されていた有権者の直接投票を使って、邦議会を解散させ邦政権をリコールしようとしたのである。そしてその人民決定の投票日は、一九三一年八月九日に設定された。右翼政党がつぎつぎと参加を表明するなかで、その態度表明が注目されたのは、同じ野党の立場にあったＫＰＤであった。そのＫＰＤは、最終的にはこの右翼主導の人民決定に参加する決定を下し、ＫＰＤ自ら「赤色人民決定」と呼んで積極的にカンパニアを展開した。こうしてプロイセン邦政府は左右から挟撃されるかたちとなり、ヴァイマル共和制の牙城の危機ともなったのである。

このKPDの人民決定参加問題は、旧西ドイツ研究者にとっては、彼らが主張する「社会ファシズム」論の格好の論証材料となっている。[1] つまりは右翼勢力と共闘を組んでまで、KPDはSPDに主要打撃を加えようとした、というのである。ただ、その直前まで「人民革命」構想を中心にナチ主敵論をとっていたKPDがこの人民決定に参加するようになるには、もう少し複雑なプロセスがあったことが予感されるので、一九八九年以降の新たな史料状況の下で、もう一度直接史料にあたってみる必要があろう。

## 第一節　既定方針

まず、「人民革命」についてもう一度確認しておこう。「人民革命」は、単に中間層を獲得していくというだけではなかったし、単に構想のレヴェルだけではなく、実態として代表者会議運動と呼ばれる民衆の反ファシズム運動によって支えられていた。その意味で「人民革命」と代表者会議運動は裏表の関係だった。[2] この代表者会議運動に下部共産党員の様々な思いが託されていたことは、三一年一月三日付KPD中央委員会の『回状』を見ても明らかである。

反ファッショ行動委員会は、反ファッショ代表者会議の前提であって、要は、全労働者、失業者、職員、下級官吏、婦人、青年、小経営者それに手工業者、スポーツ愛好家、農民等々を反ファッショ代表者会議準備のために動員することである。この代表者会議の目的と政治的内容は、ファシズムに反対する堅固なイデオロギー的大衆闘争のために大衆を動員することである。この代表者会議に、現在の状況の下でそれ以上の政治的課題設定を課したり、ファシズムに反対する闘争におけるこの性格とこの課題の他の政治的性格を与えたりするのは政治的過ちである。(3)

裏側から読めば多くの党員が「それ以上の政治的課題設定を課し」ていたことになる。実際に、ブラウンシュヴァイクでは先に見たように、それまで犬猿の仲にあったＳＰＤとＫＰＤが反ナチという目標のために院内共闘を組む、という方向に推移した。

しかし逆に、こうした反ファシズム運動の成果をナチ運動の停滞だ、と見るような意見も党内に現れてきていた。三一年三月六日付『回状』の中では、「ヒトラー運動の停滞は、ブラウンシュヴァイクだけの問題ではなく、全ドイツにとっても意義ある一つの重要な政治的ファクターである」(4)と言われている。こうしたナチ停滞論は、ＫＰＤの最高指導部にも現れていた。例えば、当時党内でテールマンに次ぐ実力者といわれていたノイマンは、一九三一年五月二五日付けで、休養先のクリミア半島からフリーク宛てに手紙を送っている。その中では、「ナチ運動の本来の突撃力、その大衆、とくにその一時的に麻痺したプロレタリアートの一部、ＳＰＤ労働者と我らに傾倒していた小ブルジョアへの影響力は、後退がはじまっているか、すでにつき崩されている」(5)と述べている。

こうしたナチ後退論が顕著になるのと並行して、ナチ主敵論の立場から「人民革命」論を積極的に推進していた、宣伝部の党内機関誌『プロパガンディスト』が党中央から批判されるようになった。この後たしかに、ＫＰＤ全体の方針としての「人民革命」路線は後退していった。しかし、次のようなＫＰＤ中央委員会の判断からすると、それにもかかわらず、少なくとも下級幹部のあいだでは主敵をナチとみる傾向が依然根強かったと考えられる。

とりわけ下級党機関では、ファシズムとの闘争と言えば、まず第一にナチとの闘争であると考えている。今や下部組織の党員、地域の組織指導部さらには地区指導部までもが、そうした立場をとり、ブルジョアジーがナチと並んで、時としては、また他の組織（ＳＰＤ——筆者）を労働者階級に差し向けるという事実を見ていなかったし、いまも見ていない(6)。

さらに、一九三一年の五月ドイツ共産党中央委員会総会（五月総会）の議事録でも次のように述べられていた。「だれが主要敵か。……こちらではＳＰＤこちらではファシズム。二つのうち最も悪くて、危険なのはだれだ。だれを主要敵としてテーゼを立てるべきであろうか。主要敵はブルジョアジーであり、その援助者がいかにある特定の政治状況の下で採用され、演じ、前面にでてくるのかは、状況と意義に応じて決まるのであって、他より前面により出てきたほうが、より強く粉砕されるのである(7)」と。また、この三一年五月総会の議事録を見ると、中間層に注目した農民救済綱領の討議も含まれている。たしかに、ナチに反対する積極的運動の展開から、中間層獲得を目指した政策的対応へと変化しているものの、ナチ主要敵——中間層獲得という軸は動いていないことはわかる(8)。

総じて、一九三一年五月のＫＰＤ中央委員会総会の時点では、たしかに一部にナチ停滞論が登場しているものの、ＫＰＤ全体としてはまだ「二正面闘争」、中間層重視、という大枠を壊していない。こうしたなかでは、鉄兜団によって三一年二月四日に提出されたプロイセン邦議会解散のための人民要求も、当然拒否されるものであった。このことは、三一年二月一一日付の中央委員会の『回状』にしても認める、

「プロイセン邦議会解散に賛成する人民要求に際して、たとえ見せかけだけでも、ファシストを間接的に援助するような態度を我々がとるようなことは、是が非でも避けなければならない。……人民要求への参加の可能性は、当然ながら排除されるべきである。というのも、反ファシズムのうねりの高揚と党によるその指導が、困難に陥る

から、、、である」[9]と。

それればかりか、次のような中央委員会の状況判断を見ると、プロイセン政府の方が、ブリューニング政府よりもよりましな政府である、という意見がかなり広範に党内に存在していたと考えられる。「SPDという枠を超えて、ブリューニング政府よりもプロイセン政府のほうがよりましだという意見があるのは本当だろうか。絶対にそうだ。それだけではなく、そうした意見が我々の党のなかにはいりこんできているのはあり得ないことではない。もしそれが本当だとするならば、人民要求の時期に、これを我が党が拒否したことは、当然である」[10]。

したがって、このまま事態が推移したのであれば、人民決定の参加は拒絶されるはずであった。実際に、三一年七月一八日のKPD政治局の会議では、人民決定に共産党が参加することは一応拒否された。この政治局決議が決定される模様は、この場にいたフリークのピーク宛の手紙を見ると、「政治局ではT（テールマン同志）はまず参加するか参加しないかを決めずにいた。でも、討論のなかで地区代表の何人かの同志から参加の方向での発言があった。そして唐突に票決がなされ、一致して参加を拒否することが決まったのである」[11]となっている。

こうしていったんは、人民決定にあたってKPDは、態度保留することを決めた。KPDの政治局が人民決定不参加の方針を決定した直後の七月一八日夜七時二〇分になって、フリークにモスクワにいたピークから電話がかけられた時は、以下のような問答が展開された。

（一）質問――（a）新しいスローガンは投票保留ということか。

回答――そうだ。

（b）決議はすでに刊行されたか。

回答――そうだ。すんでいる。

（二）伝達――（a）趣意書を即航空便でこちらに送るよう。
（b）こちらでは意見が分かれている。
（c）中央委員会の代表者との電話連絡がまだ必要かもしれない。(12)

これで事態が収まるはずであった。

## 第二節　方針転換

ところがその後、ＫＰＤ書記局の七月一五日付の手紙が、モスクワのコミンテルン執行委員会の当時ドイツ代表であったピークの所に届けられた。先に見た一八日の夜七時二〇分の電話では、このことについてピークはまったく話していないから、おそらくピークがこの手紙を手にしたのは、一九日のことだろうと思われる。その手紙の内容は以下のようなものであった。

金曜日の政治局会議で扱われるであろう次の問題に関して、君に個人的に情報を伝え、コミンテルン執行委員会の指導的同志に、とりあえず問題を認識してもらうことが、我らは必要だと思っている。

何ら拘束を受けない予備会談のなかでは、つまり、プロイセン邦議会の解散を要求する人民決定に投票しようという共産党の呼びかけを発することは有意義かもしれない、という意見が我らの間にはあった。……人民決定が可決されたならば、一〇月末にプロイセンで新たに選挙が行われるだろう。その際、ＫＰＤが最大政党になるみこみは十分にある。ＳＰＤが敗北し、そしてたぶんナチも、その主要な基礎地域（バイエルン、バーデン、ザクセン、テューリンゲン、ブラウンシュヴァイク、メクレンブルク、オルデンブルク等）がプロイセンの選挙には参加しないから、敗れるだろう。それに対して我々のすべての牙城は、ハンブルクと南ドイツの工業地帯を除いて、とくにベルリン、中央ドイツ、ルール、ニーダー・ライン、オーバー・シュレージエン等は選挙闘争に参加するのである。もしも、我らがドイツを左右する邦で最大政党になったら、それは、非常に大きな意味を持つであろう。こうした数的意味よりはるかに重要なことは、プロイセンの新たな選挙によって状況全体が先鋭化することであり、さらには、ＳＰＤの最大の砦で、かつブリューニング体制の最強の支柱であるプロイセンの邦政府と警察機構を破壊することである。……ＳＰＤとブランドラー一味は『ナチとコチ（ＫＰＤの蔑称――筆者）の統一戦線』とすごい悲鳴をあげるだろう。しかし、こうした悲鳴はもう我らの解放綱領（一九三〇年八月二四日の『綱領宣言』――筆者）以来毎日耳にする。……ＳＰＤの悲鳴もだいたいにして、そんなに長くはつづかず、せいぜい選挙闘争がはじまるまで、つまり一～二週間ということだ。……

我らは、こうした見解をまずは非公式に伝える。そして君にお願いしたい、コミンテルン執行委員会の公式の決議の採択とか立場の表明は必要ではないにしても、我らドイツの政治局の見解が明らかになる前に、マヌイルスキー、クローニン、そしてピヤトニツキーのそれぞれの同志に話す準備をして、我々の意見を取り入れてくれるよう。(13)

つまりこの手紙は、人民決定参加に賛成する党内指導部の一部が、ＫＰＤの政治局決議に反して、直接コミンテルン指導部に訴えている文書だということになる。この手紙が運命をきめることになる。コミンテルン執行委員会は、その後二〇日に政治書記局会議を開いている。ピークによるとその模様は次のようなものであった。

もちろん最初は、何人かのロシアの同志たちの間で別の意見があった。しかしその意見は、党の指導的同志たちとの相談の後には撤回された。残念ながら、政治局決議の趣意書は手元にない。書記局からの手紙には、政治局決議に反対する立場から、とても良い趣意書がある。わたしは、それにもかかわらず、たぶん政治局決議の決定的立場だと思われる理由を同志たちに報告した。その際私がとくに強調したのは、我らが、SPD労働者と接触する最良の機会である今の時期に、またその関係を損なうようなことはしてはならない、ということであった。さらにはたとえ、プロイセン政府がブリューニング政府や右翼政府となんらかかわりない、ということをわからせる十分な材料を提供していたにしても、SPD労働者はつねにまずもって、我らが右翼政党と一緒に行動したという事実を見るのである、とも訴えた。……しかしこうした理由は、同志たちによっては認められなかった。なぜなら彼らが前面にすえた事実は、ファシストたちがプロイセン政府打倒のために必死になって宣伝をしている時に、選挙にあたって棄権することはできない、もしも我らが、口先だけでプロイセン政府反対の闘争を遂行するならば、右翼政党に影響を受けた広範な大衆の間には、我らが真剣にはこの闘争をやる気がないという印象を与えるだろう、というのである。

ヤング・プランの時は、我らはまずファシストに遅れをとったものの、その後我らの解放綱領によって追い風を受けた。しかし、我らがこれと似たような状況の下で、プロイセン政府に反対する闘争にはいるということ、つまりは運を天にまかせることは許されないというのである。

他にも一連のはなはだもっともな理由が同志たちから展開された……このことで、目をおおいたくなるのは、ただ、この問題に関する君らの決定をコミンテルンの政治局の前に提起しなかったことである。もしそれをやっていたならば、君らとロシアの同志の間にある反対の意見が生まれることは避けられただろう。(14)

とにかく、一七日のKPD政治局の正式決定の趣旨書は、どういうわけかモスクワには届いておらず、かわりにフリークが書いたと思われる――KPD書記局員の手紙が、コミンテルン指導部に紹介され、その意見がコミンテルンにとってより説得力を持ち、人民決定参加という方針がコミンテルンによって採用されたということになる。

こうして一七日のKPDの決定は、コミンテルン指導部によって二〇日に覆されたのであった。決定が覆った二〇日コミンテルンでの会議の直後、モスクワ時間の午後五時にピークはレオ・フリークに電話をいれている。その模様は、ピークの手書きのメモを見ると、以下のようなものであった。


(ピーク――筆者)(一)ハンブルク(テールマン?――筆者)の決議は誤っている――こちら(モスクワ――筆者)では一致してこれに反対していて、まったく逆に変更することに賛成だ。全部局(中央委員会召集)

レオが質問する、全員が反対か、と。

私の回答――そうだ。他の所でも。(スターリン)(モロトフ)
(二)質問、決議はもう公式に知れわたっているか。
　レオ――三分の二の新聞は(書き換えた)。

　　時間はなかったんだ。だが刊行を食い止めることはできる。

　　中央委員会招集、時間はあまりにも短い。
(三)質問――決定を覆すのは可能か。
　レオ――可能だ。
(四)通達――もし覆らないなら、即代表をここに。
(五)質問――すべて了解したか。

（六）すぐに返答　レオ――了解した。
レオからの質問――どう状況を評価しているんだ。
回答――非常に深刻。どうしていいかわからない。
党は全力を出している。(15)

このメモからすれば、おそらくコミンテルン指導部だけでなく、スターリンやモロトフにも状況が伝えられ、彼らも人民決定に参加の意向だったと考えられる。こうしたモスクワ指導部の一致した意見の前に、ＫＰＤは一七日に決定した人民決定不参加という方針を変更せざるを得なかったのである。

モスクワでの決定が下された翌日の七月二一日に、ＫＰＤは書記局会議を開いている。その場に出席したのは、テールマン、ノイマン、レメレ、フリーク、ウルブリヒトの五名であった。この議事録を見ると、人民決定に関しては「一．人民決定への参加が決議された　二．付録の最後通牒が内務省に発せられる。その準備が依頼されたのはシュヴェンク同志、パウル・ホフマン、コェネン」という記載が見られる。(16)ここに出てくるプロイセン政府宛の最後通牒とは次のようなものであった。

一．労働者の完全な出版、集会、示威行動の自由の達成。この労働者階級の基本的自由を規制する禁止令や大統領緊急令、それにプロイセン領内での各種禁止措置を無効とすること。
二．すべての援助金受領者、とくに失業者に対する援助金削減措置の即時撤回。ならびに下級官吏の俸給削減の撤回。
三．プロイセン貯蓄銀行の小口客すべてに、全額即時払い戻すことを確保すること。

### 四．プロイセン邦政府によって発せられた、国民社会主義者と鉄兜団員に反対する闘争機関としての赤色戦線闘士同盟禁止令の即時撤回[17]

この最後通牒への最終的回答期限を翌日の七月二二日としたうえで、「ドイツ共産党は、都市と農村の幅広い国民大衆のために、かつ政治組織の如何を問わず、労働者階級全体の利害にかなったこれら要求が、受け入れられるか否かしだいで、プロイセン邦議会解散を要求する人民決定への態度を決定する[18]」とされている。

このほとんど実現不可能な内容をもつ最後通牒に対して、プロイセン政府に与えられた回答のための猶予は一日しかなかった。つまりは、プロイセン政府が回答できないことを見越して、アリバイ工作的に最後通牒は提起されたのであった。当然、この最後通牒に対してプロイセン政府からの回答はなかった。

回答期限がきた七月二二日、ＫＰＤは急遽中央委員会を召集したが、この席でテールマンは、従来の論調とはうってかわって、人民決定への参加の必要性を延々と強調した。この場でテールマンは、久しぶりにコミンテルンとの一致を口にした。「コミンテルンが完全に同意していることを、私ははっきりと申し上げた。そして我らがコミンテルンといっしょになって人民決定への参加を選択したのは、党とコミンテルンの間に政治的に一致した基礎があるからである[19]」と。その際、路線転換の論拠とされたのは、「我らが、例えばコミンテルン執行委員会一一回総会の席上言ったように、社会民主主義はブルジョアジーの社会的支柱である」というテーゼであった[20]。つまり、一九二九年段階の「社会ファシズム」論を、再び強力にテールマンは主張したのである。

ここでＫＰＤ指導部にとって危倶される問題は、ＫＰＤ指導部が路線を急遽変更したことが一般に知れわたることであった。しかしこの点に関しては、ＫＰＤの中央委員レヴェルでも舞台裏をまったく知らなかった。このことは、次の４／10という番号のついた中央委員の発言を見てもわかる。先程の、外にもらすなと二〇日のフリークに宛てたピークの伝言は見事に実行されていたことになる。

人民決定に関して、私は信じられない失敗をやらかした。というのも、なぜ国民的反対派の人民決定を働く者の人民決定にしないのか、を党内でいつになったら討論するか、と中央委員会に手紙を書く勇気を昨日までもっていなかったのである。私はもともと、このようなかたちで人民決定するのには反対であった。旧来の路線を堅持しなければならないし、自分自身で緊急令等に反対する闘争に攻勢に出るという意見であった。その意見が誤りだったことは、ここで明らかになった。(21)

結局、二二日の中央委員会では、人民決定参加が決定された。次のピークからKPD書記局に宛てられた手紙を見てみると、この二二日の決定にコミンテルン指導部は満足していた模様が伝わってくる。

(七月二二日の)決議は、もちろんこちらではたいへん歓迎されている。スモルの報告と討論も、テディも政治局で報告したであろうように、党は客観的に良好な状況を理解せず正しく活用しきっていない。このことは、とくにベルリンの党組織にあてはまる。(22)

こうした人民決定参加というこの二二日の中央委員会決定は、七月二五日付の『特別回状』で下部組織に伝えられた。そこでは、次のような理由づけがなされている。

我らが人民決定に参加し、他方人民決定の指導権を獲得しなければならない主な理由は何なのか。

（一）なぜなら、我らの側からすれば、この行動は革命的展開の激化、革命的危機の前提を促進する方法へと導くからである。
（二）我らにとっては、ファシズムに反対する闘争の一環だからである。我らは大衆に明らかにしてきた、ファシズムに反対する闘争が単にナチを打倒することにあるのではなく、とりわけ金融資本自身に反対し、ファシズム独裁を遂行する政府であるブリューニング政府に反対する闘争を意味するということを。ここから必然的に、ブリューニング独裁の最強の砦であるプロイセン政府に反対する我らの激烈な攻撃が必要となるのである。
（三）なぜならば、我らは、社会民主党の労働者が社会ファシズムに反対する反乱に決起するよう、ブラウン政府がブリューニング政府よりも「より小さな害悪」だとする幻想を打ち砕かなければならないからである。
（四）なぜならば、コミンテルン執行委員会の一一回総会の決議にそった、ブルジョアジー社会的主柱としてのＳＰＤに反対する闘争が、この人民決定行動を通して強化されるからである。
（五）なぜなら、我らの人民決定への参加は、国民社会主義者とドイツ国家国民党のデマゴギーとうまい汁だけ吸おうとする政策の実態を暴く可能性を我らに与えるからである。(23)

八月九日の投票が終わった深夜、モスクワ時間でいえば一〇日の午前二時に、ベルリンからモスクワにいれられた電話連絡を見ても、ＫＰＤは単に参加の表明に留まらず、積極的にこの人民決定に関与していたことがわかる。つまりそこでは、「投票の日に赤色人民決定の後援会員が投票所前をほとんど独占し、ファシストはほとんど姿が見えなかった。この事実はさらに中央ドイツ、オーバー・シュレージエンの工業地帯、ルール、ラインのその他の地域の結果にも表されている[24]」といわれていた。

しかし事態は、モスクワの指導部とＫＰＤの一部党指導者の思惑通りには推移しなかった。先程の七月二〇日の手紙でピークは、「私が考えているのは、場合によっては一二〇〇万票が集まらず、州議会選挙もできない時のことである。そうなれば、最初の困難を克服するのに我らの助けとなる本来見込まれた効果を失うということになるだろう[25]」と述べていたが、事態はまさにその予感通りになったのである。

## 第三節　党内混乱

人民決定は結局失敗に終わった。当時ＫＰＤの中級幹部であり、後に一九六〇年代を中心にＳＰＤを率いたＨ・ヴェーナーは、「私は、投票日の日曜日の午後に、通行人が党のポスターにどういった反応をするのか、投票に来た人がどういった人々なのか、を観察するためにいくつかの投票場の前に立っていた。党が、労働者層から決定的に孤立していることがだいたいわかって、意気消沈して、全国各地から届けられた結果を聞きに、党本部のあるカール・リープクネヒト・ハウスに行った」と回想している[26]。一九三〇年九月一四日国会選挙での人民投票に賛成する政党の得票数と比較した、三一年八月九日人民投票の選挙区別に見た投票結果は次頁の表5-1の通りである。

本来のＫＰＤの政治局決定を覆したコミンテルンは、その後九月一六日になってやっと、この人民決定に関する決議を採択している。そこでは、「人民決定への参加を通して、ＫＰＤは『階級対階級』の戦術の一貫した遂行を実際に実現した。……最も重要な人民決定の結果は、ドイツ独占資本の反国民的政策に反対し、社会民主党のプロイセン政府に反対する運動のヘゲモニーが、ＫＰＤの手の中にあるということである」とされている[27]。ここでは、七月一八日のＫＰＤ政治局の決議をあえて反古にしてまで強引に遂行した人民決定が、当初の思惑から外れて失敗

表5-1 1931年8月9日「赤色人民投票」の結果

| | 有権者数 | 人民決定賛成票数（賛成率） | | KPDの国会基準（1930年9月14日）得票数 |
|---|---|---|---|---|
| 1 東プロイセン | 1,396,250 | 658,089 | (47.12%) | 702,263 |
| 2 ベルリン | 1,536,633 | 461,129 | (30.01%) | 782,385 |
| 3 ポツダム2 | 1,404,432 | 452,133 | (31.78%) | 694,066 |
| 4 ポツダム1 | 1,417,592 | 556,065 | (39.23%) | 740,274 |
| 5 フランクフルト／o. | 1,071,890 | 519,140 | (48.46%) | 544,209 |
| 6 ポンメルン | 1,232,093 | 659,315 | (53.35%) | 689,499 |
| 7 ブレスラウ | 1,268,902 | 495,566 | (39.02%) | 550,263 |
| 8 リークニッツ | 806,721 | 358,951 | (44.41%) | 370,919 |
| 9 オッペルン | 881,423 | 290,782 | (32.91%) | 321,044 |
| 10 マグデブルク | 877,446 | 373,691 | (42.53%) | 421,125 |
| 11 メルゼブルク | 973,994 | 528,369 | (54.21%) | 611,415 |
| 12 エルフルト | 425,805 | 179,644 | (42.11%) | 200,109 |
| 13 シュレスヴィヒ＝ホルシュタイン | 1,045,682 | 494,433 | (47.27%) | 542,260 |
| 14 ヴェザー＝エムス | 464,967 | 164,261 | (35.34%) | 175,018 |
| 15 東ハノーファー | 710,580 | 348,293 | (49.01%) | 379,295 |
| 16 南ハノーファー | 993,586 | 356,178 | (35.85%) | 441,869 |
| 17 ヴァストファーレン北 | 1,476,255 | 400,773 | (26.83%) | 549,692 |
| 18 ヴァストファーレン南 | 1,683,313 | 551,217 | (32.72%) | 730,553 |
| 19 ヘッセン＝ナッサウ | 1,720,210 | 554,557 | (32.20%) | 751,341 |
| 20 ケルン＝アーヘン | 1,519,883 | 245,442 | (16.12%) | 517,275 |
| 21 コブレンツ＝トリアー | 834,384 | 212,324 | (25.42%) | 247,179 |
| 22 デュッセルドルフ東 | 1,481,878 | 531,055 | (35.85%) | 771,341 |
| 23 デュッセルドルフ西 | 1,218,070 | 401,847 | (32.95%) | 536,205 |
| プロイセン総計 | 26,442,992 | 9,793,603 | (37.01%) | 12,279,399 |

出典：*Der Abend, Spätausgabe des "Vorwärts"*, Jg. 48(1931) Nr. 370 v. 10. 8. 1931.

に終わったことに対するコミンテルンの自己批判の姿勢は、少なくとも表向きはまったく見られない。しかし、三一年八月一二日付中央委員会アジ・プロ部員ゲルバーの中央委員会宛の手紙に「人民決定の結果は間違いなく党指導部内部の議論をまき起こすだろう[28]」とあるように、KPDにあっては大きな問題だったのである。

とくに、問題はKPDの七月一八日に政治局決議にもかかわらず、なぜ一書記局員があえて規律を犯して、コミンテルンに直訴にでるまでの行動をとったかということである。その際、党議長テールマン対政治局員ノイマン、レメレという図式の当時の党内対立の問題が浮上してこよう。この点は不明確な点がいまだに多いが、[29] 人民決定と並行した一九三一年八月二〇日にテールマンは、ノイマン派であるとされるフリークに次のような手紙を書いている。

昨日の話し合いはわたしが期待していたような成果が見られなかった。わたしがもう久しくもっている危惧が的中したばかりか、その危惧はハインツ（ノイマン——筆者）の挙動によって完全に裏書きされた。わたしが言ったのは、二つの重要な問題と論点に基づいている。

一．指導部のためにも、そしてとくに党全体のためにも、お互いに真に歩み寄ること。

二．ハインツや君らとそれに伴う意見の相違を取りのぞくために、とりわけハインツ同志といかにして重要な多くの問題を明らかにしていくのかを了解するために、心を打ち明けた短い協議をとり行うこと。なぜ、我らは巨大な闘争を経験していないのか、なぜ個人個人かってに行動することが目に見えて多くなっているのか。……

彼が言った通り言えば、「狭い指導部の中で信頼の危機がある」。……しかし、ハインツが私に対して公然とふるまっているように、また私が本音を敢えて表現するとすれば、それが憎悪と不信の性格を帯びているのであれば、私は当然ながら、再び真摯な集団的共同作業を続けることがそもそも可能なのか、という大きな疑問を感じている。……ハインツが言った通りに言えば、「私がやるあらゆる集会、私が書くあらゆる論文にわたしは君（テールマン——筆者）からどんなに訂正を受けたことか」。こうしたひとりの同志の誇大妄想を聞いて落ち着いていられるのは、性格を持たないで、最良の友人に対して真摯な感情をなんら持たない同志だけである。こんなに落ち込んだことはこれまでにないし、これからも私の友人と全党の前でこれほど落ち込むことはないだろう。ハインツ側からこっち側に移ってきたヒルシュが私にいうには、……「党の議長には見えなかった」そうだ。……あるのは二つの方法だけだ。ハインツが、君らや他の同志に諭されて、彼の憶測や主張が病的現象であり、まったく事実に反するということを認めれば、それでいい。……二つ目の方法は、今のまま推移することだ。……そうすれば、あらゆる共同作業は、強制、義務、大きな悪となり、その下で個人的な問題以上に、党指導部の活動や政策の障害となる。つまりは党全体が苦しむことになるのである。…

さらに、とりわけSPDや自由労組に組織された労働者に対する党の大衆活動の分野での大きな弱点について、ハインツをたやすく、早急に説得することに成功すれば、困難はあまり残っていないと私は確信している。ヘルマン（レメレ――筆者）と君の意見は、私にとって非常に満足するものであった。なぜならば、君らは憎悪や敵意からではなく、心配と努力から、今ある困難を取りのぞき、党の偉大な革命的活動と政策作成を、私といっしょになってやろうと訴えているからである。私は、我らの指導的同志を馬鹿者扱いするよう要求しないし、要求したこともない。私の側からすれば、我らの狭い指導部のみんなに要求するのは、私を馬鹿者扱いしないということをとくに強調したい(30)。

ここでは、当時のKPDの党内対立が、かなり深刻な路線的そして人格的対立であったことがわかる。その詳しい実態解明は今後の課題であるが、ここではひとまず、こうした党内対立から一書記局員がKPDの政治局会議の決定にもかかわらず、コミンテルン執行委員会に直訴に出たと結論付けられよう。

以上のように、プロイセン邦議会解散のための人民決定にKPDが参加するにあたっては、「社会ファシズム」論だけでは説明がつかない、複雑な経緯がそこにはあった。実践的には、「社会ファシズム」論から「二正面闘争」へと移行しようとしていたKPDの路線を修正するにあたって中心となったのは、コミンテルンとKPDの党内一部勢力であった。その際、KPDの反対派は、「社会ファシズム」論といった原則からではなく、新しく選挙が行われれば、ＫＰＤが優位に立つだろうという、短期的楽観的見通しから人民決定に期待したのである。コミンテルン側は、むしろこれを「社会ファシズム」論の中で位置づけた。しかし、彼らの目算は外れた。むしろ、この人民決定にＫＰＤが参加したことによって、ＫＰＤとＳＰＤの溝が深まるなどの波及効果を、ＫＰＤは覚悟しなければならなかった。反ファシズム陣営にとっては、さらに混乱の種が持ちこまれ、貴重な時間が浪費されただけであった。

# 第六章　ドイツ共産党の「苦悩」（一九三一年秋）

## 第一節　「苦悩」の諸相

人民決定参加以降の混乱と苦悩の中で、一九三一年秋にドイツ共産党議長テールマンは、党機関誌『インテルナツィオナーレ』に「わが党の理論的・実践的活動における若干の誤りとその克服への道」（以下、「若干の誤り」と略記）を発表した。(1) この時期、三一年一〇月九日のブリューニング内閣が改造され、同じ一〇月一一日から一二日にかけて右翼勢力が大結集した「ハルツブルク戦線」が結成されるなど、ドイツは確実に「一九三三年一月三〇日」＝ヒトラー政権誕生に向かっていた。「若干の誤り」では、こうした状況分析と並んで、様々なKPD自身の問題が具体的に指摘されており、下村由一はこの文書を、「党内の動揺と混迷を如実に物語」る「KPDの苦悩の記録」と評価する。(2) ここで問題とするのは、その「苦悩」の背景ないしは裏面である。

一九三一年八月の人民決定問題の惨憺たる結果は、「党が労働者層から決定的に孤立していることがわかって意気消沈した」(3) と、当時KPD中級幹部で戦後SPDを率いることになるH・ヴェーナーがいうように、困惑や動揺を生み出すことになっただけであった。そうしたなかで、一一月二〇日、ソ連の雑誌『プロレタールスカヤ・レヴォリューツィア』編集部宛のスターリン書簡「ボルシェヴィズムの歴史の若干の問題について」（以下「スターリン書簡」）が発表された。この期日本の中国侵略が開始され、ソ連共産党第一七回大会では、ソ連への干渉戦争再発の危険性が論じられるなど「モスクワの雰囲気は警戒を高めている風であった」[4]。こうしたなかで書かれたこの「スターリン書簡」は、これを機に国内外の反対派一掃キャンペーンを開始させるものであった。おりしもソ連国内ではメンシェヴィキ裁判が進行していた。ドイツではこの書簡は「革命運動内のすべての社会民主主義的影響に反対する最も強力な闘争を義務づけた文書」として受け取られ、KPD党内においては、「中央派」「ルクセンブルク主義」の「残滓」の一掃、党外に対しては、SPDと「社会ファシストの左翼的支店」たるドイツ社会主義労働者党（SAP）との闘争の強化が言われている[5]。このように内外の動きのなかで、KPD機関誌『インテルナツィオナーレ』の一一・一二合併号にテールマンは「若干の誤り」を発表した。

このテールマン論文は「イデオロギー攻勢」の頂点を成す。ここで党議長は①「社会民主主義に対する闘争と統一戦線政策の適用における弱点」、②「人民革命のスローガンの適用における誤り」、③「国民社会主義に対する闘争における弱点」、④「展望と個人テロ行為の問題における共産党員およびとりわけ党の周辺での偏向の事例」をあげている。

このなかで、テールマンが頭を悩ます問題のうち「社会民主主義に対する闘争と統一戦線政策の適用における弱点」の項目についてまず検討してみよう。SPD評価について「若干の誤り」の中では、たしかに、「ブルジョアジーの社会的支柱としての社会民主主義に対する主要打撃を！」という箇所もあるが、同時に「国民社会主義の過小評価」を諫めている箇所もある。論文全体としては、「党の二正面戦線が無条件に必要である」といわれているように、ナチともSPDとも闘っていくという一九三〇年春以来KPDがとってきた「二正面戦線」路線自体が放棄されたわけではない[6]。とくにＳＰＤに関しては「敵」それ自体というよりも、その敵に対抗していくのにＫＰＤにとって必要な主体を形成していく＝「労働者の多数派獲得路線」上での障害（「自分たちの階級をめぐる闘争」）だから叩かなければならない、という論理が中心である。その闘争とは、いわゆる「下からの」統一戦線路線つまり、ＳＰＤの「上」＝指導部に打撃を与えて「下」を獲得していく、というのがＫＰＤの公式見解である。ところが、現場ではそれが守られない場合が多く見られた。「若干の誤り」でも具体的な「誤り」として指摘されているのは、ルール地方でＫＰＤ地区指導部が「上からＡＧＤＢ地区指導部に統一戦線要求」をした、という動きであった。こうした「上からの統一戦線」への動きは、「逸脱」「偏向」「日和見主義[7]」だと厳しく批判された。

しかし、ＫＰＤ指導部の批判にもかかわらず、その後も三一年一二月七日のヴュルテンベルクでの市町村議会選挙では六つのＫＰＤ地域組織がＳＰＤとの統一リストを作成したとされ、とくにウンターライヒェンバッハでは社共の党組織が合同して「統一労働者党」を結成し、一九三二年になると、「兄弟喧嘩」の中止、「指導者なき統一戦線」を唱えるようになっていった[8]。

さらに、その後の一九三二年一月二日付でコミンテルン執行委員会政治委員会がＫＰＤ中央委員会政治局宛に送った手紙の中では、この間「共産主義者と社会ファシストが統一した労働党になったのが一例。改良主義者と社会ファシストが共産主義者をからみとったのがヴュッテンベルク、ルール地域、テューリンゲンのいくつもの例。共産主義者が先頭をきって社会民主党組織との交渉に入ったのがいくつもの例。最も惨めなのは社会民主党のフラクションやブランドラー主義者が、労働者の統一の組織者の役割を果たすことに成功したいくつもの例。これだけ指摘すれば全党に警告を発し、全党を救い出す理由としては十分である[9]」と言われており、テールマンの指摘にもかかわらず、問題がほとんど解決されていない。こうした事象をどう理解すべきなのであろうか。

ＳＰＤとＫＰＤとの相違をむしろ中心に考察し、両者の確執ばかりに目を奪われていた従来の研究も、この期の社共の統一に向けた動きがあったとしても、単なる「例外」としてしか位置付けられなかった。これに対してマルマンの研究は、むしろその両者の共通性に注目しながら、「例外」規定を解除する。彼が指摘する社共間の共通性とは、より具体的には、マルクス主義という世界観に基づく階級闘争によって社会主義を達成するという目標、集団を主体とする発想、「救済」イメージを伴った擬似宗教的要素、進歩に対する楽観主義、権力の変化への期待、理性信仰、「進歩の旗手」「階級の前衛」という自己規定、「プロレタリアート」の神秘化、歌われる歌、シンボルとしての赤旗、「同志（Genosse）」という言葉、メーデーという共通の祭典、といった点である。(10)

そしてそうした共通文化を培う空間として登場してくるのが労働者ミリューである。賃貸兵舎《ミーツカゼルネ》（Mietskaserne）に端的に示されるようなきわめて人口の凝縮されたような労働者ミリュー空間は、一九二四年から三一年までに二〇〇万戸以上もの労働者住宅が新たに建設されたにもかかわらず壊れなかった。(11) そうしたなかでKPDは様々な防衛団体や文化団体、そして政党にしても、SPDとその枠組み自体は共有しながらも、その「左派的」ポジションを主張していた。たしかに、KPDは一九二九年六月のヴェッディング党大会を転機として、革命的労働組合反対派組織をはじめ従来組織を分裂させ、自己組織を構築し、独自に左翼プロレタリアの公共圏を作り出そうとするが、それは失敗に終わった。むしろ排除される結果となり、「アウトサイダー」「アウトロー政党」に一部変容するが、ただそれにもかかわらず全体としてみれば、労働者ミリューという空間と文化をSPDはじめ他の労働者政党と共有することには変わらなかった。さらにこうしたミリューを中心としたコミュニティ・スタディーの蓄積から、マルマンはKPDの党組織について四点を指摘している。(12)

第一に、中央からの命令とそれに従う党員という像は、かなり差し引かなければならない。

第二に、その地域の判断規準が地域のKPDのなかにかなりの程度はいってきて、中央の方針を薄めていること。

第三に、KPD党員は孤立していたわけではなく、社会的ネットワークのなかにいたこと。

第四に、両労働者政党の地位はブロック内では安定していたが、その内部ではかなり流動的だったこと。

こうした地域の自立性に注目してＫＰＤを位置づけようとするマルマンの結論は、一枚岩的構造を強調するヴェーバーの研究水準とはかなりの開きを感じさせる(13)。さらに、この間の地域史の進展が明らかにしているのは、ヴァイマル共和制末期のＳＰＤとＫＰＤの関係についても、かなりの地域差があるということである。マルマンはそれについても四つの類型に地域を分類している(14)。

一．二つの労働者政党間の「いさかい文化（Streitkultur）」にもかかわらず、第一次世界大戦以前からの社会民主党的「小宇宙（Nischengesellschaft）」という生活空間を共有し、伝統的共同性を保持した地域。象徴的例としてあげられるネッカー河畔のシュタインハインでは、一九二九年に完成した労働者組織のホールの正面にはＳＰＤ出身の大統領エーベルトの写真が、後ろ正面にはレーニンの写真が掲げられていて、こうしたことは一九三三年まで続いた。

二．さらに両者の関係が緊密で、政党レヴェルでも分裂せず、左翼陣営を形成していた場合。

三．第三のパターンが第一次世界大戦後両者の間で暴力的経験をした所。ミュンヒェン、ベルリンの大部分、ルール地方をその代表とする。社会的関係を阻害するほど憎悪に満ちてほとんど接触さえない。

四．どちらかの労働者政党が圧倒的影響力を持った地域。ＳＰＤのハノーファー、ＫＰＤの場合はビターフェルト。

こうした地域史研究の集積は、シュトリーフラー、ワードやローゼンヘイフトが考察の中心的対象としてきた第三のパターン、なかんずくベルリンをドイツの一般的傾向として代表させることはできないのではないか、という疑問を生じさせる。一九七〇年代の研究以降の地域史の研究の蓄積は、こうした大都市中心の研究分析では十分ではないことを示している。たしかに、地域の歴史を見ていくと、例えば、ＫＰＤ機関紙にも登場する「貧困と反動に抗する統一委員会」式の運動は、ブラウンシュヴァイク、ハンブルク近郊のアルトナでは三一年一二月に一三一名（うち無党派五四、KPD 七一、SPD 四、SAP 一、その他一）の参加による代表者会議を開き「ファシズムに抗する統一委員会」を結成している。[15] 一二月五～六日にはシュレージエンでも二七六名の代表による「統一会議」[16]が、またバーデン・プファルツでも三二年一月一八日に一一七〇名の代表による「闘争会議」が開催されているが、それまでの間にバーデン全体で三二年一月七日段階で四八の下部の統一委員会が形成されている。[17]

こうした統一に向けた動きをKPDは結局否定することができなかった。「下からの統一戦線」のみを許容できるとKPDが方針化していたにもかかわらずである。ただ、KPDができたことは、統一に際しての条件をつけることであった。そこでテールマンがもち出してくるのがブラウンシュヴァイクの例である。彼は言う、「SPD労働者をめぐる主要な戦闘方針や闘争政策としての統一戦線政策が正しく実行された最良の例は、ブラウンシュヴァイクである」、[18]と。では、そのブラウンシュヴァイクの状況を次に見てみよう。

## 第二節　再びブラウンシュヴァイク

ブラウンシュヴァイク邦では三一年九月以降、二人のナチ党員が内相と財政相として州政権に関与していた。全国的に突撃隊（SA）の制服が禁止されるなかでも当地だけはSAが自由に制服を着用できた唯一の州であった。三二年三月三〇日付イギリスの『マンチェスター・ガーディアン』紙は当地のSAの様子を次のように伝えている。

ナチのSAは、兵舎のように利用されている宿舎をもっていて、スピードの出るトラックも持っていて、屋根には旗をたなびかせている。トラックの脇は開いて降りられるようになっていて、乗っている隊員が一瞬に飛び降りることができるようになっている。

騒ぎがはじまるか、はじまると噂されると、当該地にトラックが駆けつけ、SAが飛び降り、こん棒、ナイフ、ぬんちゃく、拳銃が即座に配られ、頭が割られ、自衛のためにかざした腕は折られ、かがめた背中や肩はメタメタに殴られる。時としては、ピストルが発砲され、ナイフが抜かれる。一瞬にしてことは終わり、ナチは、トラックに乗り込んで立ち去る。……負傷者は多く国旗団員か共産党員で、たまに通行人だったりするが、ナチがいることはめったにない。

そうした襲撃に理由があったためしがない。警官がもてあますような騒ぎがあったわけでもない。普通は何の騒ぎもなく、「仲間が危ない」といった口実だけで襲撃のネタとしては十分である。[19]

三一年一〇月一〇日から一一日の後のヒトラー政権の雛型ともなった右翼結集の大デモンストレーションの場に、ブラウンシュヴァイク邦の一角に位置するバート・ハルツブルグが選ばれたのも、以上のような特殊な状況にあったからだと考えられる。実際、州内相ディートリヒ・クラッゲスは、これと前後した時期、他の党派の該当運動は禁止したにもかかわらず、緊急令によって取り締まりが厳しいプロイセン州などとは違い、右翼団体だけに自由な行動を保障していたのであった。ヒトラーは、ハルツブルグ戦線結成に向けて全国からナチ党員やSA隊員を動員していた。ただ、内部対立によって、ヒトラーは早々に町を去って行った。むしろナチにとっては、ニュルンベルクでの党大会を禁止されたため、実質的な党大会の様相を呈した一〇月一七・一八日ブラウンシュヴァイク市での「中部ドイツSA集会」の方が重要であった。[20]三万人ともいわれるSAがぞくぞくとブラウンシュヴァイク市に詰めかけるなかで、彼らはその余勢をかって労働者街への侵入を図った。一六日にはすでに労働者街への挑発行為が報告されているが、一七日になると、本格的にSAが労働者街に向かった。[21]

目撃者の話によると、彼らは、「我々はベルリンSAだ」と名乗ったり、「方言からして外からやって来た人々」だったという。たしかに、自分が外来者でそこに居住していないということは、ナチが当地の内相を握っているということとあわせて安堵感につながっただろうし、それが大勢の「仲間」と一緒にいるという集団心理と相乗作用を起こせば、無法状況が生まれるのも容易に想像できる。実際事態は、「もはや法治国家ではない」と目撃者たちが語るようなものであった(22)。

一七日夕方、二〇〇から二五〇人あるいは五〇〇～六〇〇人というSAが、断続的に労働者街で示威行進をした。彼らは、行進しながら労働者街の窓に石などを投げつけたり、罵声をあびせたり、こん棒を振り回し、ピストルを発砲して威嚇した。事件はそうしたなかで起こった。犠牲者となったフィッシャーは国旗団員だったが、一八日の深夜、公道でSAに追いかけ回され、ついには胸をナイフで刺され、殺された挙句、死体は辱めを受けた。その他にも二人の労働者が殺害され、七〇名以上が重傷を負ったのである。

事件直後にまかれたKPDのビラの中では、こう書かれている。「クラッゲスの庇護のもと、ヒトラーの褐色の殺人部隊はブラウンシュヴァイクにやって来た。彼らはイデオロギー的に労働者と対決するのではなく、労働者をなぎ倒した。そして労働者の血が流れた!!……労働者よ、君らの街を守れ！　君らの妻子の命を守れ！　労働者街に力を結集せよ！(23)」

こうした労働者街襲撃をKPDもSPDも各々中央党機関紙で「血の海ブラウンシュヴァイク」という表題を掲げて大きく取り上げているが、事件を報じた当地のSPDの機関紙は内相クラッゲスによって、六週間の発禁処分となるありさまだった(24)。

すべての市営企業、国鉄修理工場、ビュッシク（Büssig）、ミアク（Miag）といったブラウンシュヴァイク市内八大工場や、中小の機械製造企業などの五〇〇〇人の労働者は、一〇月二三日に職場を放棄して葬儀に参加したし、前日二二日には二万五〇〇〇人が抗議のストライキに加わったとされている。[25]

「ブラウンシュヴァイクの勤労人民は防衛闘争のなかで結びつけられ……根源的力によって統一戦線思想は開拓される」として、事件直後、住民各層が自らをファシズムから守るために自警団を結成するようKPDは訴えた。[26]たしかに、この事件前後から自警団結成の知らせが相次いだ。そのうちの一つマンデルン街では一〇月二八日に一〇世帯三〇人の住民が口伝えに集会に寄り合い反ファッショ自警団の創設に合意した。また一一月一日にはフリーゼン街で、二六名の男女からなり、指導部（SPD二、KPD二、無党派二、計六名）を持つ自警団が成立している。そして、一一月八日までに自警団の数は一六にまで達している。[27]

さらに、本来事件の前の一〇月一五日にすでに、ナチが主導権を持つ邦議会の解散要求のために成立していた統一委員会（Einheitskomitee）は、事件後一一月二日には建設組合同盟や皮革・室内装飾者連合等の代表者の参加の下に会議をもちアピールを発して、より運動目標を拡大することとし、一一月八日には「貧困と反動に抗する統一委員会」という運動体を生み出している。[28]このKPDが主導するこの場にも、無党派六一、KPD四八、SPD二五、ドイツ社会主義労働者党（SAP）二の一三六名の代表があつまり、ファシズムに反対する決意表明がなされた。こうした統一志向のなかで、その成果を吸収したのはKPDであった。つまり、一〇月二六日には一九二三年以降最大と呼ばれる集会を持つとともに、その場で二〇三名が新党員になっただけではない。一一月一五日に行われた州議会解散のための人民決定は、それがKPD主導でしかも、KPDの基礎票は三〇年九月時点で二万一三三七票でしかなかったにもかかわらず、四万一二八九票の支持を得ることに成功したのであった。[29]

ナチの労働者街襲撃に端を発した危機感と統一志向は労働者ミリューに支えられて、KPDに大きな成果をもたらすことになった。これにテールマンは目をつけたのであった。

SPD労働者をめぐる主要な戦闘方針や闘争政策としての統一戦線政策が正しく実行された最良の例は、ブラウンシュヴァイクである。……我々にとって、政治的大衆ストライキや革命的デモ、戦闘的赤色統一戦線等々議会外要因が決定的役割を果たしたのであった。(30)

たしかに、ヴェーナーは、「ブラウンシュヴァイクの当時の状況のもとで、運動全体が党によってはじめられていた人民要求に合流させるという上からの試みがなかったとするならば、それ以上のことを達成していたであろう(31)」と惜しむが、ブラウンシュヴァイクでは、ナチのテロを契機に湧き上がった下からの統一の動きをKPDは昇華させて、KPDの路線に取り込むことに、ある程度成功したとはいえよう。テールマンは、こうした反ファッショ運動の展開を前提とした「下からの」統一戦線をドイツ各地で進行していた「上からの」統一戦線に対置し、牽制しようとしたのであった。

## 第三節　個人テロ、是か非か？

コミュニズムをドイツ社会主義運動という伝統のなかに浮かべれば、空間ならびに時間さらには「プロレタリア」という意識の共有性やそれに支えられた彼らの間の紐帯の強さが浮かび上がってくる。これを背景としながら、ナチの襲撃を「外部からの」「敵」と見なし、これに対抗する意図を持つ自警団の結成が、この期各地から報告されている。この動きは、SPDとKPDの確執がとくに激しいとされたベルリンでも徐々にはじまっていた。つまり、三二年二月一一日に一七〇の自警団（経営隊五、女性隊三、失業者部隊二五、居住地域部隊九二など）の代表者会議が開かれ、三二年二月KPD中央委員会総会でも、ベルリン地区組織担当書記A・クンツがベルリンでの自衛運動の経験について報告している[32]。

ただ自警団は、非暴力的な統一委員会的な共同の場と同じく労働者ミリューを基盤にしているものの、ナチに対抗するための「暴力」やさらには個人テロという問題を浮上させるものである。この点がテールマンの「苦悩」の一つであった。つまり、「若干の問題」では、「我々にとって関心があるのは、ナチ・テロの意識的挑発によって革命的大衆闘争の方針から逸れ、多少なりとも意識的に個人テロ、撃ち合い、冒険的行動等々の社会革命党的な思想に陥っている革命的運動の内外（innerhalb und außerhalb）の個々の労働者が現実にやっていることである」とその危惧を表している[33]。

この期におけるＫＰＤの「暴力」の問題を真正面から考察したのは、ローゼンヘイフトであった。まず彼女は、ヤング案反対運動や大恐慌と前後したナチの躍進とともにＫＰＤがとった「防衛闘争」について五つの時期に区分している[34]。

第一期、一九二九年八月から一九三〇年春の「出会いがしらにファシストを殴れ」というスローガンが登場した時期[35]。この期は、ナチの躍進がはじまったばかりで、その勢力も弱く、簡単に対抗できるという楽観論からこうしたスローガンが生み出されることとなった。

それが第二期である一九三〇年春から夏の時期になると、六月四日のＫＰＤ政治局決議「ファシズムについて」に代表されるように、ＫＰＤも大衆運動としてナチをとらえるようになり、初期の「出会いがしらにファシストを殴れ」というスローガンは次第に後退していった。

つづく一九三〇年九月国会選挙以降の第三期になると、さらにナチの勢力が拡大し、勢いに乗ったナチの労働者街への侵入が始まる時期である。ハンブルクにおける共産党議員ヘニング殺害事件などが起こり、ナチの労働者街襲撃にいかに対処すべきかという問題が初めて深刻に提起された時期であった。ＫＰＤは三一年三月一八日に個人テロを拒否することを、初めて公式に発表しているが[36]、裏をかえせば、この時からすでに個人テロの問題は始まっていた。

さらに第四期である一九三一年四月コミンテルン執行委員会後の時期になると、指導部の制止にもかかわらず、暴力的対立は頻発するようになる。コミンテルン側はKPDがテロや暴力を助長していると批判するが[37]、他方でKPDは非合法への準備を開始していく。SA中級幹部シェリンガーがKPDに移行したこともあって、ナチをKPDに獲得していこうとする方向性とナチ殲滅路線が交錯しながら、暴力的対立はつづき、次第にエスカレートしていった[38]。三一年八月九日にはベルリン・ビューロー広場で警官との市街戦が展開された。ブラウンシュヴァイクでナチと労働者たちの暴力的対立が起こったのもこの時期である。

第五期は、一九三一年一一月の決議以降「ハルツブルグ戦線」結成以降ナチ政権獲得の現実的可能性が拡大した時期で、テロの横行にコミンテルンも積極的に介入して制止しようとした時期である。テロに代わって大衆運動に軸足を置くよう盛んに強調された時期である。

KPDの政治的暴力の問題で、ローゼンヘイフトをはじめとして多くの研究者が注目しているのが、「クリック(Clique)」というグループ・集団である。テールマン論文「若干の問題」でいうと、「革命的運動の内外の個々の労働者」という言葉になる[39]。元来クリックは、若い未熟練工や失業者など、経営に係留をもたない労働者たちの非公式の「ハイキング・クラブ」としてスタートした。男女の出会いの場でもあって、「暴力」を誇示することによって、「男らしさ」をアピールする場でもあった。あるクリックの元メンバーによれば、一九三〇年頃には、ベルリンで六〇〇近いクリックがあった、という。「一〇%が犯罪的クリック、二〇%が犯罪と単なるハイキング・クラブのボーダーライン。他の七〇%はハイキング・クリック」だった[40]。犯罪的でないクリックのうち七一%は非政治的なクリックだったが、二一%は左翼系で、たいていはKPDの影響力が強く、七%は右翼系だった[41]。さらに「いくつかのクリックは街頭とその地区全体をテロ支配してい」た。[42]ただ、クリックとKPDの関係は簡単なものではなかった。「レッド・アパッチ」「血だらけの骨」「シング・シング」「死に挑むものたち」といった名前を持つクリックと共産主義者を厳格に分けることはきわめて困難であった。だが同時に、若い労働者たちからは「クリック集団の存在こそ、地域の青年によからぬ影響を及ぼす。最悪の場合組織的犯罪への第一歩となるのである」と見なされる存在であったことも事実である。[43]「組織的労働者運動から孤立して個人的反逆を追い求めるならば、ルンペンプロレタリアートのなかに埋没してしまう」と危惧する共産党員もいた。[44]

それにもかかわらず、KPDも、比較的貧しい手工業の未熟練労働者ないしは失業者といった大経営・大労組とのつながりが弱い層の支持層が多く、むしろ経営外に運動の中心があったという点で、空間的にクリックの活動空間と重なる。実際にベルリンの例をとれば、クリックはノイケルン、クロイツブルク、ヴェッディングを中心としていたのに対して、KPDの中心はヴェッディング、ノイケルン、フリードリヒスハイン、ミッテ、クロイツブルクの一部であって、両者の中心は部分的に重なっていた。[45]また、「法治国家」ヴァイマル共和制への不信感から、彼らが期待するような解決が望めないとすると、直接的で暴力を伴った報復へと駆り立てられていくクリックの傾向性は、ヴァイマル共和制に原則的反対を唱えるという点でKPDへの親近性をもつものであった。日常的には、とくに警官への嫌悪を共有していたし、繰り返されるナチのテロは両者の恐怖を駆り立て、結束を強化した。[46]KPDはクリックを「ルンペンプロレタリアート」「不良」と見なしながらも、彼らとの共闘は着実に進行していった。

このように、一方での嫌悪感や違和感を感じながらも、多くの共通性をもつクリックに対してKPDの側は、アンビバレントな対応をせざるを得なかった。つまり、コミンテルンの第五回大会での発言にあるように、一方で、クリックを「いわゆる無頼漢」と規定しながらも、他方では、「彼らは絶対的に革命的要素である。ただ、我々が教育する必要があるし、しなければならない[47]」と位置付けざるを得なかったのである。とくに、一九三〇年九月の国会選挙でナチが驚異的な躍進を果たしたあと、KPD系自衛組織「赤色前線兵士同盟」（RFB）の青年組織である「赤色青年戦線」（RJ）はすでに地下活動を開始していて、ベルリンやハンブルクの組織に対して、「組織全体のための活用が考えられるように、クリックの間での宣伝計画を策定し、この分野での経験を指導部へのレポートに集約すること」とする指示を回した。つまり、ここではクリックをKPD系団体の草刈場と見なしていたことがわかる[48]。ただし、「現場」では、両者の境界線はそれほどはっきりしたものではなかったと考えられる。実際、一九三一年末にベルリンのフリードリヒスハインのナチと共産党の武力衝突を警察が調査していたら、当地のRJ指導者の何人かは以前「アパッチの血」などのクリックのメンバーだったことが判明した[49]。逆にクリックのメンバーが以前、共産主義青年同盟（KJVD）のメンバーでクリックでの活動を理由に除名された場合もあった[50]。さらに、ローゼンヘイフトは、KJVD指導者でクリックと関係の深かった三人の人物を挙げている[51]。

クロイツブルクのオットー・ジンガー（Otto Singer）は建設労働者の息子で失業中の一九歳だった。地域の共産青年同盟の指導者だったが、粗暴で知られていて、「極端にラジカルな態度故に仲間から尊敬もされていたが、恐れられてもい」て、度々KJVDを除名される。しかし、ほとぼりが冷めると、仲間と共に青年同盟に復帰している。

ヘルマン・レッシング（Hermann Lessing）もジンガーと同じようなタイプの人物であった。彼も独自の行動主義と暴力的なことで名を馳せていた。「もしも彼の言った通りにしなければ、排除され、組織内で活動することができなくなった。」ただ逆に彼が逮捕されると組織の結束は緩み、彼が帰ってくるまで組織活動は停滞した。

ヴェッディング指導者アルフレート・リヒター（Alfred Richter）は、一九二九年党から除名されたが、ヴェッディング青年防衛隊の指導者となり、一九三二年にはベルリン地区の指導者の意志に反して復党している。

このように、KPDにとってクリックは必要悪化していたことがわかる。ただ、クリックのなかで、KPDの影響力があったといっても、大抵はKPDに系列化されたわけでもなく、KPDの周辺に位置していたと考えた方が自然であろう。こうしたクリックとKPDの関係を当時小説にしたのがヴァルター・シェーンシュテット(Walter Schönstedt)だった。彼は、ベルリン・クロイツベルクで、RJのリーダーを務める人物であったが、彼が労働者向けに廉価なシリーズ『赤色一マルク小説』の中の一冊として、一九三二年に書き上げた小説が『闘う青年(Kämpfende Jugend)』である。この本は「いかに荒くれ者たちと彼らのワイルドなクリックが共産青年同盟のメンバーになったか」をまさに主題とし、KPDの自警団活動を題材にしている。その中から一文を引いて見よう。

ナチがノスティーツ通りにやってきた時に、青年たちは他の組織化された人たちよりも冷静だった。それには理由があった。「奴らになにか言ってやるのか、テオ。奴らの邪魔をしちゃだめだ。わかるだろう、何か起ころうものならば、俺たちがそこに行って、何をやるかってことくらい。そうさ、奴らを殴って、殴って、屋根が崩れるまで殴るんだ。」[52]

こうした暴力の肯定はとくに珍しいことではなかった。

とくに一九三〇年秋から激化した暴力抗争について、当時プロイセン邦の警視総監だったグルジェジンスキーは「普通の口論が殺人行動にまで進んでいった。ナイフ、こん棒そしてピストルが政治的議論に置き換わった。テロがあれ狂った。周到に用意されたアリバイが、両方のテロリストを有罪判決から救い出したのであった」と表現するほどであった。[53] グルジェジンスキーは、一九三一年五月と一〇月に相次いで一連の政治的暴力を禁止する緊急法案を通すようにプロイセンの議会に執拗に迫った。というのも、この年の五月のテロの嵐の時には、二九人が殺されていたからであった。そのうち共産主義者が一二、ナチが六、鉄兜団が一、社会民主主義者二、警官四、残り四人の政治的傾向は不明である。九人がナチによって、一三人が「共産主義者」によって殺害された[54]。とくに三一年一〇月政治的暴力を抑制しようとした緊急令が期限切れをむかえると、血で血をあらう事態は深刻化した[55]。

ともかく、こうした「ルンペンプロレタリアート」的要素を、その周辺に取り込んだKPDにとって、政治的テロの問題はむしろ構造にかかわる問題であったといえよう。実際に政治的テロを肯定する動きは、KPDのなかにも浸透してきていた。実際三一年一〇月には、KPDの軍事政策誌『一〇月』の「現状況における戦術」の中で、「小戦争の戦術をさらに貫徹させ、より一層効果的に遂行し、警察の消耗をより一層精力的に推進し、最終対決の日へとより早く導く」といったいわばテロ肯定の議論が展開されていた[56]。

こうした状況にあって、KPD中央委員会は、一九三一年一一月一三日、機関紙『赤旗《ローテ・ファーネ》』紙上に「テロの思想・実践のあらゆる擁護と黙認は絶対許されないと宣言する」といういわゆる反テロ決議を掲載した[57]。この決議は「左翼的危険」をテロの風潮に見て、それを「労働者大衆の目を真の階級闘争からそらす」として拒否し、「革命的大衆活動の旺盛な展開と労働者階級の多数派の獲得」に全力をあげるように指示している。この決議はとくにKPD系の闘争組織に「一個の爆弾のように」作用したし[58]、SPD左派のブライトシャイトに「統一の障害が一つ除去された」と評価された[59]。

だが、下部組織はこれを素直に受け入れることができなかった。決議採択後一週間以内にベルリンの党員の溜まり場で党決定が伝達された。テロに肯定的立場をとったとされる党指導者の一人ハインツ・ノイマンでさえ、町中で繰り広げられた一連の党活動家会議で演説して回り、決議への同意を求めた。その他の多くの活動家も数週間前とはまったく反対の主張をしたものの、各地で反対の声があがった。中国内戦の影響があるのではないかとか、党内インテリの間に闘争があるのではないかとか、という憶測を呼びながら、多くの下部組織は、その受け入れを拒否したのであった[60]。とくにベルリンの党細胞では殴り合いになるまでの議論が展開された。なかでも、ベルリン北部地区ＫＪＶＤグループは、ナチの側からの殺害を目的とした攻撃に対する効果的な防衛だという立場であったから、この決議のことを「ファシストテログループにわたされた、労働者を殺してもいいというライセンス」と、これでファシストは自由に労働者に暴力を振るうことができるという危機感を党への手紙の中で書いている。

党の防衛組織の状況は一層深刻であった。あるＲＦＢメンバーは、「決議は臆病者が作り出したもので、他の政党に気遣う党指導部の腰砕けを作り出すために計算されたものである」[61]と指導部への不信を口にしたし、何人かは防衛隊を去り、また他のＲＦＢ指導者は、「党がファシズムに反対する闘争を指導しようとしないならば、我々はナチに参加しよう」[62]というありさまだった。とくに若年層の暴力に対する衝動を押さえることは難しかった。実際に、ある共産青年同盟グループのビラの中では、次のように言われていた。

我々は革命的青年としていつでもファシストからの襲撃を防御する最良の方法を報復であると考えていた。「単なる大衆闘争ではなく、個人テロをも！」我々がＳＡから殺されて、その埋葬の日にわずかの労働者たちが三〇分の抗議ストをするのを、簡単に逃げおおせたＳＡたちが楽しんでいるなんてまっぴらだ。[63]

多くの党員は党にとどまったものの、相変わらず暴力を使ってナチと対抗しようとしたし、[64]多くの幹部にしても、新路線を一応は受け入れたものの、それが実現できるとは思っていなかった。[65]三二年二月ＫＰＤ中央委員会総会でもピークは再び個人テロの問題で発言をしている。

パニックのムードに陥ることなくコミンテルンの仲間たちは重大な関心を抱いている。……我々はファシズムがドイツにおいて権力を掌握するかもしれないという事態にある。共産党の大掛かりな闘争ができないうちに。そうすれば、党は大衆を闘争に引き込むことに成功しないままファシストによって打倒されることもありえるのである。[66]

KPD指導部はテロがKPDを大衆から孤立させるという危機感をもっていただろうが、これは、逆に依然として下部でテロに固執する人たちがいたことを示している。結局、KPD指導部の度々の批判にもかかわらず、個人テロはおさまらなかった。他方でKPDは今後も盛んに防衛隊の結成を訴えるとなると、KPDは、暴力へと傾斜していく「下部」をそのまま抱え込むことになったのである。

さて、こうしたテロとの関係もさることながら、「若干の誤り」には現れてこないテールマンの「苦悩」であったKPDの党内問題が検討されるべきである。つまり、ヴァイマル末期におけるKPD内最大の反対派とされるものの、その実態は未だ明らかではないノイマン・グループにふれなければなるまい。旧東ドイツで労働運動史を研究していたキンナーは、最近一九八九年以前のこの問題に関する歴史叙述について、「ドイツ社会主義統一党の歴史叙述においては、エルンスト・テールマンの方針とハインツ・ノイマンの路線の間にあった際立った対立を強調していた一方で、……西側の研究はKPDがモスクワによって外からコントロールされていたということを強調する」と言う。[67] はたして実態はどうだったのかは今後明らかにされなければならない課題の一つである。

八九年以降公開されたKPDの文書類を見ていくと、三一年八月のプロイセン州議会解散要求赤色人民決定のときには、テールマンとノイマンの間に明確な齟齬があったことが確認されている。[68] さらに、三二年一月七日付でノイマンはテールマン宛に私信を送っているが、そこでは、「我々は、過去数年に及ぶちょっとしたごたごたはありつつも、無条件で、次の点については一致していた。つまり、党の政治方針、党の発展の評価、現状分析、我々の偉大な任務、過ちに対して自己批判をするということ、党内問題、組織問題、人事問題その他の問題について、我々の間には、ほんのわずかな意見の相違もないということだ。これらすべての問題で、我々の間には完全な一致が存在する」という認識をノイマンはもっていた[69]。

これに対してテールマンは手紙を受け取ってすぐに一月八日付で返事を書いているが、その中では、「君の手紙をもらった。……『過去数年におよぶすべてのごたごたはありつつも、無条件で、次の点については一致していた』というのは正しくはない。……何が最も重要な意見の相違なのだろうか。まず第一に、『左派』SPDの評価。……第二に展望の問題について。第三に個人テロ。君はそうした傾向を強め、小さいサークルを作って着手している。……

第四に、労働組合内活動について。

第五に、自己批判について。

第六に、人事問題。

第七に、指導部自体のこと」となっている[70]。

ノイマンは党方針の理解に相違がないと言い、テールマンはあるというのだが、あるとするテールマンが挙げた両者の意見の相違のなかにさえ、「苦悩」の書＝「わが党の理論的・実践的活動における若干の誤りとその克服への道」で挙げられていた「人民革命」の理解の問題や統一委員会的な「逸脱」の問題は、ノイマンとの意見の相違に数えられていない。

たしかに、個人テロへの傾斜についての意見の相違はあるとされているが、先に見たように「暴力」をＫＰＤが構造的に取り込んでいることや、「暴力」の中心であった青年運動の責任者がノイマンだった点などを考慮すると、テールマンとノイマンの間にはたして路線上の相違があったのか、という疑問をもたせる[71]。少なくとも、この問題がテールマンによってノイマンとの決定的な違いとは理解されていないとだけいえよう[72]。

いずれにせよ、この期ＫＰＤのとった路線の負の面をすべてノイマンの責任に帰するのは、あとで作られたものという感が強い。というのもノイマンは、一九三二年五月にＫＰＤの書記局を、八月には政治局員を解任され、さらに、一九三二年九月のコミンテルン執行委員会一二回総会では、ナチの脅威を過小評価し、「個人テロ」を主唱した廉で、過去二年間の戦術的失敗の責任をとらされ(73)、これによって、テールマン指導部の責任は一切問われないことになったからである。

一九八九年以降の新しい史料状況やこれまでの地域史の研究結果などを背景に、これまでの議事録などから分析対象を社会史的視点から広げると、ＫＰＤは様々な勢力を党内外に抱え込んでいたことが明らかになってきた。ＳＰＤとの統一を志向したり、テロに走ったり、その形態は様々であった。ＫＰＤ指導部はそうした勢力との接点を持とうとする限り、妥協を余儀なくされていた。これがヴァイマル期ＫＰＤの「苦悩」の源泉である。そこでは、いくら「イデオロギー的攻勢」をかけ一枚岩的構造を構築しようとしたところで自然と限界があった。「逸脱」というレッテルを貼っても、統一委員会運動は続いていたし、テロも収まったわけでもなかった。ただし、かといってＫＰＤがまったく統率を欠くアナーキーな政党だったとも結論できない。

その意味からも、「党大会決議と地域党組織の相対的自律性を対置したり、対抗させたりするのは誤りであろう。両者は共産党の政治の様々な極であって、相互に作用と現象を決定していたし、互いに浸透しあい、規定しあっていたのである。……重要なのは、共産主義者の生活実態と組織の世界を解明することであり、一つの運動の内的視点を発掘し、真意を汲み取ることである(74)」というマルマンの指摘は首肯せざるをえない。

# 第七章　ドイツ共産党内対立の実相（一九三二年春）

## 第一節　表側の路線対立

一九三一年当時のブリューニング政府は、議会内に多数派を形成できない、大統領の信任のみに基礎を置く「大統領政府」であり、それをSPDが実質上の閣外協力である「許容政策」によって支えていた。SPDはブリューニング政府をナチよりは「より小さな害悪」と見なしていたからである。その一方でナチの脅威が現実のものとなって久しかった。

「今二つの可能性がある。ブリューニングがその背後にいる金融資本に完全に降伏し、ドイツを結局フランス的ヴェルサイユ体制に組み込んでいくのか。……二つ目の可能性はシュトレーゼマン的外交政策の最後の残滓を取り除き、『民族右翼』が政権に近づくか、ないしは直接入閣するかである。……経済状況と外交政策から内政を見れば、第一の道ではなく、第二の道を進むだろうと私は確信する」とノイマンなどは予測していた(1)。実際に三一年一〇月九日にブリューニング内閣が改造され、同じ一〇月一一日から一二日にかけて右翼勢力が大結集した「ハルツブルク戦線」が結成されるなど、ドイツは確実に「第二の道」に突き進んでいった(2)。

たしかにこの期、KPDは基本方針として「社会ファシズム」論をとっていたものの、このナチの躍進に相当な脅威を感じていたのもたしかである。一九三一年一一月一四日ピークからKPD中央委員会書記局に宛てられた手紙でも、「党は最近ナチのうねりは止まったという見解をとっている。だが、事実は逆のことをしめしている。ナチはすでに一〇〇万の党員を擁しているとハインツ（ノイマン――筆者）は語っている」と書かれていた(3)。こうした危機感は下部組織に行けば行くほど強くなっていった。例えば、三一年一二月二七日付のピークのテールマン宛書簡の中では、次のように言われる。

討論のなかで強調されたことは、現在右翼日和見主義の危険が非常に強く示されていることである。ヴュルテンベルクのいくつかの地域では党組織の解体にまで至り、社会民主党の統一戦線マヌーバーの前に完全に屈服しているところもあるくらいである。我々の統一戦線運動においては多くの地域でSPDとナチに対する正しい立場がとられていない。一〇のベルリン下級地区会議においては、そこで採択された決議のなかではナチにだけ反対する色合いだけで占められ、社会民主党に対して主要打撃を向けねばならないということはまったく触れられていない(4)。

ほとんど「社会ファシズム」論という当時の中央の方針を無視しているかのようなこうした地方組織の状況は、マルマンが「一枚岩的、一元的に規定されたシステムとして共産主義を説明することは、自分自身の判断基準にしたがってKPDの地域組織がその地域の政治を作り出していたことや、もしそれを誤りだと地域が判断すると上からの指令さえ無視していたことを見すごす(5)」と指摘したことをまさに実証しているのであった(6)。とくに、社共の対立が激しかったベルリンを離れると、そこでは、ナチの危険性の方が日増しに実感されていて、主要打撃をＳＰＤに、というわゆる「社会ファシズム」論と呼ばれるＫＰＤ指導部の主張は、下部においてはうつろに聞こえるようになった。

さらに、「これまで党からの希望で距離が置かれていたが、これからコミンテルンはＫＰＤが抱える右翼日和見主義の危険に対して公然たる立場をとることが義務付けられる」(7)といった三一年末のコミンテルン側からテールマンに宛てられた手紙を読めば、ＫＰＤは自分の意思で「右翼日和見主義」批判を差し控えさせていたという興味深い事実にも遭遇することになる。

ここでいう「右翼日和見主義」とは、ＳＰＤやこの期後の人民戦線に到達する認識をもっていながら、カー・ペー・ヌル（ＫＰ○＝影響力がゼロの共産党）と嘲笑されていたブランドラーら右派共産主義者たち、さらにはＳＡＰに結集する左翼社会民主主義者たちとの共闘に進むことであった。だが、「ＫＰＤとＳＰＤ、ＳＡＰとブランドラーたちとの共同集会は考えられないし、あってはならない。だが、残念ながら実際にはそうした例がドイツ中のいたるところで行われているのである」(8)という記述を見れば、「右翼日和見主義」は、かなりの広がりをもっていたと予想される。こうした中央の方針がなかなか下部に受け入れられない「苦悩」のなかでＫＰＤは、一九三一年五月一五日の総会以来九カ月ぶりの中央委員会総会を一九三二年二月二〇日から二三日の四日間にわたって開催することになった。

この二月総会でも相変わらず、「ブライトシャイトのダルムシュタット演説のなかに出てきたような『統一戦線』提案のようなマヌーバー」、「『鉄戦線』の問題はマヌーバー」といった発言がされている。その限りでは、党指導部に統一戦線的発想を見いだすのは難しい(9)。こうした統一戦線型の主体形成という道を辿ることを拒否したＫＰＤ指導部は、ではいったいどういった主体形成をイメージしていたのだろうか。

ハンブルク出身でテールマンに近かったシューベルトは、テールマンの二月総会での演説を聞いた後で、彼の演説の趣旨を「一年前の中央委員会一月総会の際に状況の正確な分析に応じて、戦略的主要課題として人民革命の準備を立てた。それから一年たった今日、我らは、プロレタリア革命の闘争のために労働者階級の多数派の獲得を主要課題としてたてる」[10]とまとめている。これをみると、三二年二月総会の時点でKPDは、三一年を中心に進められてきていた中間層獲得重視の政策さえ変更して、労働者獲得路線にスイッチしようとしていることがわかる。テールマンは高らかにこの場で新しい路線を次のように定式化した。

これから私の報告の本題に入ろう。革命的大衆闘争の問題、ストライキ指導・経営活動・RGO活動とプロレタリア統一戦線の問題がそれである。ここでの戦略的スローガンは、政治権力をめぐる闘争勝利のためにプロレタリアートの多数を獲得することである。[11]

たしかに、三一年一二月九日に発せられた「経済・金融の安定化と国内秩序の確保のための第四回大統領緊急令」では、企業家へは税の軽減措置がとられる一方で、表7-1に見るように、労働者に対しては、賃金の一〇～一五％カット、公務員の場合はさらに九％カット、社会保障費の削減等の措置がとられ、労働者の不満は高まっていたと考えられる。ただ、そうした不満がKPDに有利にはたらくというのは、いささか短絡的であった。

例えば、ヴァイマル時代末期の共産党は、伝統的にSPDの影響力の下にあった労働組合から独立し革命的労働組合反対派（RGO）という独自の労働組合を作ろうとしており、これを「労働者階級の多数派獲得」の梃子と見なしていた。だが、その勢力はKPD自身の統計資料によってさえ図7-1のようであった。つまり、一九三二年段階でSPD系労働組合は三五三三万人を擁していたのに対して、RGOは精々二五万人あまりにとどまり、それも

**表７－１**　第４次大統領緊急令に基づく賃金カット状況

| 賃金カット率（%） | 0 | 1～3 | 4～6 | 7～9 | 10～12 | 13～15 | 16～ |
|---|---|---|---|---|---|---|---|
| 労働者数（1,000名） | 20 | 345 | 346 | 1,004 | 3,189 | 2,643 | 44 |
| 全体に占める割合（%） | 0.3 | 4.5 | 4.6 | 12.8 | 42.3 | 34.9 | 0.6 |

出典：*Jahrbuch 1931 des ADGB*, Berlin 1932, S. 177により作成。

**表７－２**　シュレージエン地域の KPD 細胞数

| | 1930年５月 | 1932年12月 |
|---|---|---|
| 経営細胞（Betriebszelle） | 35 | 36 |
| 居住細胞（Ortszelle） | 102 | 245 |
| 街頭細胞（Straßezelle） | 96 | 190 |
| 拠点細胞（Stiitzpunkt） | 6 | 228 |
| 農場細胞（Gutszelle） | | 12 |
| 農村細胞（Dorfzelle） | | 86 |

出典：*Bericht der Bezirksleitung Schlesien am 17. Parteitag der KPD am 3. u. 4. Dez. 1932*, o. O, o. J, S. 22.

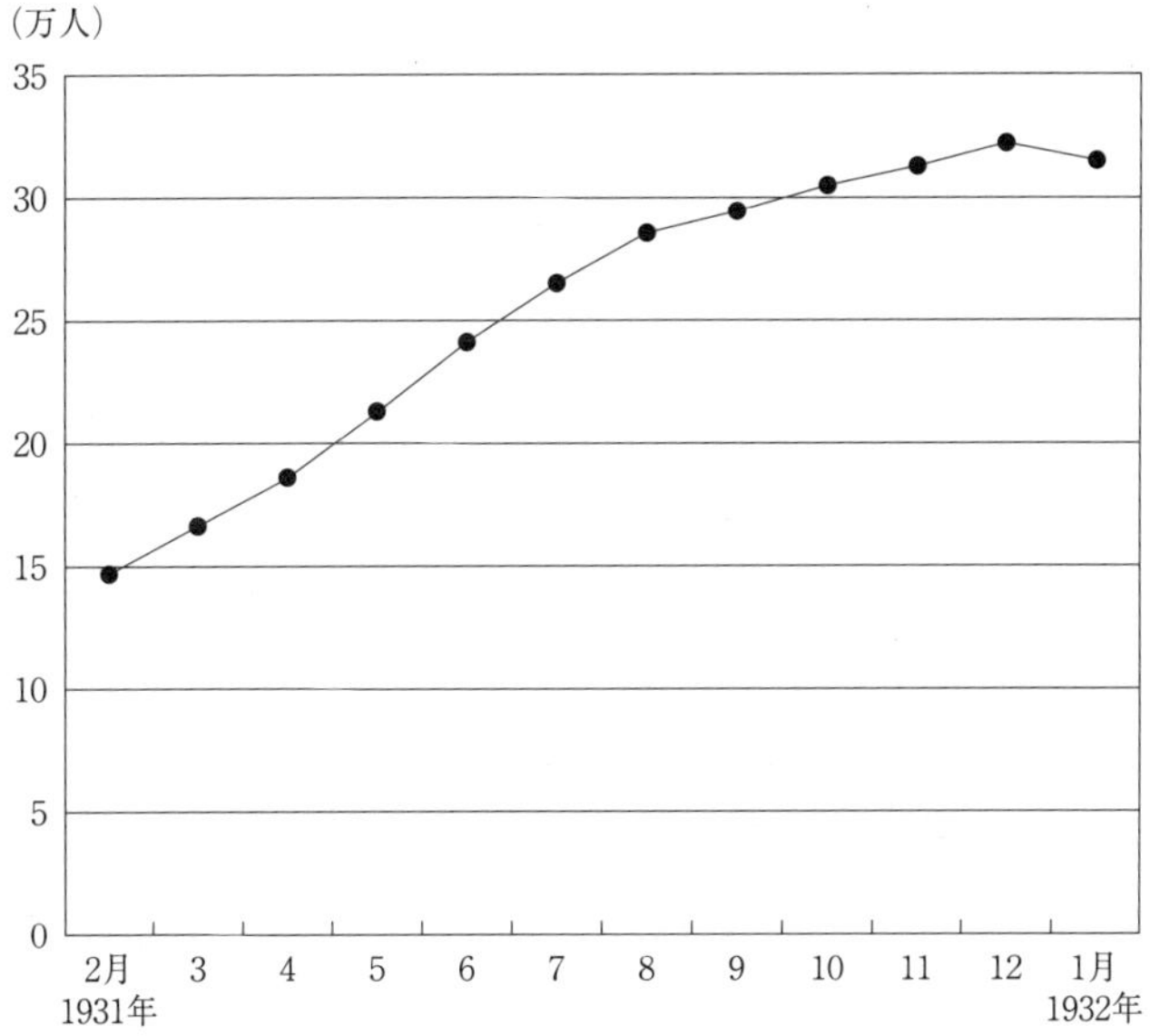


**図７－１**　革命的労働組合組織員数の推移

出典：Die organisatorische Entwicklung der Partei im Jahre 1931 vom 20. Feb. 1932, NSDAP Hauptarchiv, Hoover Institution, Reel 41, Folder 810.

三二年には頭打ち傾向にあった。KPDの党組織にしても、表7-2に見るように、経営内では停滞が顕著であるし、KPDの伸張の源泉はむしろ経営外と農村にあった。

さらにこうしたKPDの就業労働者獲得の限界性は斎藤によっても指摘されている。それによれば、労働者とりわけ女性労働者の間でKPDに対する不安や恐怖がきわめて強く、とくに解雇を恐れて、KPDのビラを受け取ったり、集会に参加することはおろか、同僚としての挨拶さえしない場合もあった。「共産党は弱すぎて、賃金カットに対するストライキを一度も実行できないし、経営内での経営者の攻撃も無にすることもできない」というような声もあったとされる(12)。このように結果的に見て、「労働者の多数派獲得」路線は様々な壁にぶつかり、めぼしい成果を生み出すことはできなかった。

当然二月総会でも「どうして我々にとって都合のよい状況にドイツはあるのに、また企業家からの攻撃は強まり、経営における大衆の急進化は進み、党の影響力も増しているというのに、大規模なストライキがないのか。またなぜストはそんなに短期間なのか(13)」と述べたニーダーライン出身の中央委員シュルツのように頭を抱えた発言が相次いだ。とくに経営内活動の遅れを嘆く報告が二月総会では多い。テールマン自身、「我々はあまり多くの経験を持っているわけではない(14)」と認めているくらいである。テールマンが「輝かしき事例」として例外扱いしているのはブラウンシュヴァイクの例くらいである。これは、一〇月一八日のナチの労働者街襲撃を契機に、政治的大衆ストライキが生起し、KPDの勢力拡大の梃子になった事件であった(15)。

ただ、「ブラウンシュヴァイクでそうであったようにファシストの襲撃や他のきっかけとなるような事件と絡ませれば、我々は赤色大衆自警団をもちろん最も首尾よく作り出すことができる。それに、我々は経営で、失業保険支払い所で、住居地区において反ファッショの防衛リストをもっている。そのリストにはとてつもない数の労働者とくに無党派や社会民主党の労働者たちが署名しているのである(16)」と、このブラウンシュヴァイクの「輝かしき例」でさえ、ナチの襲撃に対する激昂が反ナチ運動のモティヴェーションになっていることに注目したい。逆に通常の状態では、「経営にいる労働者大衆を最も基本的な生活要求と経営労働者の要求のために動員するなかで、成功裡に市町村の労働者ストを遂行するというこれといった事実はなかった」とテールマンが言うほどであった[17]。

むしろ、新たな主体形成という点で注目すべきは、ルール地方の代表が、「自衛団は決定的な役割を果たしている。……我らは自衛団の問題を解決し、この重要な統一戦線機関を作り出していくという目標を掲げている[18]」と発言しているように、自警団結成の動きであった。これについては、ベルリンの代表であったクンツも「現在我々は新しい自律的大衆運動の新しい現象形態を経験している。数千の労働者を新しい編隊に結集させることができるこのいわゆる自警団は、国民社会主義者たちからの襲撃に反対する闘争のなかで、労働者の生活を守り、すでにブルジョアジーの攻撃に対して労働者の利害を守っている[19]」と評価するものであったし、「労働者たちは、反ファッショ運動にナチの襲撃に反対する防衛の意志からやってきた。我らの任務はこの観点から労働者をより高度の水準に引き上げることである[20]」という認識はＫＰＤ内になかったわけではない。

さらに三二年夏以降重要な役割を果たすようになる統一会議運動についても、もうこの時点でバーデンの代表ドルの次の発言のように登場してきている。

「我らはちょっと前にバーデンにおいて代表者派遣の数の多さが示す大規模な統一会議をとり行ったばかりである。バーデンにおける社会民主党の内相マイアーが前日になって会議開催を禁止したにもかかわらずである[21]」。ただ、そこで「だれがその際指導権をもってるんだ」という野次が飛んでいるように、この時点では下からの統一戦線といっても、少なくとも表向きはＫＰＤの指導性を要求する声は大きかった。

このように、全体としては、二月総会において、たしかに後に三二年五月以降統一行動の中心となっていく自警団と統一会議といった新しい主体についての言及はあったものの、それは萌芽的であるし、党指導部によって明確には位置付けられなかった。したがって、旧東ドイツの研究者たちが言っていたような、統一行動への「転換」と言えるようなものでは二月総会はなかった。むしろ、主体形成という点について二月総会は、「労働者階級の多数派獲得」という展望なき戦術を一応はとることになったのである。

また、旧来の東ドイツの記述によれば、二月総会の場は「ノイマン派のイデオロギー的敗北[22]」ということになっているが、こうした二月総会という表の場で　テールマンとノイマンとの対立を発見することは困難である。ノイマンの行動はこの場では表面上何ら問題ないように見える。ただ、平静が保たれていたような二月総会についても、さらに史料を読み進めると、この場のテールマンの報告だけで一日半にも及んでいたことがわかる。それは、ミュンツェンベルクが休憩の合間に「九五（テールマンのこと――筆者）同志の演説が一日半もかかるなど聞いたことがない。何カ月も我らは会せず中央委員会がそんな演説のために他のことができないといったことも聞いたことがない[23]」と、とりとめもないテールマンの演説に不満をもらしたとされるくらいであった。それに内容的にも「テールマンの結語はそれはひどいものであって、もし他の誰かがそうした演説をしようものならば、殴りかかられていただろう[24]」といわれるようなものであった。こうした事態はたしかにテールマンの指導力に疑問を感じさせるものである。事実、テールマン自身、「指導部の状況は非常に先鋭化してきている。最近の中央委員会総会は新たな傷口を開いてしまい、中央委員には今まで隠されていた多くのことがこれみよがしに明らかになってしまった」と言っているほどであった[25]。

だが、そもそも二月総会の場はＫＰＤにとって重要な場であった。「ここの同志たちは、プロイセン邦議会議員団、国会議員団と現状を協議し、目の前に迫った選挙つまり、大統領選挙とプロイセン選挙に決意を固めるために一同に会しているのである[26]」といった性格をもち、国会議事堂で開かれ、異例に国会議員やプロイセン州議会の代表も加わっていたし、来賓としてフランス共産党から後のフランス人民戦線の旗手となるモーレス・トレーズまで参加していた[27]。つまり、党が一丸となって、来るべき大統領選やプロイセンの州議会選挙等に臨む決意を確認した場であった。ところが、その選挙でKPDは思うような結果が得られなかったのである。

## 第二節　転機としての大統領選挙

KPDはこの大統領選挙のスローガンとして「ヒンデンブルクを選ぶ者はヒトラーを選ぶ！　ヒトラーを選ぶ者は戦争を選ぶ！」を採用して選挙に臨んだ。その結果は表7-3の通りである。

ここでKPDは、一九三〇年九月国会選挙の時と比べて、バイエルンやバーデン、テューリンゲンや東プロイセンなどの農村部では若干得票を増加させているにもかかわらず、ベルリン、ハンブルク、オーバー・シュレージエン、ハレ・メルゼブルクなど都市部では減らしている。とくにベルリンでは三〇年九月の国会選挙と比べても五万四〇〇〇票減らし、KPD指導部にとって「まったく不満足な」結果にこの選挙は終わった[28]。また、全体としてみてもKPDの得票は三〇年九月選挙に比してほとんど増えておらず、これはナチ支持票がこの間に八二％以上増加しているのと対照的であった。

「大統領選挙の選挙結果はドイツ共産党への非常に深刻な警告である。それが指し示しているのは、資本の攻勢、賠償負担そしてファシストのテロの下で苦しむ大衆を闘争に引き入れることができなかったことの結果である[29]」という危機感はなにもこれを言っているピークだけのものではなかっただろうし、党指導部には「明らかにパニックムードがあった[30]」。

そうしたなかで、「危険な兆候」も見られるようになった。例えば、三月二二日付でKPDベルリン地区指導者ウルブリヒトは中央委員会書記局に送った手紙の中でも報告している。そこで、KPDベルリン地区委員会から地

**表7-3　各種選挙の結果**

| | 1930.9.14<br>国会選挙 | 1932.3.13<br>第1回大統領選挙 | 1932.4.10<br>第2回大統領選挙 | 1932.7.31<br>国会選挙 |
|---|---|---|---|---|
| KPD | 4,590,160(13.1%) | 4,983,341(13.2%) | 3,706,759(10.2%) | 5,369,698(14.6%) |
| ベルリン | 408,646(33.0%) | 371,412(29.2%) | 314,936(26.0%) | 382,505(33.4%) |
| ハンブルク | 135,279(18.0%) | 123,879(15.2%) | 96,485(12.4%) | 133,713(17.7%) |
| バーデン | 112,975 (9.6%) | 148,351(11.6%) | 107,987 (8.4%) | 142,543(11.3%) |
| テューリンゲン | 192,259(15.2%) | 246,561(18.1%) | 177,769(13.5%) | 224,263(16.8%) |
| SPD | 8,575,244(24.5%) | | | 7,959,712(21.6%) |
| NDSAP | 6,379,672(18.3%) | 1,139,446(30.1%) | 13,418,547(36.8%) | 13,779,111(37.4%) |

出典：*Statistisches Jahrbuch für das Deutsche Reich*, Jg. 51 (1932), S. 542-543; *Statistisches Jahrbuch für das Deutsche Reich*, Jg. 50 (1931), S. 546-547.

方に派遣された指導員が、三月二一日のある地方での会議の模様を伝えているとされるのだが、そこでは党内に「ヒトラー候補に入れようというムードがある」とされているのである[31]。では、なぜ労働者たちがヒトラーを支持しようとしているかについて、レメレの第一回大統領選挙結果の総括では次のように言われている。

> ヒトラーを選べば、明確な階級的決断が下され、そのヒトラー体制を革命的に倒すことで資本主義的階級支配を最終的に終わらせ、ドイツ労働者階級の苦悩に満ちた道を短縮できるだろう、という意見が党内にはある[32]。

こうしたヒトラーを選べば革命に近くなるといった破局的選択が結構労働者の間、ないしはＫＰＤ党内に広がっていた、と考えられる。そしてそのことは案の定、第二回目の大統領選挙の時に現実のものになったのであった。三二年四月一〇日の第二回大統領選挙結果は表7-4の通りである。ここに現れているように、第一回投票に対して第二回投票でヒトラーに投じられた票は、二〇八万票近く増加しており、その増加分は七一万票というヒンデンブルクの増加分の三倍近くである。第一回にテールマンに投じられた票のかなりの票が第二回投票ではヒトラーに投じられた可能性が高い。

**表7－4**　1932年大統領選挙結果

| | 第1回目投票（1932年3月13日） | 第2回目投票（1932年4月10日） |
|---|---|---|
| ヒンデンブルク | 18,651,497 | 19,359,983　（＋708,486） |
| ヒトラー | 11,339,446 | 13,418,547（＋2,079,101） |
| テールマン | 4,983,341 | 3,706,759（－1,276,582） |
| デュスターベルク | 2,557,729 | － |

出典：*Statistisches Jahrbuch für das Deutsche Reich*, Jg. 52 (1933), S. 544

実際に第二回投票について、「極秘」にされたKPD中央委員会メンバー向け党内資料の中でも、次のように言われている。

第二回目の選挙の際、中央ドイツ地域で党員たちは非常に活動が鈍く、平均で五％の党員が活動に積極的に参加しただけであった。経営集会はほとんど開かれなかったし、やっと開かれた経営集会でも、最高で二〇人の参加をみるだけであった。……ヒトラーを選んで、それによって破局が早くくればいいとするムードは、地域指導部や出版物で公然と打破されなかったので、いくつかの地域ではKPD票がヒトラーに流れたのである。……意気消沈したムードは、ベルリンの党組織では、党指導部間で意見の相違があると、多かれ少なかれ個々の党員の間で知れ渡ったり、討論されているところでとりわけ蔓延している。(33)

問題はこうした意気消沈したショック状態にとどまらず、次の手紙を書いたベルリンのある党員のように、下部から指導部批判が登場してきたことである。

第二回の選挙結果は、私が前から抱いていた危惧が現実のものになっただけではなく、それをはるかに越えて、多くのKPD支持者が我々の訴えを無視していることが示されたのである。……つまり、我々の選挙スローガンやそのやり方は空砲を放っていたということである。信じなさい、同志たちよ。このことは私だけの感想なのではなく、多くのほかの同志たちによっていわれていることでもある。もう一度全力をあげて私はいいたい、我々の選挙スローガンは見当はずれである、と！(34)

さらに第二回目の大統領選挙から立ち直らないまま、二週間後の四月二四日に、KPDはプロイセン、バイエルン、ヴュルテンベルク、アンハルト、ハンブルクといった重要な州議会選挙に臨んだ。結果は表7-5のとおりである。

この選挙結果を総合すれば、ここでもKPDは前進しているものの、ハンブルクに特徴的なように、都市部では得票率を減らしている。従来の拠点と見なされてきた都市部を中心としたKPDの停滞は顕著であった、と結論付けられよう。ただ、ここまでのKPD関係史料を見ても、こうした状況の下での党内対立は明確な形で抽出できなかった。そこでキンナーにしても、「一方にエルンスト・テールマンならびにKPD指導部、他方にハインツ・ノイマン、ヘルマン・レメレ等の間で一九三一年突如現れた意見の相違は、戦術的で権力政治的本質であ

**表7-5**　1932年４月24日の州議会選挙結果

| | 前　回　選　挙<br>（ハンブルク以外は1928年５月20日） | | | 1932年４月24日 |
|---|---|---|---|---|
| プロイセン | KPD | 得票数2,238,261 | （得票率11.9%） | 2,819,763（12.8%） |
| | SPD | 5,466,394 | （29.0%） | 4,675,173（21.2%） |
| | NSDAP | 552,659 | （2.9%） | 8,007,384（36.3%） |
| バイエルン | KPD | 125,842 | （3.8%） | 259,338 （6.6%） |
| | SPD | 802,951 | （24.2%） | 603,693（15.4%） |
| | NSDAP | 211,030 | （6.4%） | 1,270,792（32.5%） |
| ヴュルテンベルク | KPD | 82,525 | （7.4%） | 116,652 （9.4%） |
| | SPD | 267,077 | （23.8%） | 206,574（16.6%） |
| | NSDAP | 20,342 | （1.8%） | 328,320（26.4%） |
| アンハルト | KPD | 14,957 | （7.5%） | 20,424 （9.3%） |
| | SPD | 84,507 | （42.5%） | 75,137（34.3%） |
| | NSDAP | 4,117 | （2.1%） | 89,652（40.9%） |
| ハンブルク<br>（1928年２月19日） | KPD | 114,257 | （16.6%） | 119,481（16.0%） |
| | SPD | 246,685 | （35.9%） | 226,242（30.2%） |
| | NSDAP | 14,760 | （2.2%） | 233,750（31.2%） |

出典：*Statistisches 1932*, S. 544；*Statistisches 1931*, S. 548-549.

った。内容的には多数派の批判はノイマンとレメレの基本的立場に対するものではなく、その『やりすぎ』に対するものであった。ＫＰＤの方針は相変わらず拡散的で、矛盾に満ちたままであった」と評価しているが[35]、これがＫＰＤ関係史料だけを見て導き出される結論の限界であろう。この限界は、一九九〇年代初頭に当時のソ連側からドイツ側に返却された一連のコミンテルン関係史料によって突破される。そこで広がってくるのは、いわば、表の対立に対して裏の対立である。つまり、表では一致しているかのように見えるテールマンとノイマンの対立がそこでは繰り広げられることになるのである。

## 第三節　裏側の党内対立

おそらく当時のテールマンとノイマンの対立について、その有り様を最も端的に伝えているのは、この時コミンテルン執行委員会委員であったピヤトニツキーのファイルの中に残されている、一九三二年三月二日付でピヤトニツキーに宛てられた署名のない次の手紙であろう。

党の最高指導部（テールマン、ノイマン、レメレ）の状況はきわめて憂慮すべき状況である。真の意味での共同作業はもはやまったく存在しない。こちらで何度かテールマンとノイマンとの協議が行われたが、ノイマンに責任が負わされ、何ら関係の改善にはつながらなかった。それどころか、ほとんど敵対的立場をお互いがとるようになってきている。テールマンは、ノイマンとレメレが彼の仕事を援助しないどころか、邪魔さえしていると、その責任を彼らに負わせている。逆にノイマンとレメレが主張しているのは、テールマンが独断先行し、彼がこれからやることについてあらかじめ相談しないので、ノイマンは党から発せられる呼びかけなどについて、党の出版物から情報を得るという始末である。テールマンはこの主張に反論している。レメレは政治路線の違いがあると主張している。テールマンはしばしば日和見主義的な提案をするが、それは、彼の取り巻きの助言を受け入れたものである。それに関する協議をテールマンはかわしている。そのことも、テールマンを攻撃しているノイマンをして、テールマンに対する最悪の、個人攻撃という立場をとらせている。

そして、テールマンはその取り巻き（ヒルシュ〔Hirsch〕、マイヤー〔Meyer〕、ノフケ〔Noffke〕、オルブリッシュ〔Olbrisch〕等）のなかに第二の書記局のようなものを組織し、これがノイマンとレメレに対して陰謀をめぐらしているのである。中央委員会の書記局は名前だけのものとなり、テールマンもなんら重要視していない。テールマンはこうした主張を正しくないとはねつけている。ノイマンは、最高指導部で起った問題に対するテールマンの責任を弾劾しているのだが、そのやり方たるや、個人的な憎悪を伴ったもので、彼の取り巻きの過ちの責任まで追及しているのである。また、ＫＰＤがテールマン党になったとか、テールマンが誇大妄想に陥っているとか、まで語るようになっているのである。

こうした最高指導部の長く続くべきでない危険な状況は、噂となってすでに外に漏れ始めている。中央機関はこのことをもう知っている。最近の中央委員会総会の席でも、相当に苦労してやっと対立の表面化が押しとどめられたくらいであった。政治局メンバーにも、すべてが伝わっているわけではない。疑いもなく、テールマンによって、二人の同志との個人的交流においても、その他仕事上においても、過ちが犯された。そのことはテールマンも認めていることで、それがまた集団的共同作業を困難にしている。こうした事態は公然たる協議の場合でなくすか、最小限にとどめるべきである。

テールマンは中央委員会政治局のメンバーとこうした状況を生み出したすべての問題についてオープンに話し合うことが許されるかどうか（コミンテルンの――筆者）政治委員会からの承認を与えたいと思っている。ノイマンが協議に臨席していたら言ってはならないことが多く、それを鬱陶しいとテールマンは感じている。テールマンは、情報がすべて与えられれば、政治局メンバーは全員テールマン側に立つと信じている。

さらにテールマンは、ピヤトニツキー同志とマヌイルスキー同志がKPD中央委員会政治局メンバー全員に個人的に手紙を送ることを望んでいる。その手紙の中では、党の路線はテールマンと詳しく話し合われるべきで、そして路線遂行にあたってテールマンを支持するよう書かれるのを望んでいる。……さらにテールマンが望んでいるのは、政治委員会がノイマンをドイツ以外の国際的活動に従事させることである。そうすれば、レメレは再び共同作業ができるような立場をとるようになるだろうと思っている。今はノイマンとレメレは一緒の立場に立ち、ノイマンの悪影響をレメレは受けている。私はテールマンの提案を支持し、共同作業ができるような指導部を作り出すことができると信じている。

共産主義者の挨拶をもって[36]

まとめてみよう。テールマンとノイマンの間にはこの期たしかに深刻な対立があって、ほとんど共同作業が困難になるくらいであった。ノイマンの影響力が大きいKPD中央委員会書記局での議論を通さない形で、テールマンは自分の「取り巻き」を形成して、独自方針をとっていた。テールマンはこうした異常事態を打破するためにノイマンの更迭を願っていた、ということになろう。とくにここでは「取り巻き」の存在が問題となろうが、これについては、「レメレとノイマンは、とりわけ私の取り巻き（それに何人かのハンブルクからつれていった新たな同志に対しても）に対する闘争を強化しながら、あらゆる手段をつかって私の評判を落とそうとし、それによって私に対する公然たる闘争を開始しようとしている[37]」とテールマン自身「取り巻き」の存在は認めている。

さらに、この取り巻きの存在を認めた三月一六日付でハンブルクから出したピヤトニツキー宛の同じ手紙の中でテールマンは、「私はスターリン同志の指摘に基づき、私のメンバーをもっとひきつけようとし、政治局の重要な同志たちともはじめて腹を割って話をしたのだが、その際わかったことは、レメレが中央委員会総会以前にすでに話しあっていたということであった。……私が選挙闘争で全国を駆け回っていてベルリンにいない時急いで中央委員会会議を開いたので、私はウルブリヒト（レオ・フリークとはしばしば）を除いて、個々の書記局メンバーと突っ込んだ話ができなかった。逆にノイマンたちは時間があって、いろいろな問題について話し合う時間がたくさんあった。……私がモスクワからこの前帰ってきた時に、大統領選挙を準備するための材料が一枚も刷られてなく、どこかで軽く見ているか、サボタージュがあっているのか、という印象を持った。……このことは、すでに金曜日の夜に書記局と政治局で総会で採択されることになっていた決議について話され、その決議案を書記局のメンバー全員がすでに手にしていたという事実からわかる(38)」と述べているように、大統領選挙以降とみにテールマンは中央委員会書記局から疎んじられていた。

これに対して、ノイマンの言い分がよく表れているのは、おそらくは大統領選挙後ノイマンの意向で設けられたKPD国会議員団長トーグラーとの会談の内容であろう。その模様をトーグラーは逐一コミンテルンに報告していた。

彼（ノイマン――筆者）が明確にしたいと言ったのは、テールマンに反対する行動にはいかなる状況でも関与しないということであった。

一．……ノイマンの言葉、「誰も問題にしない。誰もテールマンが外に向かって党の指導者であること、党指導者としての名声を受けることに反対しない。しかし、党指導部は我々全員である。今のような合法活動が許されているような普通の時代ではテールマンでいいと思う。ただ、戦争や非合法時代になってからも我々がテールマンと行動をともにすると思うかね。」

二．ノイマンがすでに表明しているのは、「テールマンの支持者一味」に対する闘争、「追従主義」に反対する闘争、「集団的共同作業」が重要だということである。……

トーグラー「テディ（テールマンの愛称――筆者）は真摯なプロレタリアートだ。」

ノイマン「だったかも知れない。」加えてノイマンは、テールマンが今日では気が狂ってしまっているということ、SPDの指導者にしても忠実なプロレタリアートだったという例をあげた。(39)

ここでは、「一味（Clique）」という言葉を使うまでに対立はエスカレートしていることがわかる一方、そうした対立にもかかわらずテールマンの一応は党議長としての名誉は尊重しようとしている姿勢が伝わってくる。ただ、合法性が確保された時代という条件をつけてはいて、非合法化の危険が自覚されたKPDのなかではテールマンで大丈夫なのか、という危惧の念が広がっていたと考えられる。さらにノイマンは、トーグラーに別の場で、つまりもっと個人的な付き合いのなかで心中を吐露している。つまり、二人はレメレやレオ・フリークとも一緒になって、何度かドイツ式ボーリングであるケーゲルをやっていた。中央委員会総会の後の三二年二月二七日にも再びそうしたケーゲル大会が開かれたが、それが終わっての帰り道、電車の中でテールマンとの対立についてトーグラーがノイマンに質問すると、「ハインツ（ノイマン――筆者）は、指導部の状況を語った。そこではとくに、テールマンが『スター気取り』だと批判され、ノイマンは『窮地に追いこまれている』ということであった。テールマンは、『おべっか使いの群れ』に囲まれている、とも言った」。(40)

このようにテールマンとノイマンの対立は、中央委員会書記局とテールマンの「取り巻き」との対立という組織的なレヴェルで、テールマンの指導者としての資質にかかわる問題を浮上させていたことがわかる。こうした対立は、惨憺たる結果に終わった第一回大統領選挙の後に最終段階を迎えることになる。

## 第四節　「ノイマン・グループの敗北」なるもの

テールマンは三月一三日の第一回大統領選挙前後からひどい風邪をひいてベルリンに帰れなかったとされているのだが[41]、惨憺たる選挙結果を受けて中央委員会での対立が激化することは目に見えていたので、しばらくハンブルクに引きこもっていたとも考えられる。

そうしたテールマンに対して、中央委員会書記局の模様を逐一伝える者がいた。ウルブリヒトである。ノイマンにとってはこの獅子身中の虫であるウルブリヒトが、三月一〇日第一回大統領選後三月二五日付の手紙でテールマンに伝えた内容は以下のようなものであった。

三月一四日の会議で、選挙教訓についての協議がなされた。……短い協議の後、ノイマンに総括文の草案を作成することが委託され、それをまた協議することになった。協議の過程で、同志ノイマンとレメレによってとりわけ強調されたのは、選挙闘争があまりにも、議会主義的・個人的に行われたということであった。その証拠としてレメレがあげたのは、(共産党本部がある——筆者)カール・リープクネヒト・ハウスあたりの通りでは、「テールマンを選べ」といったスローガンの横断幕しか目にできなかったということであった。……この問題を扱う時の私の印象は、「議会主義的・個人的」という批判によって、テールマンに対するグループの政治的攻撃が、手はず通り強まるだろうということであった。……さらに私が注目したのは、論文の最後のページに我々が第二回選挙に参加すると述べられているところで、テールマン同志が候補者であるということがまったく触れられていないことであった。党議長の名前がもはや触れられないなんて、とんでもない話だ[42]。

ここでは大統領選挙の総括を協議する場で、ノイマンの総括文が検討され、そこで、間接的ながらテールマン批判が展開されていたことを窺い知ることができる。これに対してテールマン側はハンブルクから電話でノイマンの総括文のいくつかの点を訂正することを提案したのだが、「テールマン同志の提案を協議する前に、すでに原稿の一部が印刷に回されていた。ノイマン同志が、テールマン同志の提案の趣旨は考慮されていると発言した。それに対してヘッケルト同志は、我々はテールマンによって電話で伝えられた提案を付け加えるべきである、と主張した。……だが『印刷を急がなければならない』ということで、とりたてて何も決定されずに会議は終わった（正しくは、喧嘩別れになった）[43]」。

ここでテールマンが訂正を要求していた新聞記事の書き換えについては、もしテールマンとノイマンの対立を路線対立として見ようとすれば、二人の対立点が明確になる恰好の材料である。ノイマンの総括原文に対して、テールマンが訂正を主張した点で、主要なのは以下の三点である[44]。

① ノイマンの総括原文「大統領選挙結果は、はたしてこの結果が党にとって満足できるものなのか、ないしは、共産党に投じられた五〇〇万票は我々が今立たされている客観状況に遅れをとっているのではないかどうか、真摯な検討を求めている。」

↓ テールマンの訂正文「社会民主主義に対する原則的闘争の強化、『より小さな害悪』のインチキを暴露することの強化、統一戦線政策の大胆な適用があったとしたならば、共産党の得票数は基本的にもっと多くなっていただろう。」

② ノイマン「いくつかの地区で我々の得票が増えたということは、全体得票やいくつかの地区で得票が減少した

ことを、『大統領選挙では議会選挙にくらべていつも得票が少なかった』といった単純な説明では説明がつかないということを示している。」

↓ テールマン「はるかに困難なことは、共産党によってはじめから闘う候補者としてたてたものの、広範な大衆によってはあまり理解されていない候補者に大衆をつなぎとめておくことである。」

③ ノイマン「我々の選挙闘争の主な弱点は、非常に議会主義的・個人的に行われたことと、あまりにも政治的・階級的でなかったことである。」

↓ テールマン「我々の候補者と『階級対階級』の政策はあまりにも図式的に扱われ、日常政策の具体的問題と十分に結び付けられなかった。」

まずここでの両者の対立は路線上の対立とは呼べるものではない、ということは明らかである。総じてノイマンの総括文の方が相対的に自己批判色が強いのに対して、テールマンの方は自己弁護的であるといえよう。テールマンが自己批判的になれないのは、もしそうすれば、自分の責任問題が問われてくることになることも考えられたからだろう。両者の案を検討した先の三月一四日の書記局会議の経緯を見る限り、テールマンが窮地に追い込まれていることが確認できる。ところが、その後事態は意外な展開を見せ、最終結末へと向かうことになるのであった。

実はこの間にもすでに事態の収拾は模索されていた。調停の場になったのはコミンテルン執行委員会の政治委員会であった。ピークのメモで確認できる限りでは、一九三一年一〇月三〇日から一一月一日にかけてモスクワで両者間の意見調整がすでに図られている。その翌日には、KPDの指導者たちはスターリンとクレムリンで話し合いをもっている。一九三二年一月二二日にもテールマンはモスクワで彼の秘書ヒルシュとノイマン、レメレとの意見の食違いについて話し合い、三二年二月一一日にはピークがモスクワからベルリンに戻りKPDの中央委員たちとこの問題で協議を積み重ねている。(45) だが、こうした協議の具体的内容は定かではないが、結局度重なる調停は不調に終わった。三二年三月一七日にテールマンの「取り巻き」の一人であるマイヤーは、テールマン宛に手紙を書いているが、そこでは、モスクワから派遣されていたクッチとの会話の模様が記されている。

モスクワへの出発の日（三二年三月三日）私はクッチ同志にビュロー広場で会った。会話のなかで、すぐにいくつかの党内問題を話すようになった。……出発前のこの話し合いで、クッチは党内状況について次の三点を確認した。

一．我々はテールマン同志に対して手をふりかざそうとする者を容赦してはならない。なぜならば、テールマン同志が党の真の唯一の指導者だからである。その際クッチが言うには、クッチに対してノイマン同志は、テールマン同志に対してことを起こそうとは、毛頭考えてもいない、と言ったとのことであった。

二．混乱させられた集団活動は再建しなければならない。長いこと引き下がっていたレメレ同志を、再び書記局活動に復帰させなければならない。我々は、彼が卓越した人材であるということを知らなければならない。

三．山師は抹殺されなければならない。この山師にはヴェルナー・ヒルシュも入っている。(46)

ここでは、すでにテールマン擁護を絶対とする事態収拾の方向は決定されていたと考えられる。さらに、第二回大統領選挙がちょうど行われていた三二年四月一〇日には再びレメレ、ノイマンとテールマンとの間の意見の相違をうめるためにコミンテルン執行委員会の政治委員会が開かれた。(47)この場でテールマンとノイマン双方の対立点は一六項目にわたってあげられた。(48)そこでも確認できるのは、こうした対立が路線問題ではないということである。

むしろ注目されるのは、そのうち九項目の「レメレ同志の活動力について」のところで、レメレが言っていることである。

以前は、私の仕事は、毎日事務所に行ってそこで仕事をすることにあった。私は、『インテルナツィオナーレ』誌の編集長であって、青年党組織の代表であった。テールマンが不在の時は私が代わりに出席した。あの事件以降、テールマンは私を寄せ付けず、話し掛けもせず、私には何の権限もないかのように扱った。これでは私の仕事は無駄であるように思えた。私に許されたのは、ただ隣の部屋にいて文献の整理をすることだけであった。したがって私は事務所に行くこと自体は少なくなったが、他のあらゆる党の行動には私は参画し、すべての会議にも参加して私の意見を言った。……私が排除されてからの私の活動は、テールマン同志の隣の部屋に座っていて、彼が私を呼ぶのをただ待っているだけである。これでは私の活動としてはもったいないと私は思うのである。(49)

ここで確認できるのは、第一回大統領選挙直後の総括をめぐる書記局でのやりとりとは対照的に、四月一〇日段階ではレメレは窓際に追い詰められていることがわかる。ただ、ここで転機とされている文中の「あの事件」とは何なのかはここでは明らかではない。また、ノイマンについても、一六項目の対立点のうち一〇項目めの「青年の間の代表としてのノイマン同志の機能」のところで、「テールマンは我々から書記局の決議なしに役職をとりあげた。それまでは、私は青年の間での党の代表であった(50)」とノイマンが主張しているように、ノイマンはすでに解任されていた。レメレの次のような証言によれば、こうした決定は、書記局の関知しないところで進められたらしい。

書記局の名前で同志たちの役職が取り上げられ、他の同志が配置されているが、その際書記局には何も知らされていないのである。……こうした解任と新たな人事配置は、書記局のなかで何ら話し合われることなくなされたのであった(51)。

さらに、レメレには書記局会議や政治局会議の日程さえ知らされることもなくなっていた。こうした状況は、第一回の大統領選挙後、テールマンの「取り巻き」とノイマン、レメレら書記局多数派の力関係が逆転し、対立が最終段階を迎えていることがわかる。そして五月一四日には再び当事者を含めたコミンテルン執行委員会の政治委員会協議がもたれ、一七日には最終決定が行われた。そこではレメレとノイマンは弾劾の対象となっていた。

A. 同志レメレとノイマンに対する弾劾：

一. 彼らは、テールマン同志の活動に対して、中央委員会政治局ではないところで異議を申し立て、その異議に対する決定を要求したこと。

二. 党の集団指導体制やその権威が次第に失墜していく状況を促進したこと。

三. 彼らはテールマン同志に対する異議をまずもっとコミンテルン執行委員会の政治委員会に知らせなかったこと。

B. ノイマン同志に対する弾劾：

一. 彼は、テールマン同志と党の最高指導部の状況についての情報を、政治局以外の様々な同志たちに提供したこと。

二. 彼は、その情報によって、党内分派の形成や党指導部の公然たる破壊の危険性を作り出したこと。

決　議：

一. 最近の党最高指導部におけるレメレとノイマン両同志の挙動は、断固として処罰される。というのもその挙動によって最高指導部の破壊の危険性を作り出し、党指導部の行動を麻痺させたからである。

二．ノイマン同志は六カ月の期間ＫＰＤ以外の国際的活動に従事する。

三．レメレ同志は、テールマン同志と緊密に共同して積極的に党の最高指導部のなかで活動しなければならない。

四．最高党指導部の活動の内容と方法に関する意見の相違は、党の書記局や政治局において決着がつけられる。

五．書記局は指導部の課題の増大に相応して強化されるべきであり、完全に集団的に活動しなければならない。

六．政治局は、党の本来の指導機関として、これまで以上にはるかに前面に押し出されなければならない。中央委員会総会がそのための必要な保障を作り出さなければならない。

七．この決議は政治局と中央委員会総会において短い説明とともに口頭で伝えられるべきである。この決議に関して政治局で一致をみないような事態になった時、ないしは、報告・討論が中央委員会総会で党員の圧倒的多数によって要求された時にのみ、これに関する詳細にわたる報告や討論は行われるべきである(52)。


同時に人事の交代も決定された。それによると、一．ノイマンをドイツでの活動から解任する。二．ヒルシュは地区レヴェルの活動に入る。三．ビルケンハウアーとマイアーがあらたにテールマンの秘書になる。四．ピークがフリークに替わって秘書の活動をする。五．フローリンはルール地区からモスクワでＫＰＤの代表として活動する。六．ダーレムが組織部部長となる(53)。それらの措置は、「ノイマン・グループ」を党の中枢部から遠ざけ、替わってテールマンの「取り巻き」を重用することであった。

こうした措置を決定した五月一七日のモスクワでの協議にはスターリンも同席していたとされる。「スターリンは選択をする際、遅くともヴィットルフ事件以降擁護する義務が生じたテールマンの側にとどまった。スターリンは、若く勤勉で野心を持ったノイマンよりもテールマンの方を、ソ連邦以外で最も重要なセクションにあって容易に自分が影響力を行使できる指導者だと見なしていた」[54]とキンナーは評価する。ここでいうヴィットルフ事件とは、相対的安定期にテールマンの親戚がスキャンダルを起こし、テールマンが窮地に陥った時に、スターリンが権威を盾にテールマンを救出したということを指している。たしかに、こうしたモスクワのスタンスを知ってか、テールマンは、三二年一月七日のノイマン宛の手紙では、「党とコミンテルンがこのポストに私を据えている限りは、君よりもより大きな責任を担っている」[55]と自認するほど自信をもっていた。ノイマンにしてもスターリンの信任は厚く、その程は、一九二七年一二月広東コミューンを組織するためにスターリンがノイマンを派遣した程であったが、テールマンへの信頼がそれに勝っていた。とにかく、指導力を疑問視され窮地に陥っていたテールマンはこうして救出されることになり、テールマンの「取り巻き」を中心とした新指導部が誕生した。東ドイツ時代に刊行されたテールマンの『伝記』の記載によると、この時点が「ノイマン派の完全な敗北」[56]となる。

ヒトラー政権を間近に控えた一九三二年秋、ＫＰＤ内では再び「イデオロギー攻勢」が強調されるようになるが、「ボルシェヴィキ化」でイメージされるような一枚岩的構造は結局は達成されていなかった。明確な方針が確立されていたわけでもなかった。そうした状況だったからこそ、党内に強力な指導者を望む声はあったと考えられる。ただこうした声にテールマンは応える人材ではなかった。大統領選挙などでのＫＰＤの停滞はさらにテールマンに対する不信感を募らせることになる。指導力に疑問を持たせるテールマンに対して新興勢力としてノイマンが台頭していた。逆にテールマンは自分の意思を貫こうとして自分の周りを、ハンブルク出身者を中心とした「取り巻き」で囲もうとしていた。

こうして、一応はテールマンを頂点とする二系列の指揮系統が登場することになった。一つはノイマンをはじめとするＫＰＤ中央委員会書記局を経由する系列、もう一つは、このルートがテールマンの思い通りに機能しなくなった後でテールマンが独自に自分の「取り巻き」を中心として作った系列の二つである。

したがって、テールマンとノイマンは基本的に路線の対立ではなく、指導権をめぐる書記局多数派とテールマンの「取り巻き」との対立であった。一九三一年から三二年春までは両者が並存して機能していたが故に、ＫＰＤの党方針が混乱していたとも考えられる。そして事態の収拾は、テールマンがノイマンらを党指導部から排除する形で進められ、コミンテルンやスターリンもテールマンを支持し、ＫＰＤの指揮系統は「取り巻き」派に一本化されることになる。三二年五月末にはこのプロセスは一応終了したと考えられる。ただ、これでＫＰＤをめぐる問題は解決していない。むしろ、新執行部には、大統領選挙や地方選挙などでのＫＰＤの後退傾向を食い止める具体的成果が期待されることになったのであった。そこで打ち出されるのが、二月総会でも注目を浴びていた自警団運動と統一会議を二本柱とする「反ファッショ行動」という新しい方針なのだが、この詳しい検討が次章の課題である。

# 第八章　反ファシズムのポテンシャル（一九三二年夏）

ここで注目するのは、一九三二年夏を中心に展開された「反ファッショ行動（Antifaschistische Aktion）」である。この運動は、いわゆるＫＰＤ系といわれている運動だが、いまだ不明な点が多い。例えば、ＫＰＤとの微妙な緊張関係をもたらす運動を扱うことに一般に慎重だった東ドイツの歴史家が、一九六五年例外的に「反ファッショ行動」に関するほとんど唯一のまとまった研究書を刊行した(1)。ただ、それもウルブリヒトの「指導」する地域にあったベルナウでこの運動が始まるとされた時、やはり、当時東ドイツの権力の地位にあったウルブリヒトの正統性を主張するものであったし、逆に彼の失脚後は、再びほとんどふれられることはなくなった。旧東ドイツの正統化のために歪められたものにならざるをえなかった反ファシズムの歴史叙述を、開放された文書館史料を使って再検討することが要求されている。

## 第一節　ドイツ共産党の路線転換

ヴァイマル共和国末期におけるＳＰＤとＫＰＤの指導部間の対立にもかかわらず、それが「下」からの統一に向けた動きを窒息させたとはいえない。実際に、下からの反ファッショ運動として、三一年の春にはすでに、反ファッショ代表者会議を母体とし、行動委員会を執行機関とする反ファッショ運動が確認できる。

これまでにも度々垣間見てきたように、三一年末にも、そうした運動は度々登場することになる。そこでの運動の中心の一つは、バーデン・プファルツで、三二年一月九日付KPD中央機関紙『赤旗《ローテ・ファーネ》』は、この地に、四八の統一委員会が成立したと報道しているし、(2) そのバーデン・プファルツの中心地マンハイムで、三二年一月一六・一七日に開催されたそれら統一委員会の代表者会議には、警察が禁止したにもかかわらず、一一七二名の代表が参加したとされる。(3) その際、一九三二年一一月一四日付内務省報告が、「共産主義者たちによる『ファシズム、貧困と反動に反対する闘争のための統一委員会』は、プロレタリアートの自警団結成を、その最も重要な任務領域だと見なしているようである(4)」というように、三一年末に登場してくる反ファシズム運動は、「統一委員会」—自警団という構造をすでに持っていて、この点でも後の「反ファッショ行動」の原型をすでに準備していた。(5) ただ、三一年末から三二年初頭の段階では、その規模は小さく散発的で、まだ萌芽的な形であり、本格的な展開にいたらなかっただけである。

そうしたなかで、反ファシズム運動とKPDにとっても大きな転機となる事件があった。それは三二年三月から四月にかけて相次いで行われた一連の選挙であった。まず、三月一三日には第一回大統領選挙が、さらに四月一〇日には大統領選挙の決戦投票が行われた。その結果はすでに七章で見た通りである。(表7-3参照)。

ここでKPDは、一九三〇年九月国会選挙の時と比べて、バイエルンなどの農村部では若干得票を増加させているにもかかわらず、都市部では減らしている。とくにベルリンでは、三〇年九月の国会選挙と比べて三二年四月には九万四〇〇〇票KPDは票を減らした。全体としてみても、KPDの得票は三〇年九月選挙に比してほとんど変わらなかった。これは、ナチ支持票がこの間に八二%以上増加しているのと対照的で、KPD指導部にとっては、

「まったく不満足な」結果であった(6)。

さらにこの大統領選挙から立ち直らないまま、二週間後の四月二四日、ＫＰＤは、プロイセン、バイエルン、ヴュルテンベルク、アンハルト、ハンブルクといった重要な邦議会選挙を迎えたが、そこでも、従来の拠点と見なされてきた都市部を中心に停滞を記した。この模様は、半年後に回されたＫＰＤの『回状』で、「ＫＰＤの得票数において一九三二年四月の最低点がやってきた」といわれるほどであった(7)。

ＫＰＤが停滞しているだけで方針転換がなされたわけではなかった。三二年六月一日付の「ドイツ共産党の新たな戦術」と題する内務省史料はいう、「方針を転換させたのは次のような考えである。つまり、まもなくすると国民社会主義者たちが、プロイセンと国レヴェルで、権力を掌握するという見とおしがモスクワで立てられ、それがどうやら阻止できないようであると思われるようになると、この政府が社共の労働運動の弾圧に成功する前に、その権力をできるだけ早く打倒するために全力を傾けようというのである」と(8)。こうした選挙における敗北とナチ政権誕生への危機感がＫＰＤの「新しい」方針を生み出す一因であった。

ただ、「転換」を生み出したのは、それだけではない。前章で見たように、党内闘争は最終的にはまだ決着していなかったから、何らかの実績をテールマンの「取り巻き」グループは示す必要があったのである。その時期も三二年春の時期であった。

選挙の敗北・ナチ政権誕生への危機感、党内対立から来る危機感と並んで、三番目の危機感は、ＫＰＤを指導する立場にあったコミンテルン側の問題である。

一九三一年九月、日本は、中国東北部への直接的軍事侵攻を開始し、三二年三月一日にはいわゆる「満州国」を建国した。ソ連は東部国境を脅かされることになった。戦争の危機とくに反ソ戦の危機が否応でも現実問題として認識されざるをえなかった。ソ連共産党第一七回大会では、ソ連への干渉戦争再発の危険性が論じられるなど「モスクワの雰囲気は警戒を高めている風であった」し[9]、コミンテルン・レヴェルでも戦争の危機にどう対処していくのか、が最大の問題として浮上した。

KPDはといえば、こうした戦争への危機感は弱かった。例えば、三二年二月中央委員会総会ではこの問題をほとんど取り上げなかった。その報告を受けて、コミンテルン執行委員のマヌイルスキーは、「戦争については、一言も見いだせない。それこそ一言も。どうしてこうなったのかの解答をえたいものだ。……そうしたムードは非常に危険だ」と苛立つ程の危機感と不満を抱いていた[10]。こうした危機感が、「SPDからのある程度の支持を取り付けるために、KPD側からいくつかの譲歩が必要となろう。こうした状況判断の結果SPDに反対する闘争は間違いなく弱められている」と警察史料にも登場するように、路線転換を強制したのであった[11]。

一方、三二年四月二五日になると、世界大戦を予感したバルビュス、ロマン・ロラン、アインシュタイン、マキシム・ゴーリキ、片山潜、ハインリヒ・マンら文化人が、日本の中国侵略を非難し、帝国主義戦争反対を呼びかけるアピールを採択した。「祖国が危機に曝されている。我々のインターナショナルな祖国ソ連邦が危ない！」と始まるこのアピールの発表は、後のアムステルダム・プエリエル運動の名前で知られる反戦運動の開始を告げるものであった[12]。

以上見てきたように、一九三二年春KPDの「転換」は、ナチ政権誕生への危機感といったドイツの政治状況、それにKPDの党内状況、それに反ソ戦の可能性に危機感を抱くコミンテルンの判断といった三つのレヴェルでの「転換」を伴うものであった。

三二年六月一日「ドイツ共産党の新たな戦術」と題する内務省資料によると、「新しい指示や方針は、三二年四月二六日付KPD中央機関紙『赤　旗《ローテ・ファーネ》』のKPD中央委員会と革命的労働組合反対派（RGO）全国委員会の呼びかけ、四月二八日の中央委員会書記局の回状、RGO全国委員会の四月二三日付回状、三二年五月一一日付中央委員会書記局の回状からはじまった[13]」。

たしかに、四月二五日付で「社会民主党と労働組合に組織されたすべての労働者に宛てたＫＰＤ中央委員会とＲＧＯ全国委員会の呼びかけ」（『赤旗《ローテ・ファーネ》』発表は四月二七日）は、「我々は、労働者が結集し、賃金や補助金の削減に反対して真に闘おうとするあらゆる組織と一緒に闘う準備がある（強調――筆者）」とした[14]。従来個人としてのＳＰＤ党員を呼びかけの対象とし、ＳＰＤの組織破壊を目論んでいると見られた従来方針からの離脱であった。したがって、従来はこれを転機と見なす研究が多かった。

ただ、新しい史料状況からすれば、この呼びかけとまったく同じ文章が、すでに四月六日の日付がついているピヤトニツキーのファイルに見いだせる。とくに先の強調部分は『赤旗《ローテ・ファーネ》』では強調符がつけられていないが、四月六日の原文ではとくに強調符がつけられており、ＳＰＤを個人だけでなく組織として共闘と見なすことは、当初から十分自覚されていた[15]。

コミンテルン・レヴェルでこの文書がどういったプロセスで決定されたのか、その詳しいメカニズムは不明である。むしろ問題は、この文書公表が何らかの理由で二〇日間ほど遅れたことである。このことは四月一五日のコミンテルンの政治委員会会議で問題とされ、「ピーク同志は、なぜ今までこの呼びかけが公開されないのかについて、ＫＰＤ中央委員会の意見を求め、照会することを委託される」こととなったほどであった[16]。

なぜ、四月初旬にこの呼びかけがドイツ国内で公表されなかったのかに関してその理由は定かではない。ただ、党内対立の最終段階であると同時に、選挙期間中でもあり、ＫＰＤは混乱していたとも考えられる。いずれにせよ、四月初旬の時点で危機感をより強く感じていたのは、ＫＰＤよりもコミンテルンの方であった。それが、四月末になると、ＫＰＤの危機感がより切迫したものとなった。つまり、ＫＰＤ指導部は、この間、各種選挙で思うような結果が得られない一方で、党内闘争との関連で新指導部は具体的成果を求められるようになったのであった。

しかも、この新しい運動路線のモデルは、テールマンの「取り巻き」が関与する場所とされなければならなかった。そこで浮上してくるのが、ベルナウであった。ベルリンから北東一五キロに位置するそこは、テールマンの取り巻きの一人であるウルブリヒトが指導するベルリン地区に属していた。当地では、四月二三日・二四日の両日にわたって、KPDと国旗団が共同してナチの襲撃に対処し、その後四月二九日には、SPD七名、KPD一名からなるベルナウのドイツ労働組合総同盟（ADGB）組織指導部が、社共の統一メーデー開催を決議することになった。[17] これ以後もこのベルナウの名前は度々言及されることになる。

ただ、テールマンの取り巻きではない政治局員レメレは、「友人ウルブリヒトによって統一戦線の正しい適用の特別の手本だとここ数週間宣伝されているのはベルナウの統一戦線である。ベルナウではSPDとKPDによる共同集会がいくつか開催された。そこでは統一戦線について討論されている。だがそこではKPDの演説者にSPDの政策を語ることが認められなかった」という冷ややかな見方をしていた。[18] だが、すでにメーデーには、ベルノウばかりではなく、いくつかの小村、小町でも社共の統一集会が開催された。[19] ただ、こうした運動の台頭は、KPDの路線転換から生み出されたものというよりも、以前からあった反ファッショの営為が、ここに来て注目を浴びることになったと言った方が正しかろう。

さらに、こうした運動の展開とKPD側の「転換」には順風が吹いていた。第一の順風とは、状況に対する危機感はなにもKPDだけのものではなかった、ということである。例えば、KPD系闘争団体の全国指導部は、「大統領選挙とプロイセン邦議会選挙に際して、ヒトラーを打ち倒すことができると真剣に信じていた社会民主党と国旗団の労働者は、四月二五日それとはまったく反対のことを確信しなければならなかった。こうして国旗団と社会民主党の労働者の考えの転換がはじまった。……このことはキリスト教系労働者にもあてはまる」と事態を判断していた。[20]

こうしたナチ政権誕生近し、という危機に、ではどうやって対処していくのかを模索する時に、「もし労働者階級がカップ一揆やクーノー・ストライキの時のように、統一した闘争戦線へと向かわず、ファシズムの妖怪の息の根を止めなければ、ファシストの攻撃はさらに強まるだろう」というように、ヴァイマル共和国初期の統一戦線の「記憶」が蘇生することになる。[21] その「記憶」にKPDは訴えようとした。

第二に新しい路線の追い風となったのが、三二年五月三〇日、ブリューニング内閣が退陣したことであった。ブリューニング政府を「許容」してきたSPDの政策に変化が生じ、SPDはその後次第に野党色を強めることになった。それを受けて、当時SPDの左派を代表していたブライトシャイトは、「これまで、共産党が影響力を拡大していく際の、最大の障害はSPD指導部であった。ブリューニング政府の崩壊でSPDの戦術も変わるかもしれない」と述べる一方で、[22] SPD幹部会の席で圧倒的多数で否決されたものの、KPDとの共闘をすべきだという提案をした。[23]

他方KPD側にしても、それまでSPDを攻撃してきた根拠が薄れ、「社会ファシズム」論は大幅に後退することになったのであった。それに、そこでは同時にKPDの従来路線に対する自己批判が伴っていた。三二年五月一九日コミンテルン執行委員会幹部会の「KPDの目下の問題と任務に関する報告」という「秘密」とされた文書の中でも、テールマンは、「我々がさらに認識しなければならないのは、ファシズムと社会ファシズムを同列においてきた問題で、しばしば過ちが犯されたことである。……ブルジョアジーの社会的主柱は依然として社会民主主義だが、我々はプロレタリアートの反ファッショ的雰囲気を我々の革命的方針のために活用し、大衆を我々の側に獲得しようとしなければならない。ここで我々は過ちを犯したのである。選挙結果がその結果だ[24]」。

「こうして（『社会ファシズム』論という――筆者）ドグマが突破され[25]」、「転換」が現実のものとなった。「こうした統一戦線に好意的なKPDの態度のせいで、プロレタリア統一戦線行動の危険は再び間近に迫ってきている」と内務省報告にあるように、KPDの路線転換が反ファシズム運動全体を加速させることになったのである。[26]

## 第二節　グラスルーツとしての「反ファッショ行動」(アンティファ)

新しい方針には「反ファッショ行動」という名称が与えられ、今日にいたるまでドイツで使用される反ファシズムのマークがそこでは使われた。[27] 三つの危機感と運動に押される形で始まったこの「『反ファッショ行動』は、確固とした組織ではなく、運動である」と七月末にルール地方のKPD党組織に回された指令書の中でいわれるように、確固とした組織ではなく勝手連的運動であった。[28] テールマンにいわせれば、「反ファッショ行動は、断固として闘おうとする労働者たちの意志をより高度な基礎の上に展開させるための貯水池 (Sammelbecken) である」。[29]

この運動は、「反ファッショ行動の二つの機関」といわれる「統一委員会」と「大衆自警団」から成り立っていた。[30] このうち、労働者の生活の場により近かったのは、大衆自警団の方であった。というのも、この期労働者街は、ナチからの襲撃に曝されており、それに対する実働部隊として機能したのは、自警団運動であったからである。

### (1)　大衆自警団運動

最初はナチの勢力が弱かったが故に「出会いがしらにファシストを殴れ」というスローガンで対抗できると思われていたが、一九三〇年九月国会選挙以降になると、勢いに乗じたナチの労働者街への侵入がはじまり、三一年秋をすぎると、これに警官隊を含めた三すくみの街頭闘争さえ頻発するようになり、内戦の様相さえ示すようになったのであった。[31]

こうした事態を沈静化しようとして、四月ブリューニング内閣は、ナチの親衛隊や突撃隊の禁止令をだしていたが、それが、三二年六月一四日、パーペン内閣によって撤回された。これによってナチの労働者街襲撃に拍車がかかり、六月後半だけで一七人、七月には八六人の労働者がナチの犠牲になり、とくに七月一〇日は、一七人の労働者が死亡、一〇人が重態、一八一人が重傷を負うような事態となり、さらに七月一七日には、「血のアルトナ事件」によって一四人の死者、約七〇名の重傷者が出たのであった。[32] こうした日常的に振るわれるナチのテロに曝されていた労働者たちにとって、ナチ政権になったらどうなるのだろうか、という危機感はつのった。したがって、「とりわけ国民社会主義者たちとの衝突が起こった直後に大衆自警団は結成されてい」たのであった。[33]

こうして登場してくる大衆自警団運動について、三二年六月一〇日の内務省報告は次のように記述している。「(赤色自警団は、) ルーズなまとまりで、そのメンバーは会費を払うこともなく、単に防衛リストに名前を連ねるだけである。……つねに考慮されるべきは、自警団が新たに獲得された闘士を教育していることであり、その際、またしてもアパートが会議開催の場に選ばれていることである。ただ、こうした教育しようとする試みは、さほど反響を呼んでいない。メンバーはマルクス＝レーニン主義に関する理論的対立について知ろうとしているのではなく、彼らがやろうとしているのは、実際に行動を起こすことである。[34]」

このように、自警団運動は、イデオロギー的な色彩が強かった従来型の組織とは違い、ほとんど純粋な形での労働者たちの生活空間を防衛することのみを目的とする組織であり、政治的色彩は薄く、行動主義にかられた組織だったと特徴づけられよう。端的には、ある街角で配布されたビラで、「君はナチ・テロの敵対者か？　君は妻子を守ろうとするのか？」と自警団入隊が勧められているように、自警団は、「とうちゃん」が妻子を守るという、労働者たちにとっては「男性性」の発露の場でもあった。[35] こうした政治色が薄い自警団運動は、ＫＰＤから見れば、「大衆自警団は組織の最もプリミティヴな形態であ」り、物足りなさがあった。[36]

もう少し具体的な例を見てみよう。ハンブルク近郊のある菜園農家防衛隊の例が中央委員会には報告されている。

それによると、ある防衛隊員のところに三〇人のナチ党員が現れ、彼の菜園にもナチの旗を掲げるように要求した。その菜園農主は家に入り、警笛を鳴らすと、一～二分のうちに三〇人の防衛隊員が駆けつけてナチ党員たちと議論になった。

別の農家の話。近くにあったクナイペで農民たちが集会をもった。ところがそのクナイペを近くにいた突撃隊が包囲した。しかし警鐘が鳴らされると、二〇〇人の自警団員が集まり、ナチを逆に取り囲み、武装解除した。二丁の拳銃とその他の武器を没収した。(37)

このように民衆世界の防衛を主な任務とする自警団は急速な勢いで広がっていった。このことは、ドレスデンからベルリンの中央に発せられた内務省の状況報告書を見てもわかることである。「大衆自警団は下に向かって数え切れないほど細かく細胞分裂しており、その活動を実際に禁止することは不可能である。幾千のそうした自警団が『反ファッショ委員会運動』によって作られることになっている。(38)」

## （2） 統一会議

自警団運動に比べれば、統一会議はむしろセレモニー的色彩が強く、集会という形態をとった意思表明の場であり、他党派、無党派労働者との共同の器ともいうべき場であった。中央ライン地区の「反ファッショ行動」の機関紙が、「闘争会議には一五〇〇人の代表」と題する統一会議への代表選出の基準を書いている。それによると、経営と労働組合からは構成員一〇〇人につき三人。さらに一〇〇人を超えると、一〇〇人ごとに一人。失業保険給付所では一五〇人、青年一〇〇人、そのうち女性三〇、農民委員会や農村集会からは五〇人、防衛団体や自警団から三〇〇人。これ以外に公開集会で一〇〇人の女性、居住地域の統一委員会やプロレタリア諸組織からは三〇〇人。党派的には、少なくとも二五％をＳＰＤ系ないしカトリック系。最低五〇％が労働組合員。最低五〇％が無党派。

のこる二五％がＫＰＤ系であった(39)。

さらに、三二年六月一〇日の内務省史料は、失業者の場合どういった代表の選び方をするのかを紹介している。

アパート集会や街頭集会を組織しようとする労働者の一群が、アパートの一室一室に回って、ドアをノックして、そこに住む労働者が福祉援助金をもらっているかどうかを聞いて回る。もしそうだったら、集会に招待されることになる。……集会では最低三人からなる闘争委員会が選出される。普通は八〇人の失業者につき一人の闘争委員が選出されることになっている(40)。

これによると、統一委員会形成に向けた集会が、どぶ板的組織方法だったことがわかる。こうやって組織化された各層集会で、決議が採択された。共同の場として統一会議が機能していることがわかる。たしかに同種の運動は、前述のように以前から存在し、新たにＫＰＤの呼びかけに呼応して発進したわけではない。ただ、ＫＰＤの路線転換によって、運動の大きな核が形成され、そのことによって運動が加速化し、個別的だったそれまでの運動が有機的につながり、全国的展開へと発展していったのであった。その発展の度合いは、テューリンゲン邦内務省の報告によれば、「反ファッショ行動の組織化は現国家体制にとって非常な脅威となるかもしれない」というほどであった(41)。

### （3）　ＫＰＤ五月中央委員会総会

三二年五月のＫＰＤ中央委員会総会は、こうした「反ファッショ行動」を党の方針とした画期的な場だと従来されていた。ただ、実態は違っていた。中央委員会総会を前に三二年五月七日からテールマン、ノイマン、レメレ、ウルブリヒトは、コミンテルン執行委員会幹部会に参加のためにモスクワに赴いた。

そこで協議したのは、コミンテルン執行委員会の代表だけではなかった。スターリン同志を含む他のロシアの友人たちもその場にはいた。……そこでは、ドイツでの最近の選挙結果が取り沙汰され、……ドイツの党が様々な党から散々に批判されたことは当然である。[42]

これを見ると、スターリンも直接参加するほど非常に重要な会議が開かれ、KPDがその際批判に曝されていたことがわかる。「討論の前に今夜ロシア式サウナに入ろうと思っていたが、それももはや必要なくなった」というほどテールマンは汗だくであった。[43] テールマンは、ただひたすら「真に納得できる統一政策（wirklich überzeugende Einheitspolitik）」を繰り返すことによって状況を打破する、と強調した。

KPD指導部の帰国後、五月二四日に開催されたKPD中央委員会総会は異例づくしであった。まず、中央委員会総会には海外代表が参加するのが通常で、三二年二月総会にはフランス共産党からトレーズなどが参加していたが、五月総会には海外からのゲストの姿はなかったばかりか、地方のKPD指導者も出席せず、KPD中央委員だけの参加であった。テールマンはこうした異常事態を次のように説明している。

我らが今日協議の場を中央委員会に限ったのは、最近様々な事件があって、党内のムードが落ち着かなくなっているにもかかわらず、この問題に関しては全党の討論をしてはならない、と、あちら（drüben）でなされた合意の中で、とりわけ強調されているからである。……もしこうした問題が党員全体に知れ渡ったら、党活動のプラスの面だけが前面に押し出されざるをえず、意見の相違が露になるので、是が非でも避けなければならない。[44]

ノイマン・グループの排除で党内はまだ落ち着いていなかったし、そうしたなかで、通常のような自画自賛ではなく、自己批判をして新しい方針を採択しなければならないというきわめて困難な作業が、この五月総会には期待されていた。

総会の議事の進め方も異例であった。三二年六月八日付でレメレはコミンテルン執行委員会宛の手紙の中で、この五月総会の模様を次のように伝えている。「中央委員会が開催された。そこでテールマン同志は政治報告を行った。通常中央委員会では普通三〇人から三五人の演説者が立ったものだが、今回はなんらの討論もなかった。報告自身についてはウルブリヒトとヒラーだけが発言した。全部で六人の討論者が立っただけだった。……テールマンは報告に三時間、結語が一時間、あわせて四時間とったのに、討論は六五分だった。[45]」

三二年五月総会のテールマン報告は、ペーパーで二三〇ページにも及ぶ長大なもので、それを三時間で読んだとすれば、まくしたてたに違いない。討論はほとんどないまま、新しい方針がとりあえず採択された。党勢はまだこの時点では停滞し、党内は混乱していた。それにもかかわらずテールマン指導部には具体的な成果が期待されていた。コミンテルンからは「転換」を指示されたものの、「転換」を合理化する理論的つじつま合わせは遅れていた。

他方運動だけは先行し、そのせいで下部におけるムードは、「いたるところで労働者の統一のためには事のほかムードは良い」と言われるほど一変していた。[46] ただ、「従来社会民主党に反対せよと厳しく指示されていたせいで、KPDの一般の党員や下級幹部は社会民主党の労働者とどう話してよいのかわからず、ないしは内心この種の統一戦線を実行していくことへのためらいがある[47]」と、現場も事態の急展開に当惑していた。

だが、混乱を抱き込みつつも、反ファシズム・ムードが高揚するなかで、「転換」がさらにヴィジュアル・シンボル化され、反ファシズム運動がロー段階からセカンド段階へ加速化したと実感されるチャンスが、成果を期待されるテールマンにはめぐってきた。その舞台はプロイセン邦議会であった。

## 第三節　アンティファの射程

三二年四月二四日に行われたプロイセン邦議会選挙の結果、全議席四二三の配分は、SPD九四議席、ナチ一六二、KPD五七、中央党六七、ドイツ国家国民党（DNVP）三一、その他ブルジョア政党一二となった。邦議会の過半数は二一二議席だが、ナチと右翼政党DNVP、さらには他のブルジョア政党と合わせても二〇五議席にすぎず、逆にSPDとKPDに中央党の議席を加えると二一八議席となった[48]。こうした状況下で、当面は六月二二日の議長選挙の行方に衆目が集まった。プロイセン邦議会議長は、邦評議会議長と邦首相と並んで邦議会解散権を持つ重要な職務であった。すでに五月一九日、KPD幹部会会議の時にテールマンはこの問題を取り上げている。「共産党議員団がナチ政府の成立を阻止できるかが問題なのだが、……議会の構成からすれば、それはできる[49]。」

ただそのためには、「大衆活動が納得するような統一戦線政策へと党が劇的に方向転換すること」が必要であった[50]。ここでいう「劇的な方向転換」とは、まずは、条件付きで院内共闘に進むということであった。

この問題は、六月一七日のKPD政治局会議で話し合われ、KPD側からの集会・結社の自由の保証などの条件を呑めば、院内共闘を進めることでは一致した。ただ、問題は、その提案がSPD側から拒否されたらどうするのか、ということであった。レメレあたりは、そうなればKPDは中央党やSPDの候補者に投票できないと主張したが、テールマンはそれでも賛成票を投じるべきであるというものであった。調整はつかず、結局決定はコミンテルンに委ねられた。こうしてテールマンはコミンテルンに手紙を書くことになった[51]。

このテールマンからの手紙を審議するために、コミンテルンは六月二〇日に政治書記局特別会議を持っている。そこでは、共闘条件についての若干の修正が行われ、「こうした要求をＳＰＤが受け入れることを最後通牒とする」[52]とし、この要求をＳＰＤが拒否した場合には、ＫＰＤは「独自候補を出すこと」とし、テールマンの主張は、採用されなかった。

このコミンテルン方針はその後のＫＰＤ政治局会議でも承認され、具体的に実践されることになった。まず、三二年四月二三日付『赤旗《ローテ・ファーネ》』にＳＰＤと中央党への院内共闘呼びかけとそのための条件が発表された[53]。これに対して、「社会民主党は怒りまくって我々の要求を拒否した。中央党は我々の提案に賛成するなどとは毛頭考えていなかった[54]」。

しかし、問題はここからである。コミンテルン支持に従えばＫＰＤは独自候補者を立てることになっていた。ところが、「我々の邦議会議員団は我々がすべての条件を撤回するととりわけ強調する提案を行った。事態の推移を私は新聞で初めて知ったのである」と政治局員レメレでさえ驚く事態が生まれた[55]。

つまり、議事運営委員会の席で、ＫＰＤプロイセン邦議会議員団長であったピークは、「国民社会主義者も国家国民党からも一人も議長団に選出しないならば、中央党と社会民主党の候補者に無条件に投票するつもりに共産党員はなっている」と語り、この共産党側からの新提案を各党が協議するよう求めたのである。結局このＫＰＤの提案はＳＰＤや中央党に受け入れられず、プロイセン邦議会での院内共闘は達成されず、中央党が態度を保留したために、議長にはナチ候補が選出された。

その後ＫＰＤ書記局会議で、コミンテルンの指示やＫＰＤ政治局の方針に従わなかったテールマンやピークがとった態度が問題にされた。その模様をレメレは次のように記している。

テールマン同志とピーク同志は、中央党が最初から国民社会主義者に投票するということを決定したことによって状況は変化したので、我々の条件を撤回するという提案をしたいと宣言した。テールマンはこうした方針を了解するかどうか、尋ねた。私は、了解するとはどういうことなんだね。もう起こってしまったことは仕方ないじゃないか、と発言し、我々にとってこの問題はすんでしまったこととなった。[56]

コミンテルン側も六月二七日付のＫＰＤ中央委員会宛の手紙の中で、コミンテルン側からの指示がなぜ実行されなかったのか、を明らかにするようＫＰＤ中央委員会に求めている。[57] ただ、その後この問題でテールマンの責任がこれ以上追求されることはなかった。

実は、コミンテルンへ先に手紙を書いた同じ六月一八日に、テールマンはピークに次のような手紙をすでに書き送っていたのである。

「(もしすべての議長副議長ポストに独自候補者を立てていたとするならば――筆者)、疑いもなく、現在の状況にあっては我々の反ファッショ統一戦線キャンペーンを著しく損い、反ファッショ行動を継続していったり、選挙キャンペーンをやっていったりするうえで、後々まで後をひく非常に悪い影響を及ぼすことになろう。[58]」つまり、この時点でテールマンの目は明らかにモスクワではなく、国内における反ファシズム運動の動向に関心が向いており、コミンテルンの決定の如何は決定的ではなった。これを見ると、コミンテルンとＫＰＤが一枚岩的構造を持っていたことには疑問がもたれるし、後に繰り返し問題となる各国共産党のコミンテルンないしはモスクワからの自律性の問題も浮上しよう。

ただ、このテールマンの考えをめぐって党内のコンセンサスはとれていなかったし、モスクワのコミンテルン執行委員会のＫＰＤ代表であったフローリンは、テールマンとピークによる路線に明確に反対であった。[59] 下部においても、例えばこの直後に開かれたバイエルンのＫＰＤ党員集会では、代議員の間からプロイセンの議長選挙での作戦に非常に激しい批判があった(60)。また、ヘッセン邦議会などのように、プロイセンと同じ状況にある他の地域はどうなるのか、という問題を浮上させた。ＫＰＤ中央委員会は七月一四日の『回状』の中で、「プロイセン議会における我々の議員団の戦術的行動は我党がキャスティングボードを握っていたからとったものであり、……一般化されるものではない(61)」としているが、これが説得力のある説明ではないということは、次のようにＫＰＤ自身にも自覚されていた。

プロイセン議会では実際に、我々は一連の提案をＳＰＤの最高指導部どころか中央党にまでしているのに、我々の戦術が変化していないと労働者たちを欺くわけにはいかない。こうしたことを続けるならば、労働者内部で信頼を失ってしまうだろう。この点で、我々がなぜ戦術を変更しなければならなかったのかを労働者たちに明確に説明すること以外に、他の選択肢も可能性もない。このことなしに統一戦線戦術を一歩たりとも前に進めることはできない(62)。

ともかくも、プロイセン邦議会内院内共闘をめぐるＫＰＤの模索は、早急な成果をもとめるＫＰＤ、とくにテールマンが、理論やコミンテルンではなく、状況やドイツでの反ファシズム運動に従った一幕となった。

## 第四節　暑い七月

この間に統一委員会は、「数千に及ぶ統一戦線委員会のなかで、はたまた反ファッショ行動の数え切れない代表者会議の席上で、もはや前進を止められない無敵の闘うドイツプロレタリアートの統一戦線はますます強固に結束している」といわれるほどの隆盛をみていた。(63) それを支えていたのは、「下部の国旗団の部隊と共産党グループが了解しあうという光景は、普通に見られる光景になった。……党員たちはマルクス＝レーニン主義に関する理論的な対立について多くを知ろうとはせず、もっと積極的なことをしようとしている」(64)といった、とにかく行動を統一しなければならないという「城内平和的ムード（eine Burgfriedensstimmung）」(65)であった。

ただ、KPDが、「アンティファの統一戦線キャンペーンがあたかも共産党だけでやっているかのように演出」することには運動内部に抵抗があった。例えば、ダルムシュタットの統一会議は、テールマンが来ることが予定されていたので、中断された。そこで統一集会は大騒ぎとなった。SPDと社会主義労働者党（SAP）の支持者は、ここに来ている代表者たちはそんなことをするために大金を払ってやってきたのではない、と会議を続行するよう要求したが、受けいれられなかったので、会議から退場した。(66) ここでも、「反ファッショ行動」とKPDの間には微妙な緊張関係があったことがわかる。KPDが「指導性」を強めれば、SPD党員たちは反発した。

また、七月八日にテールマンは二〇名のSPD中級幹部と懇談した。その模様の一部はパンフレットとして発行されたが、文書館史料を見ると、全部で一五五枚にわたる長文の質疑応答が展開されたことがわかる。そこでは、「君らは労働運動の統一ではなくて、ただ、社会民主党を粉砕したいだけではないのか?」「RGOの結成は必要だったのか? その結成は組織労働者の分裂を意味するのではないか?」「KPDはコミンテルン、モスクワ、ソ連の政策にどの程度従属しているのか?」といった質問をぶつけていて、彼らのKPDに対する疑問が溶解したわけではなかった。(67)

さらに、「SPD労働者の間に統一への意志が非常に強くあるのだが、SPD指導部との協議では、いつもその拒否的態度に遭遇する」と、SPD上級機関は当初冷やかな態度で「反ファッショ行動」に臨んだ。(68) SPDの党中央機関紙『前進《フォアヴェルツ》』には、党幹部会の『回状』が掲載されているが、そこでは、「共産党が言ういわゆる反ファッショ行動は反社会民主党行動以外の何物でもない」とにべもなかった(69)。ただ、こうしたＳＰＤのかたくなな態度は、その後三二年秋には変化の兆しを見せはじめることになる。

ともかく、そういったなかで統一委員会は、五月から六月にかけて、まず地域で、そして地区レヴェルへと結成が相次ぎ、全国レヴェルでの組織形成が待たれた。この間の経緯は明らかではないが、全国委員会の結成は、七月一〇日に開催されるベルリン地区の地区統一委員会の結成をもってあてることになった(70)。この場で、「反ファッショ行動」は「全国統一委員会（Reichseinheitsausschuß der Antifaschistischen Aktion）」を形の上では一応持つようになった。

だが、この全国統一委員会の実態は定かではない。たしかに、三二年九月二三日付で全国統一委員会は、「政治情報と課題設定」を送付するとともに各地の活動の模様や成果・弱点を報告するように依頼しているが、「君らの正確な住所を書くことを忘れないよう。そうすれば、君らと常に連絡がつくだろうから」と書かれているところから言えば、統一委員会運動を指導する機関というにはほど遠かった(71)。

さて、「反ファッショ行動」が一応の全国的センターを持つまでにいたった直後の三二年七月二〇日、ヴァイマル共和制にとっては大きな転機を意味する事件が起こった。この日、パーペン首相は、突然、共和国支持派であったプロイセン邦のブラウン政府を罷免して、政府委員を派遣したのである。パーペン・クーデターと言われるヴァイマル共和制崩壊の決定的一歩に対して、ＳＰＤ指導部は、抵抗の主張を抑えて最高裁に訴えただけであった。これによって共和国支持派の最も重要な拠点が失われた(72)。その際、ＫＰＤはゼネスト敢行のアピールを発したが、不発に終わった(73)。

反ファシズム運動が高揚していた時期であったにもかかわらず、クーデターに組織的抵抗がなかったことは奇異に思える。ただ、クーデター前の三二年七月一一日付「反ファッショ行動に関するKPD宣伝扇動部の資料三号」が、七月二〇日のパーペン・クーデターに反対する組織的行動がなぜ起きなかったのかを解くかぎになる。そこで、問題の一つとされたのは、「反ファッショ行動」が、「本質的に単にナチのテロに反対するものになっており、賃金カットや緊急令、補助金や年金カットの方にほとんどないしは全然向いていない」ことであった[74]。つまり、「反ファッショ行動」の一貫した運動の論理が反ナチであったことが、ナチが直接関与しなかったクーデターへの反撃を鈍らせたとも考えられる。

また、クーデター後の七月二六日夜にベルリン・シャルロッテンブルク市区のある居酒屋でKPD党の専従職員会議が開催され、一二〇人の中級幹部が参加した。そこでは、ベルリン地区の指導者のひとりであったクリューガーがなぜクーデターを阻止できなかったかについて、「我々KPDもある意味では無力をさらけ出した。その原因は本質的に、経営内で影響力を持たない我々の党が孤立化していることにある」と述べている[75]。

また、三二年七月に回されたと思われるKPD中央委員会組織局の『回状』でも、「反ファッショ行動の弱点は、経営労働者と就業者の動員に重点をおくことにこれまでのところ成功していないことである[76]」と、「反ファッショ行動」の弱点は当事者らによってよく自覚されていた。そこで、パーペン・クーデターを契機に、「今や反ファッショ行動は第二段階に入った。……反ファッショ行動の、第二のより高次の段階で重要なスローガンは『反ファッショ行動を経営に持ち込め!』である[77]」。

この運動は、「経営の中へ!(Hinein in Betrieb = HIB)」運動と呼ばれた。ここでは、経営外で勢力を伸ばしたKPDがその余勢をかって、運動を経営に持ち込もうとする運動であった。これは経営外政党=KPD、経営内政党=SPDというヴァイマル共和制末期の構造的な問題に挑戦するものとなった。

こうした実践的な方向転換の試行と並行して、理論的な方向転換も模索されていた。KPDの五月総会で明らかなように、ＫＰＤは理論的な路線転換ではなく、反ファッショ行動の喚起という実践的転換を先行させていた。そこで、その後そうした実践的先行につじつまをあわせるかたちで、理論的変更さえあえて行われた。警察の状況報告書によると、例えば、ＫＰＤ党理論誌『インテルナツィオナーレ』誌の五月号の中で、フローリンは中央委員会から委託されて、従来のＲＧＯ政策に対する批判と最初の修正を行った、とされる(78)。そこではＲＧＯは、「一、統一戦線運動であって、二、その活動は改良主義的労働組合の内部で行われるべきである」とされた。ここには独自労働組合の結成に主軸をおいていたＲＧＯの従来の姿はない。また、「社会ファシズム」論も、「コミンテルン第一一回執行委員会では『ＳＰＤはブルジョアジーの社会的主柱』とされていたが、今は別のテーゼになっている。つまり、『ＳＰＤは労働者階級内の主要敵である』とトーンが弱まっている(79)」。こうして赤色労働組合主義も「社会ファシズム」論も後退し始めた。

こうして「党にとって好都合な新たな状況が作られた」。それは、三二年八月九日付内務省の情報収集局が内務大臣に、「共産主義者たちは『反ファッショ行動』を国家転覆活動を成功させるための前提と条件を作り出す最も適した手段だと見なしている。『反ファッショ行動』は現国家秩序にとって並外れた危険になるかもしれない」と報告しているほどであった(80)。

ただそうなると、次に浮上してくるのは、革命の戦略戦術のなかで、「反ファッショ行動」がいかなる位置を占めるかであった。ある警察の状況報告書によれば、「反ファッショ行動委員会はレーテ形成の土台であり、レーテ・ドイツの原型でありかつ芽である(81)」と、統一委員会をレーテの原型と見なす傾向について言及している。ただ、別の警察報告書は「反ファシズム行動」が経営に基盤を持っていないという弱点に注目し、「それゆえ突撃力を欠いている。自警団運動は、国内不安の一要素とするには十分な力量を持つが、目下革命的『突破口』とするにはあまりにも小さい」という、よりリアルな判断を下していた(82)。

たしかに、「我々はナチに反撃を食わせなければならないし、大衆自警団運動を組織しなければならない。しかし、本来反ファッショ行動の前面に立つべきは、賃金や補助金強奪に反対する闘争だし、生存―職とパンをめぐる闘争なのである」(83)とＫＰＤの『回状』も嘆いているように、反ナチ運動に傾斜している「反ファシズム行動」の実態と、この運動へのＫＰＤの期待の間にはズレがあった。したがって、ＫＰＤが「反ファッショ行動」を主体とする「革命」を展望する時、慎重な理論的な対応にならざるをえなかった。

そこでよみがえったのが、「パーペン政府を打倒せよ！　カップやクーノーのようにパーペンも政治的ゼネストによって一掃されねばならない。大衆ストライキを組織せよ！」といった一九二〇年や一九二三年の統一戦線の記憶であった(84)。ただ、この記憶の蘇生は、単にＫＰＤだけのものではなく、一九三二年一〇月一三日の内務省情報収集局の報告書でも、ＫＰＤの中央委員会は「議会外権力闘争」を通してパーペン内閣を「一九二三年のクーノー政府と同じ運命を辿らせようとしている」(85)と言われているように、三二年の状況は一般に二三年のそれを一般的に彷彿とさせるものがあったのであろう。

こうした状況認識の近似性を背景に登場してくるのが、二三年に革命の迂回理論として展開された労農政府論であった。この点は内務省も「最近の共産党側からの呼びかけはすべて、以前とは反対に『ドイツにおける労農政府のために』というスローガンを掲げている」とそのことに注目していた(86)。

ＫＰＤの五月中央委員会総会で棚上げにされた理論的再構築の模索が始まっていたといえようが、プロイセン邦議会の院内共闘のところにも現れていたように、ＫＰＤ党内が一色に染まっているというわけでもなく、結局一枚岩的理論構築にいたることはなかったと考えられる。

こうした理論的受容の枠組みをＫＰＤは作りはじめていたが、ファシズムの危機が去ってしまったわけではなかった。この間の反ファシズム運動の興隆にもかかわらず、危機が去ったという実感もなかった。例えば、ハインリヒ・マン、アインシュタイン、ケーテ・コルヴィッツは、三二年六月一七日付で、ＳＰＤ党議長ヴェールズ、ＫＰＤ議長テールマン、ＡＤＧＢ指導者ライパルトに宛てた書簡を発したが、そこでは、「ファッショ化の恐ろしい危険」があり、「選挙戦において二大労働者政党が共闘することによってこの危険は除去されると我々は思う」として、七月三〇日に予定されていた国会選挙に向けて社共両党が候補者の共同リストを提出するよう呼びかけ、「この決断は同時に国民全体にとっても死活問題である」とした(87)。

ブラウンシュヴァイクのＡＤＧＢ地域委員会も六月九日付で「来るべき選挙闘争ですべての労働者政党が相互に対立することを止める城内平和を締結するべき」と提案する手紙をＳＰＤやＫＰＤに送った(88)。だが、三二年七月選挙にむけた社共の統一はならなかった。ただ、七月選挙は注目すべき結果を残した。この選挙でナチは前進しているものの、四月の大統領選挙に比べれば、その伸びは一％未満にとどまり、頭打ち傾向にあった。そしてこれ以降ナチの得票は減少に転じるのであった。逆にＫＰＤは、四月の敗北から都市部では挽回し、農村部では逆に前進した(89)。

こうして「反ファシズム行動」にゆれたドイツの一九三二年夏は終わりかけていた。あたかも四月にまかれた種が八月に収穫をむかえている風であった。ただ、これで反ファッショ運動が終息した訳ではない(90)。秋には、七月から本格化したＫＰＤの経営内での運動が成果をもたらすようになり、一一月のベルリン交通公社ストライキへとつながっていった。

また七月選挙以降もＫＰＤは農村部でさらに勢力を伸ばしたし、ザクセンでは秋に社共の院内共闘が成立するなど、その後も様々な反ファッショ運動が展開されていくことになる。ナチが頻繁に使用した「ボルシェヴィキ革命の危険」というレトリックは、革命状況にあったかどうかはともかく、単なるレトリックというだけではなく、それを実感させる反ファシズム運動を表していたのであった。

加藤哲郎は、一九三四年におけるコミンテルンの「社会ファシズム」論から統一戦線への「歴史的転換」のメカニズムを明らかにした[91]。ただ、ナチ政権誕生前夜のドイツでも、その「転換」は実践的に先取りされるかたちで、現実のものとなっていた。現実に下部には統一戦線は成立し、「城内平和的ムード」のなかで、KPDもプロイセン邦議会の院内共闘の模索まで進んだし、ここでは触れられなかったが、SPDも三二年秋にはこれに一部同調する姿勢をみせることになる。

これらのドイツでの経験は、実践的にフランスやスペインの人民戦線を連想させるものであったし、さらには、戦後直後、戦後ドイツの原点とも言える反ファッショ委員会運動として蘇生するのであった[92]。そして「反ファッショ行動」で使われたシンボルマークがその後繰り返し使用されることにも現れているように、三二年の反ファシズム運動は、現在にいたるまでドイツ人の反ファシズムの「記憶」となったのである。本章で明らかにしたのは、KPDの正当性ではない。ただ、かなり広範な反ナチ運動がドイツにも展開されており、労働者政党もそれなりに対応せざるをえなくなっていた。そうだとすれば、では、それにもかかわらず、なぜナチ政権の誕生を阻止できなかったのか、という、指導部の姿勢だけにその責任を負わせてきた従来の研究の限界をはるかに越える、より深刻な問題が付きつけられることになるのである。

# 第九章　「共産主義の危険」とナチ政権の誕生（一九三二年秋）

ナチ政権が成立する一九三三年一月三〇日直前になっても、ナチを含む右翼系出版物に「共産主義の危険」がしばしば登場する。今から見れば奇異に聞こえる、この時点での「共産主義の危険」の実態を明らかにすることが、ここでの課題である。

結論からいえば、当時の反ファシズムの行為は、たしかに「共産主義の危険」を実感させるような実態を伴っていた。経営でも、農村でも、最後のナチに対抗するエージェンシー行為が果敢に展開されていたのである。そして、その動きは、社共の市町村レヴェルでの院内共闘を作り出し、労働者の統一に消極的だったＳＰＤにも変化を及ぼすようになっていたし、さらにナチ政権が誕生した後でもしばらくは続けられたのであった。

ヴァイマル共和制末期の反ファシズムに関する従来の研究は、その叙述を、七月二〇日の「パーペン・クーデター」を最後にしているために、こうした抵抗運動を見落としがちである。(1) ヴァイマル共和制支持派の重要な拠点を失ったこの事件によって、抵抗の最後の可能性が消滅したとするのである。だが、これでは、その後も引き続き展開される「共産主義の危険」に対するナチの危機感は、説明できない。たしかに、こうした反ファシズム行為の発掘に熱心に取り組んでいたのは、冷戦期の東ドイツの歴史家たちであったが、そこでは、東ドイツを反ファシズム国家として正当化することにそれを利用するという政治的優先が客観的叙述を困難としていた。ここでの課題は、一九八九年以降の新たな史料状況を背景に、反ファシズム行為の実態に迫ることであり、ナチ阻止の可能性を考察することである。

## 第一節　アンティファと「逸脱」

一九三二年八月、「反ファッショ行動（Antifaschistische Aktion=アンティファ）」を軸とする反ファシズムのエージェンシー行為が相変わらず展開されていた。

街角には、この頃作成された、「殺人はナチの闘争手段／それは緊急令独裁のための、教会のための、企業家のための闘争手段だ／もうナチやファシズムとは手を切ろう／反ファシズム行動へ」というアンティファのステッカーが貼られていた[2]。一九三二年夏には、このアンティファを梃子として、「いたるところで雰囲気は、プロレタリアートの統一にとって思いの外良好である」といわれるほど、反ファシズム勢力にとっての雰囲気は好転していた[3]。

このアンティファとの連携の姿勢を見せていた政党は、左派社会民主主義者や右派共産主義者、さらに最大の政治勢力としてはドイツ共産党（ＫＰＤ）であった。とくにＫＰＤは、「もしドイツの労働者がアンティファに結集して全力を尽くさないならば、ファシズムは再びたちむかってくるだろう」と、反ファシズム運動の中心にアンティファを据え、その実践に期待を述べるほどであったし[4]、ハンブルクの警察報告書でも、「アンティファは、よくわかっていない連中を受け入れる領域となっている。そうなるのは、アンティファが入会費や会費を一切取らないからであり、それゆえアンティファはＫＰＤにむかう前段階になっている。まさにこうした事実からＫＰＤは結論を引き出し、アンティファの隊列の中から、良き労働者たちをむかえ入れなければならなくなっている」と、アンティファのKPDにとっての可能性を論じている。(5) 実際三二年七月の国会選挙でそれまで停滞ないしは後退に苦しんでいたKPDは、一転して前進に転じることになった。

こうした模様を見て、右翼防衛団体である鉄兜団は、一九三二年八月二一日付新聞『シュタールヘルム』で、「選挙における成果の大きな部分を占める巧妙に仕組まれた共産党の統一戦線プロパガンダは、さらに広範な層を引き付け始めている」という危機感をもらした。(6)

ただ、ここで問題としたいのは、むしろその運動の限界の方である。前章で明らかにしたように、アンティファはKPDに喚起、指導されたものではなく、むしろ、停滞に悩んでいたKPDが、現場で展開されていた反ファシズム運動を取りこもうとするように路線転換を図ったものであった。ただ、運動をそれほど容易にコントロールできるものではなく、反ファシズム運動とKPDとの関係は、同じ「反ファシズム」を掲げながらも、それほど単純なものではなかった。

例えば、KPD中央委員会書記局は、三二年七月一四日付けで「統一戦線政策―アンティファー婦人とアンティファ」と題する『回状』で「書記局指示」を回しているが、そこでは、「逸脱」を必死に食い止めようとしていたことがうかがえる。

まず、この『回状』の「統一戦線遂行にあたっての誤り」という項目で表明されているのは、「我々の隊列の中でも顕著になったいかなる犠牲を払っても『統一』をとか、すべての指導部の頭越しに『統一』をといった現状の大衆のムードに対して、我々は精力的に我々の革命的戦略と戦術を大衆のなかで主張しなければならない」といった統一ムードへの警戒である。(7)

統一に積極的だったはずのKPDにしては、こうした警戒感をもつことは奇妙に思えるが、ここで問題となるのは、「統一戦線の結成をスムーズに進めようと、党の正しい戦略や戦術から党自身が離れようとする危険が、いくつかの箇所で存在している。……そこでは我々の指導の問題を棚上げにしている」といった、「党の指導」の問題であった。

この「党の指導」を前提に、『回状』は、集会のもち方などについて、「党は、SPDとKPDの共同デモの開催について指導部同士の協定は認めない」とか、「同様に容認されていないのは、抽象的にプロレタリアートの統一戦線を討議するようなSPD、社会主義労働者党（SAP）とKPDの共同党員集会開催である」など、具体的な注文を下部組織につけることになる。(8)

『回状』にとって理想的な統一のあり方は、あくまで「下からの」統一戦線であった。つまり、指導部間の事前交渉なしに、たまたまKPDとSPDの労働者が一緒になり、そうした「下」からの圧力で、SPD指導部も仕方なく統一にむかうというものでなければならなかった。

だが、現実にそうした厳密な規定に沿う運動の展開があったかどうかは疑問である。実際にこの『回状』でも、「デッサウで起こったようなKPDの下級地区指導部がSPDの下級地区指導部と交渉することは絶対に許されない」といった下部の「逸脱」を指摘する個所は多い。

ただ、ベルリンについては事情が少し違っていた。三二年春、KPDが党内には対立をはらみ、選挙でもその停滞が明らかになっていた時、党主流派のウルブリヒトの指導下にあったベルリンで、それまでの方針を覆し、SPDとの集会の共同開催など「上からの」統一戦線を一部認めた新しい運動がはじまった。ベルリンは、この「アンティファ」の発祥の地だったのである。したがって、正面から否定しようのないベルリンでの展開は特別扱いされ、それが他の地域に拡大することのないように、『回状』は次のように指示することになる。

今ベルリンでやられているような共同デモをするためにSPDや鉄戦線の他の改良主義的大衆組織に接近し

ているのは、独自行動を遂行するために我が党がとった革命の成熟度を過大に評価したことに基づく一つの戦術的措置である。……ベルリンの措置を図式的に適用することはいかなることがあっても避けなければならない[9]。

また、KPD党議長テールマン自身が積極的に推進したプロイセン州議会の院内共闘の模索についても、「プロイセン州議会における我が党の議員団の実際の行動は、我が党が州議会でキャスティングボードを握っているということによるもので、ブルジョア陣営内の差異を活用することに役立った。……しかし、すでにいくらかの箇所で起こっているようにいかなる場合でも『プロイセンの措置』をすべての議会に一般化することは許されない。……プロイセンの機械的適用は絶対に許されない。……ヘッセン邦議会、マグデブルク近郊のショエネベック……無条件に社会民主党や『民主的』代表の選出に手をかすことは我らと社会民主党との間の原則的対立を曖昧にすることを意味するのである」として、例外扱いされている[10]。

ベルリンへの配慮が目立つ一方で、他の地域については、容赦がなかった。とくに、『回状』の中で、「日和見主義のとくにひどい例」とされたのは、化学工業の中心工場ロイナであった。

赤色経営レーテの活動においても我々とSPDとの間の原則的対立を曖昧にしようとする傾向がしめされた。日和見主義的態度のとくにひどい例は、一九三二年七月四日付ハレの『階級闘争』に公表されたロイナ工場の赤色、改良主義的ならびにカトリック系経営レーテの共同呼びかけである。……この呼びかけのなかでは専らパーペン政府とナチ党が攻撃対象にされているが、一言も社会民主党のブリューニング政策への言及はない[11]。

その他にも、『回状』では、「鉄戦線の組織に再度手紙を出すことに反対」するとか、SPD系組織に対する「自由主義的評価の出現に全力でたちむかう」、という苛立ちが見受けられる。ただ、こうした指摘は、むしろ、思うように下部が中央からの指示に従わないという現状を投影したものにすぎず、多様な展開を始めたアンティファ運動に、上から枠組みを与えようとすること自体が困難であることを逆説的に示している。

その意味では、七月選挙前デュッセルドルフにおけるSPD系防衛組織国旗団の集会で、国旗団指導者が反ファシズムの呼びかけを発したのに対して、「そうだとも、そうしよう。だが、もうあなたが行こうとする道を進もうとはしない、我々は自分たちの道を行く」とSPD系労働者はいったとされるが[12]、こうした下部労働者の統一志向は、そのままKPDの下部組織や労働者にも当てはまると考えたほうが、自然であろう[13]。

ここでは、全体主義論に基づけば、一枚岩的な上からの指導に唯々諾々とするKPD党員イメージが連想されるだろうが、実際にはそうではなく、「逸脱」を恐れないKPD党員の像が浮上するし、これに対して、KPDの方にしても、除名などの組織的措置はできなかった。イデオロギー的統制は不可能であった[14]。そもそも、この『回状』自体が、KPD党内の保守的な部分の意見を代表しているだけで、KPD党内に、はたして統一した意見が存在したかという疑問さえ許容される。こうしたなかで、この『回状』は、下部の「逸脱」を必死に牽制しようとしている様だけがうかがえる文書だった。

こうした「逸脱」よりも、アンティファは、より深刻な問題と本質的な限界を抱えていた。その弱点については、七月にKPDの地区指導部宛に回された中央委員会組織局からの『回状』でも、次のように指摘されている。

アンティファがこれまでのところ、防御的防衛闘争に際して統一委員会やナチのテロに対抗する防衛隊の結成という点で進展しているのみであるということと、その際ほとんど居住地域に限られているということ、そして経営労働者のストライキ、失業者や借家人や年金生活者などの物質的要求を求める運動はわずかにとどまっている。……全力で即座に訂正しなければならないアンティファの弱点は、これまでに経営労働者と失業者の動員に重点をおくということに成功していないところにある[15]。

では、この弱点にKPDはいかに取り組もうとしていたのだろうか。

## 第二節　「経営に持ち込め！」

相対的安定期において、労働組合内部での反対派活動を進めていたKPDは、ADGBへの批判を次第に強め、別組織の労働組合を結成しようとする「赤色労働組合主義」をとるようになった。

この期のKPDの労働組合政策を研究したH・クライネルトによると、この動きは、一九二八年一一月の金属労働者ストライキで独自の指導部を作って以来現実化し、二九年一二月には「革命的労働組合反対派促進のための全国委員会」が設立された。一九三〇年六月以降、独自労働組合結成への傾斜はさらに強まり、一九三〇年一〇月のベルリン金属労働者ストライキ以降、決定的となった。一三万人が参加したヴァイマル末期最大のストライキで独自指導部が成立すると、これを契機に最初の独自労働組合「ベルリン金属労働者統一連盟（EVMB）」が結成された[16]。

つづいて三一年一月にルールの炭鉱ストライキがはじまると、一月一一日に「ドイツ鉱山労働者統一連盟」が赤色労働組合として結成され、その後「農業および山林労働者統一連盟」も生まれたのであった。最初の時期、ADGB組合指導部に対する一般的不満を吸収する形で順調に結成が進むかのように思われた赤色労働組合だが、結局四一三万の組合員数のＡＤＧＢに対して三二万人程度に止まることが明らかとなった。

さらに大恐慌の影響が加わり、解雇を恐れる経営労働者が、少なくとも経営内においては、ＫＰＤに代表される急進的運動に積極的に参加しようとしなくなると、「経営でも労働組合でも党は後退を食い止めることはできなかった。多くの地区では経営に働く党員の比率が全党員の一〇％を超えなかった」という事態が生じた[17]し、サラリーマン中央連盟の一九三二年活動報告書によれば、経営評議会選挙にあたって、「多くの報告書は、共産党やＲＧＯの得票が極端に減少したと報告している」とする始末であった[18]。

こうした行き詰まりを打開するために、三一年一〇月には、ＫＰＤ政治局は独自組織の結成ではなく、反対派の活動強化に路線の修正を図り、さらに三二年四月二五日には、アンティファの呼びかけとともに、ＡＤＧＢとの共同闘争路線へと転換することとなった[19]。つまり、「『インテルナツィオナーレ』誌の五月号の中で、フローリンは中央委員会から委託されて、従来のＲＧＯ政策に反対する最大の批判を行い、最初の修正を行った。そこでＲＧＯの任務とされたのは、一．ＲＧＯは統一戦線運動である、二．その活動は改良主義的労働組合の内部で行われるべきである、ということであった[20]」。この路線転換に並行して、ＲＧＯ指導者がそれまでのフランツ・ダーレムからフリッツ・シュルテに交替したが、この交替は出版物で公開されることなく、密かに行われた[21]。

こうして赤色労働組合主義に一定の修正が加えられることになり、アンティファが喚起されることになった。だが、そのアンティファは経営外での運動を中心とするものであり、経営内での活動は弱かった。この弱点は、上に見たように、当事者によってもよく自覚されていた。とくに、七月二〇日パーペン・クーデターに有効な反撃ができなかった点が反省され、これを契機に、アンティファは「第二段階」に入ることになった。

今やアンティファの第二段階に入った。ここでは、資本主義体制の根幹がある場所に全力を集中させることが重要である。……アンティファの、第二のより高次の段階で重要なスローガンは「アンティファを経営に持ち込め！」である。[22]

この運動は、「経営の中へ！（Hinein in Betrieb = HIB）」運動と呼ばれた。ここでは、突出する経営外の運動を、沈滞が続く経営内に持ち込もうとする運動であった。その方針に従って、アンティファは、「出社ないし退社時に適宜集会を開くこと、断固結束した労働者全員が経営で行進すること、勤務時間後駅まで労働者全員が行進するのを組織化すること……列車の中にステッカーを！　ビラを！」といった具体的な運動を展開するにいたったのである。[23]

ここでは、こうした運動を受け取る側である労働組合の反応をまず問題にしよう。

旧東ドイツ時代に閲覧できた自由ドイツ労働同盟ＦＤＧＢの図書館にあった、一九三二年前後に全国組合大会を開催した各単産の大会議事録を見ても、ＲＧＯないしはＫＰＤに関して言及している箇所は少ない。このこと自体、ＲＧＯ運動やアンティファなどのＫＰＤが関与する運動に対して、工場労働者の関心は薄かったことを実証することになる。数少ない発言のなかで労働組合活動家たちが表明するのは、統一志向ではなく、むしろＲＧＯに対する批判・不信感である。

まず、一九三一年四月に全国大会を開いているドイツ屋根ふき職人中央連合の大会の模様を見てみよう。その場では、当時ＲＧＯ路線を邁進していたＫＰＤに対する激しい批判が予測されたので、シュヴェリーンからの代議員であったＫＰＤ党員は、「失業者として最後の救済の術を求めて多くの人々がＫＰＤにやってくる」のであって、労働組合とは関係ないＫＰＤ批判のような政治的議論をしてはならない、とＫＰＤ批判を予め牽制した。[24]

そうした牽制が効を奏したたせいか、ドイツ屋根ふき職人中央連合議長は、「我々はＫＰＤ党員だからといって拒んだりはしない。しかし、ＲＧＯメンバーだったら、拒む。なぜならば、ＲＧＯは我々の組織を破壊しようとする勢力だからである」と弁明している。(25)

また、別の個所でも、「我々とともに活動していて、一度も喧嘩したことがない多くのＫＰＤ系の仲間たちがいる。だからそういった政治的志向に反対なのではない。我々はＫＰＤ党員と公然とＲＧＯ路線をとる人間とを分けて考えている」と、ＫＰＤは許容されるが、ＲＧＯは拒絶されるという議長の主張は、一貫していた。(26)

ただ、ヴィースバーデンの代議員が発言しているように、ＲＧＯに対する現場での対応は、この議長発言とは違っていた。つまり、彼は組合指導部に批判的な左派に属しながらも、ＲＧＯ路線には反対する立場をとっていたが、賃金カットに反対する態度をとったとして、上部機関からＲＧＯメンバーだとされて非難された、としている。(27)組合指導部の批判をそのままＲＧＯ路線として封じ込める政治的役割をＲＧＯをめぐる言説が果たしたことは否定できまい。

では、アンティファが本格化し始めた三二年春に事態は変化しただろうか。結論からいえば、本質的には、否である。例えば、労働組合に批判的でＫＰＤの呼びかけに賛同したドイツ金属労働者連盟のメンバーでさえ、「ＫＰＤとＲＧＯがあらゆるマジメな闘争において信頼のおける仲間ではないことは歴史が幾度となく証明している。今日こう言っているかと思えば、明日はまったく逆のことである。だから、我々はすべての『統一戦線』の提案に大いなる不信感を持たねばならない」(28)と、依然として労働組合員のＲＧＯへの不信感は根強かった。

三二年八月二二日から二五日までドルトムントで定期大会を開いたドイツ金属労働者同盟のブランデス議長は、集まった二八三人の全国代表を前に、「ＫＰＤの戦術について一言。この戦術は、今の状況のもとでは、繰り返しハーケンクロイツのやつらに殉教者気取りをさせるのを可能にする。共産党の戦術は反ファッショ戦線を強化する代わりに弱める」と、ＫＰＤの反ファシズム運動に批判的で、(29)ＲＧＯについても、「ＲＧＯはたしかにここそこで労働組合に損害を与えることはできたが、自分では何もできない（その通りだ！）」という発言を繰り返した[30]。

ただ、こうしたKPDやRGOへの不信が払拭されないながらも、ナチに対する危機感は着実に増大しており、それが、「制服を着たナチの殺人集団のテロには、統一し闘争力に燃える組織的闘争意志で労働者階級は対抗する」という発言につながっている[31]。

それに、同じ金属労働者でも、下部のライプツィヒの地方組織では、たしかに、一九三一年までは、「ナチ、RGOそして我々の本来の敵である企業家たちのありとあらゆる攻撃さえ、これまで我々の隊列を崩すことはできなかった」とRGO批判が前面に押し出された報告書がかかれていたが[32]、一年後の一九三二年になると、「我々が望もうが望まなかろうが、これほどうまくいかなければ、ADGB、鉄戦線、KPDの指導の下に反動の闘争措置に対抗する軸をつくっていく他に解決方法はない。それなしには、一歩も前には進まない」KPDとの共同に抵抗はなくなっていた[33]。変化は着実に進んでいた。

さらに、報告書の分析を続けると、フォークトランドのメーナー（Mehner）という機械植字工指導者は、「ドイツ・プロレタリアートの前進をあきらめようとしないならば、こまごました条件をつけずに統一戦線が結成されなければならない」という認識にまで到達していた[34]。ただ、こうした意見は少なくとも三二年夏の時点では、全体を代表するものではなかった。

こうした労働組合運動レヴェルにおける深刻な分裂の一方で、政府のデフレ政策は、容赦なかった。とくに、パーペン政府は、一九三二年九月五日、「就業機会増加・維持のための緊急令」を発した。この緊急令は雇用者数を五～二五％増やす場合、資本家側に協約賃金率を一〇～五〇％切り下げる権限を与えようとするものであった。倒産の危機にある企業に対しては二〇％の賃金切り下げが認められ、一九三一年の春以来、実質賃金は三分の一減少した。

この緊急令を契機に、一九三二年秋、「ストライキの波」と呼ばれる一一〇〇件に及ぶ一連のストライキが決行された。九月には、ニーダー・シュレージエン金属労働者、ヴェーザー河の近距離運送業者、ザクセンの繊維産業、マンハイムの家具運送業者、その他バーデン、ヴァッサーカンテ、ニーダーラインの中小企業が相次いでストライキを打ったし、一〇月には、ハンブルクの市内電車労働者がそれに続いた(35)。

ただ、これをみてもわかるように、「ストライキの波」の中心は中小企業であって、大企業—労働組合の緊急令に対する反撃はほとんど見られなかった。個々の中小企業におけるストライキの実態に関する研究は進んでいるとはいいがたいが、この一九三二年秋の一連の「ストライキの波」の象徴的で、ある程度の研究の蓄積を持つ運動の頂点は、ベルリン交通公社のストライキであった(36)。

この経営は、「ストライキの波」に加わった企業のうち、例外的に就業者二万人を超える大経営であった。三二年一一月二日のストライキ投票の結果、投票者の七八%がストライキに賛成したものの、有権者の七五%が賛成していないと労働組合はストに反対した(37)。

だが、一八名からなるストライキ指導部が選出され、ストライキに突入した。そのストライキ指導部は、自由労働組合四名、ナチ系四名と並んで、RGOメンバーも入っていたが、RGOは労働者総数二万三〇〇〇名に対して八四〇名しか組織しておらず、大きな影響力を持っていたとはいいがたい(38)。

四日には、労働者と警官隊との衝突が見られるなど、ストライキ運動が先鋭化するとともに、経営者側は「一四時からの労働再開か即刻解雇か」という最後通牒が突きつけられた。結局、ナチ八一名、KPD六五名の逮捕者が出る程激しい抵抗を伴いながらも、一一月七日夕方、ストライキは労働者側の敗北で終わった。

ここには、三二年秋の「ストライキの波」の基本的特徴があらわれている。それは、ストライキに消極的な労働組合に対して、山猫ストという形をとって労働者たちは抵抗し、それをRGOとナチが支援し、ラディカルな抵抗運動を展開する、という構造である。

たしかに、それ自体としては敗北はしたものの、このベルリン交通公社というシンボリックな大経営でのストライキによって、労働者のエージェンシーに弾みがつく結果となり、警察側はその点を次のように危惧していた。

下部党員大衆の間で、統一戦線はすでに既成の事実となっており、共産党や社会民主党は急進化していて、ベルリンの交通交社ストライキがそれをさらに刺激する手本となるのではないかという恐れがあるという点も、深刻な問題である。(39)

さらに、労働者の抵抗ムードは、このベルリン交通公社ストライキの最中に行われた、ヴァイマル共和制最後の自由選挙である、三二年一一月六日の選挙へ影響を与えた。「ストライキの波」に批判的なSPDは後退した。ナチは、親労働者路線が、従来の支持者である中間層や資本家側に嫌われ、大きな後退を余儀なくされた。そうしたなかで、労働者たちのエージェンシー・ムードを追い風にしえたのは、KPDであった。

## 第三節　農村・失業者への拡大

一九三二年一一月六日国会選挙の結果は次頁表9-1のとおりである。ここで、一九三〇年九月以来躍進を続けてきたナチはこの一一月選挙で初めて敗北した。他方、ナチが最大得票を達成した七月選挙でも、ナチの三七・三%に対して、SPDとKPDを合計した得票は三五・九%とほぼ同格だったが、それが一一月選挙になると、三三・一%のナチに対して社共の合計は三七・三%と、その力関係を逆転させるにいたった。とくにKPDはこの間

**表9-1　国会選挙における得票数**　(単位：票)

| | 1930年9月14日 | 1932年7月31日 | 1932年11月6日 |
|---|---|---|---|
| 有効投票数 | 34,970,900(100.0%) | 36,882,400(100.0) | 35,471,800(100.0) |
| NSDAP | 6,379,700( 18.3%) | 13,779,100( 37.4) | 11,737,000( 33.1) |
| SPD | 8,575,200( 24.5%) | 7,959,700( 21.6) | 7,248,000( 20.4) |
| KPD | 4,590,200( 13.1%) | 5,369,700( 14.6) | 5,980,200( 16.9) |

出典：*Statistisches Jahrbuch für das Deutsche Reich*, Jg. 52 (1933), S. 539.

に七〇万票近く前進したのであった。

こうしたSPDの減少を取り込む形でのKPDの票の増大を見ると、SPD票がKPDに流れていて、SPDとKPDを合わせた票はほとんど変わらず、その意味で「マルクス主義の選挙民ブロック」があったのではないか、という通説を生んだ。

ただ、最近の研究で、選挙結果の分析を行ったフィッシャーは、このいわば常識に疑問符を投げかけた、「ヴァイマル共和制末期にはマルクス主義の選挙民ブロックがあったのか？」と。(40) 彼の分析によれば、SPDは、ブルジョア・リベラルから六〇万票の票を獲得した一方で、一四〇万票のSPD票がナチに流れたとしている。

そのうえでフィッシャーは、ナチは中産層政党ではなく、労働者にも積極的に支えられた国民政党だったとするファルターの選挙分析結果と、(41) カナダの社会学者リチャード・ハミルトンが主張する保守的労働者＝「トーリー労働者」の存在を根拠にしながら、SPD労働者はKPDとよりはむしろナチとの親近性を持っていた、と論じているのである。(42)

ここで、問題となるのは、もしも、KPD票がSPDから来なかったとするならば、一体KPD票はどこから来たのだろうか、ということである。この点について、フィッシャーは、KPDの票の増大は、農村地域から供給された、としている。この点で注目すべき内務省史料が、三二年一二月二一日に報告されている「三二年七月三一日以降中央ライン地区における左翼急進主義諸組織の発展」と題するものである。(43)

そこでは、三二年七月選挙までは、地区全体でKPDが伸張していたのに、七月選挙前後から異変が起こったとしている。つまり、「奇妙なことに、この頃から大都市や工業地

**表9-2　中央ライン地区における国会選挙でのKPD票の動向**

| | | 1932年7月31日国会選挙 | 11月6日国会選挙 | 増　減 |
|---|---|---|---|---|
| a | ケルン市区 | 90,963 | 91,673 | +710 |
| b | ケルン農村部 | 14,148 | 14,685 | +537 |
| c | オイスキルヘン | 3,985 | 3,816 | −169 |
| d | ベルクハイム | 6,427 | 6,247 | −180 |
| e | ジークライス | 9,656 | 9,832 | +176 |
| f | ボン市区 | 6,167 | 7,771 | +1,604 |
| g | アーヒェン | 18,286 | 17,859 | −427 |
| h | ライン・ベルク圏 | 7,925 | 9,094 | +1,169 |
| i | オーバー・ベルク圏 | 1,978 | 3,904 | +1,926 |
| j | ガイレンキルヒェン | 5,285 | 6,142 | +857 |
| k | アールヴァイラー | 2,447 | 2,702 | +255 |
| l | アルテンキルヒェン | 1,949 | 2,176 | +227 |

帯での拡大は後退する一方、農村地帯において顕著な量の勢力拡大を保っている」というのである。そこで、具体的に挙げられているのは、表9-2のような、七月選挙と比較しての一一月選挙のKPD票の増減である。

これ以外にも、この間に新たに結成されたKPD地域党組織五八のうち、そのほとんどが農村におけるものであるなど、KPDの農村での伸張傾向は明らかであり、報告書は結論として、「KPDの期待とは裏腹に、注目すべきはKPDが農村部で勢力を伸ばしていることである」と結論づけている。

なぜKPDが農村で勢力を伸ばしているのかについて、この報告書では、「都市部や工業地帯に対する農村部におけるこの注目すべき勢力拡大は、ここ数年KPDがとくに農村での宣伝活動を集中的にやったことや、益々進行する農民住民の困窮状況に原因が帰せられるのではなかろうか」としていて、たしかに、都市や工業地帯における活動に比べれば、党の方針上での位置付けは控えめだったが、それでも、農村獲得に向けた積極的な姿勢は次のようにうかがえる。

我々がまず第一に獲得を目指さなければならないのは、農業労働者と零細農民・小農民である。……生き生きとした委員会をつくるには、実際に居住を訪問しての勤労農民との数えきれない個々の話し合い、とくに彼らの窮状を話し合い、どうやったら彼らを救済できるかを話し合う。溜まり場でのちょっとした集まりを度々開催して、敵対組織のメンバーを個人的に説得し、住所を集め、宣伝材料を絶え間なく流し、闘争要求を列挙し、農村新聞や村落新聞、ないしはビラで生活の実情を伝えながら、彼らの言葉で大衆化を図り、行動を喚起しなければならない[44]。

とくにKPDは、「農民突撃地域」として農民獲得の重点地域を設けていたが、それは、北西地区、バーデン、中央ないしニーダーライン、ヴュルテンベルク、テューリンゲンであった。その際、KPDの活動の中心は、次のように、都市から農村に出向き一軒一軒戸別訪問を通して行われるプロパガンダであり、その宣伝の中心は、ソ連の経済発展の模様であった。

KPDの側から非常に熱心に進められているのは、農村地域での宣伝である。毎週日曜日になると、宣伝担当者の指導の下に宣伝隊が農村地域へと自転車で派遣され、工業労働者・農業労働者や小農民をその住宅に訪れ、ソ連邦における経済的飛躍や現在注目を浴びているロシアにおける農民の立場を説明しながら、精力的に共産主義的思想のプロパガンダを展開している。こうした宣伝は、農民地域での得票増加に示されているように、成果をあげている[45]。

こうした一連のKPDの農村における積極的な活動が三二年末にようやく結実しようとしていた。さらに、この時期、農村における活動と並んで、もう一つ内務省が注目しているKPDの活動の中心があった。

ＫＰＤの宣伝活動は失業者の間でも良い成果をあげている。共産主義者たちによって結成された失業者委員会は失業保険・福祉援助金給付所や職安でも非常に活発なプロパガンダを繰り広げている。共産主義者たちが開く一連の集会はほとんどすべて入りが良く、失業者たちを方向付けているのは、長期にわたる失業であるし、非常に先の見通しの立たない状況がこうした失業者たちをＫＰＤへの接近へと導いているのだろう。[46]

失業者運動については、組織的体裁をとらないこともあって、まとまった史料や研究はほとんどない。ただ、そのなかで、当時失業者新聞の編集長を務めていたフンデルトマルクの回想録によると、失業者たちは、一週間に三度スタンプをもらいに、さらに一回は給付金の支給をもらいに、失業保険支給所に赴いた。待ち時間は長く、時間的余裕があったので、失業者新聞が販売され、デモや集会がよく組織されていたという。[47] 一週間に五～六回、失業者集会は開催されていて、その場で失業者委員会が容易に結成され、委員長も選出されていたらしい。この失業者委員会は、会費を支払う必要もなかったので多くの失業者が参加し、無党派を中心とした超党派機関として機能していた。[48]

## 第四節　ナチ政権成立とぎりぎりの抵抗

農民運動、失業者運動を背景にＫＰＤが前進するなかで、院内共闘にしても、プロイセンの院内共闘だけで終わったわけではなかった。一九三二年末に焦点として浮上してきたのは、ザクセン邦の市町村レヴェルにおける院内共闘の模索であった。[49]

当地は、一九二三年に労働者政府という社共政府を経験した。そして、「ザクセンの工業家自身は一九二三年のツァイクナー（SPDで労働者邦政府首相――筆者）と共産党の実験によって、とくに反応しやすくなっており、当時の経験は今日でもなおドイツ国外でも忘れ去られていない[50]」と、一九二三年の労働者政府の記憶を共有するのは、何も工業家だけではなかろう。

そうした「記憶」が、一九三二年末、状況の緊迫化と下部の統一への動きの進展のなかで蘇生した。つまり、「党員大衆と下部幹部の間にある統一戦線を結成しようという意志がいかに重要かをSPD自身が指し示しているのである[51]」と新聞に評論されるように、ザクセン邦のSPD選挙作業のための委員会は、一九三二年一一月の市町村議会選挙にあたって、社共共同リストの提出を決議したのであった。

ザクセンでの市町村議会選挙の後に書かれた内務省関係の史料では、事態の推移を次のように分析している。

予期されていたように、二つのマルクス主義政党は、今や再び下部の党員大衆の間で注目を浴びるようになり実践的に歓迎されている問題、つまり、マルクス主義統一戦線の問題に関して、選挙後立場を表明した。SPDは、議会で共同しようと、KPDを獲得しようとしている。国会では難しいだろうが、邦や市町村、とくにSPDとKPDをたせばマルクス主義的多数が存在していて、かつSPDが圧倒的な議席をもっているところではよりやりやすいだろう。……SPDが統一戦線を論じる際にいつも必ず言われることは、左派やその支持者大衆に対して、「アリバイ」をつくり、KPDが拒否することを見こして統一戦線の提案をし、案の定拒否した場合には「反ファッショ統一戦線の破壊」の罪をKPDになすりつけようとしている[52]。

SPD側はこの共同リストが決して「党の自律性を損うことのない」もので、それは「プロレタリア票の喪失を阻止する」ために必要であり、「プロレタリア勢力結集のための実践的一歩」であると積極的にこれを進めようとした[53]。当地のＫＰＤ組織も、すぐにこの提案を拒否しなかったものの、「資本主義国家とその機関の権力手段の使用を認めないこと」、「議会外的手段を使った闘争の承認」、「市町村の予算はその地域の大衆集会で採択されること」など九項目にわたる質問を出している[54]。

ここでは、その後実際にどの程度この市町村議会選挙で社共の共闘が実現していたかは定かではない。だが、こうした統一に向けた動きは、選挙後三三年一月になって行われたライプツィヒ市の市議会議長選挙をめぐる動きへと引き継がれることになった。ライプツィヒ市議会では、「殺人ファシズムの公然たる代表を市議会議長に据えること」を阻止するとして、ＫＰＤは、ＳＰＤ候補に投票し、第一副議長はＫＰＤ候補が第二副議長にはＳＰＤ候補がつくことになった[55]。こうした動きをみて、一般紙『フォッシシェ新聞』は、ザクセン邦のＫＰＤが、重要な「転換を果たした」としている[56]。

また、ケムニッツでは、ナチがＫＰＤ候補と決戦投票になれば勝てるとふんで、第一回投票で故意に一部議員がＫＰＤ候補者に投票して、決戦投票はナチとＫＰＤの一騎うちとなった。そこで決戦投票でのＳＰＤの出方が注目されたが、ＳＰＤがＫＰＤ候補者に投票した結果、市議会議長団はＫＰＤに独占されることになったのである[57]。その他にマイセンでも社共は統一候補を擁立した[58]。

たしかに、ＳＰＤの中央機関誌『前　進《フォアヴェルツ》』は「ＫＰＤの動揺？」という見出しを掲げてこの問題を論じたし[59]、他方、ＫＰＤ中央機関誌『赤　旗《ローテ・ファーネ》』は「ＳＰＤのマヌーバーは破綻した」と、中央レヴェルでの評価は相変わらずだったが、むしろ一般紙『ベルリン日報』は、「ＫＰＤの新たな選挙戦術」としてこの変化に注目した[60]。

このザクセン州で院内共闘が模索されていた一九三三年一月、事態はさらに深刻化して、労働者がナチから殺害される報が続いた[61]。そのなかでも、注目を浴びたのは、リューベックの事件であった。当地では、社会民主党が警察を握っていたものの、ナチ政権が誕生した翌日の一九三三年一月三一日夜、ＳＰＤ国会議員レーバーがナチに襲撃されナイフで刺され負傷した。その後ナチとこれに反対する勢力の間で衝突があり、一人の国旗団員がナチを殺害したとされて、レーバーとともに逮捕されるということになった。

こうしたＳＰＤ系組織メンバーをめぐる事件に対して、ＡＤＧＢのリューベック地域組織は、ＫＰＤ地域組織にも共闘を申し入れた[62]。これを受けてＫＰＤ地域組織は、その共闘の条件として、国旗団員の釈放、関係警官の解雇、突撃隊兵舎の閉鎖など七項目を掲げたもの[63]、結局は、条件を撤回して「労働者の流血が反ファッショ闘争統一を呼びかける」として、共同行動に踏み切った[64]。

同時に、アンティファのリューベック統一会議も一五経営から参加して開催され、ＫＰＤから五名、ＳＰＤ四名、国旗団一名、無党派四名からなる統一委員会が選出され、抗議のために、一時間のゼネスト決行を決定した[65]。こうした模様を警察は次のように見ていた。

社共の統一戦線をめぐって新たな政府が成立して以来自然な流れとして、その実現が顕著に現実味を帯びてきている。両党の大衆的統一戦線が現実のものとなり、拡大しているばかりか、質的にもより一段高い段階にまでいたっている。例えば、リューベックにおける一時間にわたるゼネストとか……全体としては実際に統一戦線の見通しは根本的に良くなってきている。それは当面闘うための結集であって、組織的統一は問題外である。……もちろん見誤ってならないのは、ＳＰＤ自身が最近接近への注目すべき兆候を見せていることである。実践的には先に述べたリューベックのゼネストや共産主義者の埋葬の時に公式のＳＰＤ代表が出席するということである。……さらに、共産主義者たちは、ＫＰＤ中央の命令に反しているのだが、労働組合の集会で、労働組合幹部の統一戦線アピールに異議をはさまなかったり、「忌むべき兄弟喧嘩の中止」に賛成だと発言している[66]。

ＫＰＤ中央に逆らう地域の共産主義者たちと並んで、ここでも注目されているのは、それまで意識的に統一の流れに距離をとっていた社会民主党にの変化である。

そうしたＳＰＤの統一への動きは、まずは「下」と「左」からはじまっていた。まず、『ベルリン株式新聞』は、「赤色統一戦線」のタイトルで、下部ＳＰＤ労働者の模様を以下のように伝えている。

赤色統一戦線の発想がいかにＳＰＤ青年の陣営のなかでも活発かということを示しているのは、ベルリンの『社会民主主義生徒雑誌』の呼びかけである。……そこでは、「共産主義者たちが我々と別の道を歩んでいるとしても、我々の目標は同じだ。だから、共和国の統一戦線の闘争を！　赤色統一戦線のために全力を！」(67)

また、ＳＰＤ系紙誌のなかでは左派色の強い『自由な言葉（Das freie Wort）』は、「階級闘争の状況はプロレタリア大衆の統一を要求している。そのための前提条件は、ＫＰＤの合法主義宣言だろうし、社会主義共和国建設作業への積極的参加であろう。これが達せられれば、すぐにでも反ファッショ戦線は活性化し、社会主義は収穫を待つだけの熟した果実となるだろう」と統一への期待を表面化させた(68)。

ただ、一九三二年秋になると、こうした下部、左派だけにとどまらず、中央党組織にも、反ファシズム・エージェンシー行為の成果が、次第に反映するようになった。すでに、三二年九月一四日にはオーストリア社会民主党の党大会に来賓として出席していたＳＰＤ幹部パウル・レーベ（P. Löbe）は、その場で「統一戦線への心からの憧憬」を表明していたし、オーストリア社会民主党のオトー・バウアーも、この場で「社会主義労働者インターナショナルと共産主義インターナショナルの直接交渉を提案」することになった(69)。

三三年に入ると、ＳＰＤのなかにも変化が顕著となった。ＳＰＤ中央機関紙『前進《フォアヴェルツ》』は、三三年二月七日付で、編集長シュタンプファーの、「我々は労働者の統一に関してなんら意見の相違を持っていない。統一を切々と願っていない社会民主党員などいない」という発言を掲載するほどになっていた。[70]

ただ、それから八日後の二月一五日号には、「先回の選挙の前と同じように、いま再び統一リストについて議論されている。……社会民主党とKPD間の統一リストは現状ではまだ百害あって一利なしかもしれない」という記事もあって、KPDとの統一がそう簡単ではないことをうかがわせる。[71]

ただ、「下」、「左」から沸きあがる統一への希求を見て、『ベルリン株式新聞』などは、一九三三年三月中旬に予定されていたSPD党大会で、左派指導部が誕生するのではないかと、「レーベ―社会民主党の党首か？」というタイトルで、一九三三年一月二五日の時点で、次のように憶測をめぐらしている。

この党大会は社会民主党内部により大きな対立を持ち込むだろう。……そのことは、すでに党大会に向けた下部組織の代表選出の際に現れている。とくにそこで問題になっているのは、社会民主党が共産党との統一戦線に向かうべきなのか、むしろブルジョア政党と共同して改良主義的道をとるのか、ということである。レーベに指導される党内左翼は従来のブルジョア政党との妥協政策を拒否し、様々な対立にもかかわらず共産党に「プロレタリア統一戦線」のために手をさしのばしている。……中間派に位置する党員代表もレーベに投票されることが予想されるので、彼の党首への選出は確実であろう。[72]

この評価がどの程度あたっていたかはともかく、一般紙では、「左翼の統一戦線はやってくるのか？　大衆の期待増大。指導者の威厳が保たれるかの問題。モスクワは待っている」といった左翼統一のイメージを先行させていた。[73]

ナチ機関紙『フェルキッシャー・ベオバハター』も、三三年二月七日パリで、ノルウェー労働者党、イギリス独立労働者党などが、社会主義インターと共産主義インターなど労働者インターナショナル共同会議開催を要求したとしながら、「この会議はファシズムに反対する共同行動計画を作成することになろう」と、統一の動きを敏感に報道していた(74)。

統一への動きがSPD指導部にまで達していた点を見るとこうした憶測はまったくの妄想とも言えないだろう。だが、その一方で、三二年秋からKPDは自らが非合法化されるのではないかという可能性をも考えていた。シュレースヴィヒ州内務省からベルリンの共和国内務省にはいった三二年九月八日付「KPDの武装蜂起準備に関する報告」では、七月三一日選挙以降KPDの禁止を察するKPD系組織の会議が続いているとすでに報告されているし、三三年二月七日にピークは、党内出版局会議において、KPDは選挙前にも党の禁止を考慮しなければならない、としたうえで次のように宣言している。「ここで重要なのは、KPDとSPD間の不戦協定については、これを語ることが重要なのではなくて、ファシズムに反対して結集するため、また労働者階級の存続と目標を擁護するために実践的にこの問題を遂行することである(75)。」つまり、ピークにあっては、KPDの禁止が予感されるうえでの焦りが統一志向を推進したと考えられるのである。

KPDが禁止されるのが先か、統一戦線が結成されるのか、競争であった。ただ、三三年二月一三日の警察側史料によると、この頃になると、すでに運動の後退が次のように報告されている。「信頼のおける資料からすると、ハンブルクにおいては共産主義的自警団運動が数のうえで後退を記しているということが判明した。自警団の一部は崩壊した。……大ハンブルクではおよそ五五〇〇人を擁する約一五〇の家屋自警団が存在する。そのうちたとえ非合法でも使える人間は二五〇〇人である(76)。」

統一戦線か、党の非合法化か、という選択肢が開かれていたなかで、先手をとったのは、ナチであった。つまり、三三年二月二八日国会炎上事件を契機に、ナチはＫＰＤを非合法に追いやっていったのであった。

ただここで確認できるのは、反ファシズムのエージェンシー行為が、一九三三年一月三〇日のナチ政権成立後もしばらく、街頭で、中小企業を中心とする経営で、農村で、そして議会内でもつづいていたということである。そこにナチは「共産主義の危険」を見たのであった。

# 終　章　書き換えられる抵抗の歴史

なぜナチの政権掌握を阻止できたのかを理解するためには、マルマンなどのミリュー研究だけでは十分ではなく、やはり政治史的アプローチが必要である。石川捷治が主張したのは「統一」を生み出す「状況」の重要性である。(1)いつでも、どこでも、「統一」は達成されるのではなく、特定の「状況」の下でしか統一は達せられないという石川の主張をとくに本書で後付けてみれば、「統一」への衝動を生み出した大きなモメントは、底流に横たわっていた反ファシズム勢力の「危機感」であった。

グラスルーツの現場の危機感とは、「パンと職と自由」は遠のくばかりで、日常化するナチとの暴力的衝突のなかで、「こいつらが権力をとったらどうなるのだろう」という焦燥感を伴うものであった。彼らは、ＫＰＤの「社会ファシズム」論の限界性を実践のなかで感じ取っていた。視点を政党レヴェルだけに限定せず、グラスルーツ運動に移すとすれば、歴史の一部書き換えが必要である。

グラスルーツの反ファッショ運動は、ＫＰＤから注目されるかどうかの如何を問わずに、生活実感からドイツのいたるところに普遍的に存在して、「パンと職と自由」を求めて、統一委員会や自衛団運動を展開していた。そこでは、党派の違いはそれほど意識されていない。一九三二年春のアンティファにしても、東ドイツの歴史家たちが叙述していたように三二年四月末にベルナウで発生したわけでもなく、単にこの時点でKPDがグラスルーツとの共闘に積極的になったにすぎない。もっともグラスルーツの運動は単なる正義の運動ではなく、様々な運動の形態を包摂しようとすればするだけ、KPDは「苦悩」を抱えることになった。とくに青年を中心とした個人テロの問題は典型的で、青年の衝動をKPDの力の源泉にしようとすれば、個人テロは必要悪であり、KPDがこれを根絶することは最終的にはできなかった。

KPD内でも敏感に状況に対応しようとするグループが党内に異論派として登場した。とくにグラスルーツとの共闘関係をKPDの戦略や戦術のうえで位置付けようとする試みは、『プロパガンディスト』誌などに見られ、そこでは、ナチの支持基盤と見なされた中間層への注目から人民革命論の展開へと人民戦線論へと限りなく接近する一方で、ローザ・ルクセンブルクの政治的大衆ストライキが運動論として援用されるなど、革命論も模索されていた。

こうした異論派の議論が背景としていたのは、ブラウンシュヴァイクに代表されるような地方のポテンシャルであった。とくにブラウンシュヴァイクでは、KPD中央の指導方針ではなく現場の声に従う動きも顕在化し、一九三一年三月には社共院内共闘を、三一年一〇月には政治的大衆ストライキを断行していた。

ただ、KPD異論派や地方のポテンシャルは、これとはまったく違った次元のKPD中央の党内闘争やコミンテルンの干渉によって直接生かされることはなかった。テールマン指導部は状況に十分に適応できず、コミンテルンの期待にも沿うことができなかった。当然それは一方でテールマン指導部への不満を呼び起こすことになり、これが「ノイマン・グループ」の正体であった。したがって、「ノイマン・グループ」なるものは、確固とした反対派ではなく、テールマン指導部への不満の表明形態と考えられる。

コミンテルンの干渉が如何に悲惨な結果をもたらすのかは、一九三一年八月の赤色人民決定参加問題で明らかとなっていた。その後のコミンテルンの強弁の背後には反省と躊躇が見え隠れする。かといってコミンテルンはＫＰＤ内が混乱し事態が流動化するのを嫌っていたので、テールマン指導部は一方ではコミンテルンに忠誠を誓いながら、台頭する「ノイマン・グループ」を排除し、指導権を確保しようとした。その作業が一九三二年初頭の一連の動きである。

ただ、テールマン指導部が自らの正統性を主張するためにはさらに具体的な成果が求められた。そこでとられた新しい方針が、アンティファというグラスルーツとの共闘関係を構築していこうとするものであった。この共闘路線を打ち出した一九三二年五月ＫＰＤ中央委員会総会は整然とした会議ではなく、成果を強制され狼狽するなかで反ファシズムのグラスルーツとの共闘という選択肢をとった場にすぎない。

つまり、ナチの台頭という情況での様々な様相を呈する危機感、中央から制御のきかない「地方」や「下部」、意見の統一を見ない党内情況、戦争を回避しようとするソ連やコミンテルンの関与、テールマンら指導部の業績欲による混乱が絡み合いながら、ＫＰＤは追い詰められる形で、一九三二年夏に再びグラスルーツとの提携へと進んでいき、アンティファを展開させた。それはあたかもそれまで徐々に形成されていた小川が合流して大河となるような過程でもあった。

そこは、「上」「下」「外」「内」といった力のモメントが複雑に絡み合い、路線の揺れを生じさせながら、反ファシズムの最後のポテンシャルが試行される場であった。だが、いったんＫＰＤがグラスルーツとの共闘に積極的になると、それは予想以上の成果をもたらした。統一委員会や自衛団など反ファシズムの実態が形成されていき、社共の院内共闘が成立したところも散見されるようになった。こうした反ファシズムの具体的成果は、同時にナチや指導層に「共産主義の脅威」という表象を作り出し、危機感をもたせ、ナチ政権成立を急がせるとともに、ナチに政権獲得後反ファシズム勢力に対する激しい弾圧措置をとらせる一因となったと考えられる。ただ、統一への最後の政治的決断だけは下されなかった。

だが、戦後にまでその視野を拡大すれば、反ファシズムとナチの対立は一九三三年で決着がついたわけでもなかったし、アンティファの経験は敗北の歴史としてのみ叙述されるべきでもない。というのも、そこでの「経験」や「記憶」は戦後になって、反ファッショ行動委員会運動として、下からの戦後ドイツ再建のイニシアティブとして蘇生したからであった。(2) たしかにこうした反ファシズム・グラスルーツによる新生ドイツ建設の試みは、結果的にはその主導権を連合国に奪われるものの、「反ファシズム」という日本にはない戦後ドイツの一つのアイデンティティを形成する礎を提供することとなったと考えられるのである。(3)

こうしてヴァイマル共和国末期の反ファシズムの経験は、敗北の歴史としてばかりではなく、たしかに矛盾や確執、対立を伴いながらではあるが、新たに失われた可能性とポテンシャルを持った歴史として叙述されるのである。

# 註

## 序章　抵抗する実像を求めて

（1）高橋哲哉『平和と平等をあきらめない』晶文社、二〇〇四年、アルンダティ・ロイ（加藤洋子訳）『誇りと抵抗』集英社、二〇〇四年。

（2）フェルソンの研究によると、見物人がいると男性同士の喧嘩は激しくなる。観客の存在によって、印象動機が喚起される。大渕憲一『攻撃と暴力』丸善ライブラリー、二〇〇〇年、六九～七〇頁。

（3）*Süddeutsche Zeitung*, vom 28. 7. 2000.

（4）ノルベルト・エリアス（青木隆嘉訳）『ドイツ人論』法政大学出版会、一九九六年、ハンナ・アーレント（山田正行訳）『暴力について――共和国の危機』みすず書房、二〇〇〇年。ヴァイマル共和国の政治的暴力に関する歴史叙述としては、Dirk Schumann, *Politische Gewalt in der Weimarer Republik 1918-1933*, Essen 2001.

（5）イアン・ケルショー（柴田敬二訳）『ヒトラー神話』刀水書房、一九九三年、宮田光雄『ナチ・ドイツと言語――ヒトラー演説から民衆の悪夢まで』岩波新書、二〇〇二年、後藤譲治『ヒットラーと鉄十字章――シンボルによる民衆の煽動』文芸社、二〇〇〇年。

（6）繰り返されるこうした責任論をめぐっての議論で、一九八〇年代初頭に注目を浴びたのは、Deppe, F. u. a. (Hrsg.), *Geschichte der deutschen Gewerkschaftsbeugung*, Köln 1977 の評価であった。また、一九八三年に、ヒトラーになる労働組合運動禁止五〇周年にあたってのシンポジウムでも、論点の一つはこの責任論についてであった。Breit, E. (Hrsg.), *Aufstieg des Nationalsozialismus, Untergang der Republik, Zerschlagung der Gewerkschaften*, Köln 1984. その他、この期に反ファシズム運動を扱った研究には、次のようなものがある。Heupel, E., *Reformismus und Krise*, Frankfurt / M. u. New York

1981 ; Hortzschansky, G. u. a., *Thälmann, eine Biographie,* Berlin 1981 ; Brandt, P. u. a., *Antifaschismus, ein Lesebuch,* Berlin (West) 1975 ; Niemann, H. u. a., *Geschichte der deutschen Sozialdemokratie 1917 bis 1945,* Berlin 1982. この時期東ドイツでは、クチンスキーなどが提起した「日常史（Alltagsgeschichte）」研究が展開されていた。Kuczynski, J., *Geschichte des Alltags des deutschen Volkes Studien 5, 1918-1945,* Berlin 1982. 井上茂子「西ドイツにおけるナチ時代の日常史研究」『教養学科紀要（東京大学教養学部）』一九号、一九八七年、一九～三七頁。当時の東ドイツの研究動向については、拙稿「ドイツ民主共和国における最近の研究動向素描」『歴史評論』四二九号、一九八六年、七一～七九頁を参照。

（7）この代表は、準党史として書かれた党議長テールマンの『伝記』であった。*Ernst Thälmann, Eine Biographie,* 2 Bde., Berlin 1981. その他に、Doehler, E., E. Fischer, *Revolutionäre Militärpolitik gegen faschistische Gefahr, Militärpolitische Probleme des antifaschistischen Kampfes der KPD von 1929 bis 1933,* Berlin 1982. 統一後の旧東ドイツの歴史家の叙述としては Petzold, J., SPD und KPD in der Endphase der Weimarer Republik, Winkler, H. A.（Hrsg.）, *Die deutsche Staatskrise 1930-1933. Handlungs-spielräume und Alternativen,* München 1992, S. 57-98がある。

（8）Weber, H., *Die Wandlung des deutschen Kommunismus, Die Stalinisierung der KPD in der Weimarer Republik,* 2 Bde., Frankfurt / M. 1969. これを基にとくに「調停派」の動きに着目した伊集院の論稿がある。伊集院立「相対的安定期のドイツ共産党党内論争」『階級闘争の歴史と理論　三』青木書店、一九八〇年、九二～一二四頁。

（9）Weber, H., *Die Generallinie, Rundschreiben der Zentralkomitees der KPD an die Bezirke 1929—1933,* VII-CXI, Düsseldorf 1981. ただ同じＳＰＤ系の歴史家でも、ＳＰＤとＫＰＤの「救いようもない無為無策（hilfslose Ohnmacht）」を批判しながらも、とくにＳＰＤに「ヴァイマル共和国崩壊のより大きな責任」を認めるドルパーレンのような主張もあった。Dorpalen, A., SPD und KPD in der Endphase der Weimarer Republik, *Vierteljahreshefte für Zeitgeschichte*（*VfZ*）, 31 (1983), S. 77-107.

（10）Bahne, S., *Die KPD und das Ende von Weimar, Das Scheitern einer Politik 1932—1935,* Frankfurt / M. u. New York 1976, S. 25.

（11）Weingartner, T., *Stalin und der Aufstieg Hitlers,* Berlin 1970.

（12）Lange, P. H., *Stalin versus "Sozialfaschismus" und "Nationalfaschismus",* Göttingen 1969 ; Wieszt, J., *KPD-Politik in der*

*Krise 1928-1932*, Frankfurt / M. 1976 ; Ireland W., *The Lost Gamble. The Theory and Practice of the Communist Party of Germany between Social Democracy and National Socialism, 1929-1931*, Baltimore 1971.

(13) 富永幸生・鹿毛達雄・下村由一・西川正雄『ファシズムとコミンテルン』東京大学出版会、一九七八年。石川捷治「ドイツの危機——労働者運動の自己崩壊とファッショ化」中河原徳仁編『一九三〇年代危機の国際比較』法律文化社、一九八六年。

(14) 斎藤哲「『社会ファシズム論』とその修正（二）」『政経論叢（明治大学政治経済研究所）』五〇—三・四、一九八二年、一七七〜一八八頁。例外的な社会史的アプローチとしては、例えば、斎藤哲「ヴァイマル時代末期のドイツ共産党とジェンダー」『政経論叢（明治大学）』六七－一・二、一九九八年、一〇七〜一三八頁。拙稿「ナチ前夜の労働者達の一プロフィール」『社会経済史学』五三巻二号、一九八七年、七九〜九六頁がある。

(15) この期の一般的な社会史的考察には、Winkler, H., *Der Weg in die Katastrophe, Arbeiter und Arbeiterbewegung in der Weimarer Republik 1930 bis 1933*, Bonn 1990がある。

(16) Rosenhaft, E., Organising the "Lumpenproletariat", Cliques and Communists in Berlin During the Weimar Republic, Evans, R. J. (ed.), *The German Working Class 1888-1933, The Politics of Everyday Life*, London 1982 ; dies., *Beating the Fascists ? the German Communists and political Violence 1929-1933*, Cambridge etc. 1983.

(17) Peukert, D. J. K., *Jugend zwischen Krieg und Krise, Lebenswelten von Arbeiterjungen in der Weimarer Republik*, Köln 1987.

(18) Mallmann, K.-M., *Kommunisten in der Weimarer Republik, Sozialgeschichte einer revolutionären Bewegung*, Darmstadt 1996 ; ders., Milieu, Radikalismus und lokale Gesellschaft, Zur Sozialgeschichte des Kommunismus in der Weimarer Republik, *Geschichte und Gesellschaft*, 21 (1995), S. 5-31.

(19) Striefler, C., *Kampf um die Macht, Kommunisten und Nationalsozialisten am Ende der Weimarer Republik*, Berlin 1993.

(20) ＫＰＤを中心とした地域史としては、Roßmann, D., *Kultuelle Öffentlichkeit in Oldenburg-Osternburg 1918-1933, Kritische Untersuchungen zum Verhältnis von Arbeiteralltag u. Politik der KPD*, Diss. Oldenburg 1979 ; Tenfelde, K., *Proletarische Provinz, Radikalisierung und Widerstand in Penzberg/Oberbayern 1900 bis 1945*, München 1982 ;

Neuhäußer-Wispy, U., *Die KPD in Nordbayern 1919-1933, Ein Beitrag zur Regional-und Lokalgeschichte des deutschen Kommunismus*, Nürnberg 1981などがあるし、実はあれほど検閲を強化していた旧東ドイツの地域史研究にさえ、端緒的ながら、地域における「逸脱」が叙述されることもあった。例えば、*Auf leninistische Kurs, Geschichte der KPD Bezirksorganisation Halle-Merseburg bis 1933*, Halle 1979.

（21） 公共圏が理念的空間であるのに対して、具体的実体化された空間として研究の対象となっているのが、ミリュー概念となろう。この概念はもともとナチへの免疫力を考える際に、カトリック教会を中心にした独特のコミュニケーション網・空間の存在に注目することから生まれた概念だが、その後労働者の「ミリュー」も注目を浴びることになった。ミリュー研究といえば、日本では相馬保夫の一連の研究が目をひく。例えば、相馬保夫「アメリカニズムとヴァイマル期労働者文化——フォーディズムと社会主義」増谷英樹・伊藤定良編『越境する文化と国民統合』東京大学出版会、一九九八年、五七～七八頁。ミリュー概念については、高橋秀寿『再帰化する近代——ドイツ現代史試論』国際書院、一九九七年のとくに第二章参照。先駆的には、山本秀行「ルール鉱夫の生活空間と社会的ネットワーク——一九・二〇世紀転換期を中心に」『社会運動史』一〇、一九八五年、二四～五九頁がある。

（22） Mallmann, Milieu, S. 5-6.

（23） 一九三四年を中心としたナチ体制下のミリュー研究として Schmiechen-Ackermann, D., *Nationalsozialismus und Arbeitermilieus*, Bonn 1998. ドイツ人以外での成果としては、Fischer, C., *The German Communists and the Rise of Nazism*, London 1991があげられる。ただ、下部の自律性を殊の外強調するマルマンの主張に対して、ヴィルジンクは、「コミンテルンやＫＰＤの党機構による規律化は本当に重要な役割を果たさなかったのか。むしろ、党の下部組織は『相対的な自律性』を享受しており、社会民主党と多様な形で結びついたままではなかったのか」といった疑念を表明している（Wirsing, A., "Stalinisierung" oder entideologisierte "Nischengesellschaft"? Alte Einsichten und neue Thesen zum Charakter der KPD in der Weimarer Republik, *VfZ*, Jg. 45（1997）-3, S. 453-461）。これにマルマンは反論している。Mallmann, K.-M., Gehorsame Parteisoldaten oder eigensinnige Akteure? Die Weimarer Kommunisten in der Kontroverse-Eine Erwiderung, *VfZ*, Jg. 47（1999）-3, S. 401-415.

（24） この潮流の最近の代表的成果としては、三宅立『ドイツ海軍の熱い夏——水兵たちと海軍将校団一九一七年』山川出版社、二〇〇一年。

(25) マニュエル・カステル（石川淳志監訳）『都市とグラスルーツ』法政大学出版局、一九九七年、七八頁。時代、地域を縦横無尽に分析したカステルにあって、一九三〇年代草の根民主主義は、「彼らは一般に普及している既存の文化的価値や政治制度に挑戦してきたばかりではなく、『空間と社会との新しい関係』を提起しつつある新しい行為者でもある」という評価を受けることになる。そうした新しい状況を「コミュニティ革命」と呼んでいるのは、Bell, D., Held, V., The Community Revolution, *The Public Interest*, 16 (1969), pp. 142-177.

(26) Memoiren Rudolf Schlesinger, Kommunistischer Emigrant in England (Pseudonym: Gerber) 1901-1938, Deutsche Fassung des Manuskriptes, Bundesarchiv-Koblenz (BA-Koblenz) Bestand Kleinen Erwerbung 609, S. 542.

(27) Wehner, H., *Selbstbesinnung und Selbstkritik*, Köln 1994, S. 43.

(28) Weber, *Die Generallinie*.

(29) 一九八九年の変革に伴って文書館が開かれた当時の史料状況に関しては、Bestände des Archivs ins Institut für Geschichte der Arbeiterbewegung in Berlin, *Internationale wissenschaftliche Korrespondenz zur Geschichte der deutschen Arbeiterbewegung*, Jg. 26 (1990)-2, S. 191-197に概観が示されている。しかしその後、モスクワにあった史料の一部が返還された反面、一部史料は国家文書としてポツダムの連邦文書館に移された。こうした新しい史料状況のもとで、ヴァイマル共和制期ＫＰＤの党内問題を取り上げて論じているのは、レヴェレンツとロイターである。Lewerenz, E. / E. Reuter, Zum Kurswechsel in der KPD, Dokumente aus den Jahre 1927 / 1928, *BzG* Jg. 33 (1991)-6, S. 771-788.

## 第一章　ヴァイマル共和制末期の労働者たちをめぐる状況

(1) Grebing, H., Thesen zur Niederlage der organisierten Arbeiterschaft im Kampf gegen den deutschen Faschismus, Breit, E. (Hrsg.), *Aufstieg des Nationalsozialismus, Untergang der Republik, Zerschlagung der Gewerkschaften*, Köln 1984, S. 94-106. また原田一美氏も一九八五年度日本西洋史学会第三五回大会の発表でこの点を指摘している。原田一美「ヴァイマル末期の失業者と自由労働組合（日本西洋史学会第三五回大会記）」『西洋史学』一三八号、一九八五年、七三～七四頁。

(2) Kuczynski, J., *Geschichte des Alltags*, S. 376 f. 斎藤哲「日常史をめぐる諸問題」『政経論叢（明治大学）』五五―一・二、

一九八六年、二三三～三三二頁。

（3）クチンスキーは表1-2にあげた当時行った集計結果を、基本的には『資本主義下における労働者階級の状態史』でも『日常史』でも使用している。Kuczynski, J., *Die Geschichte der Lage der Arbeiterklasse unter dem Kapitalismus*, Tl. I, Bd. 5, Berlin 1966, S. 213 f.; ders., *Geschichte des Alltags*, S. 361 f.

（4）Stolle, U., *Arbeiterpolitik im Betrieb, Frauen und Männer, Reformisten und Radikale, Fach- und Massenarbeiter bei Bayer, BASF, BOSCH in Solingen*（*1900—1933*）, Frankfurt / M. u. New York 1980, S. 214 f.

（5）本書第二章表2-1参照。

（6）Petersen, J., *Unsere Straße, eine Chronik geschrieben im Herzen des faschistischen Deutschlands 1933 / 34*, 4. Aufl. Berlin 1961. ヤコブ・ペーターゼン（長尾正真訳）『われらの街――一九三三―三四年にファシズム・ドイツの心臓部で書かれた一つの記録』新日本出版社、一九六四年、五四～五五頁。

（7）ヴァイマル末期の労働組合指導部の動向に関しては、参照、Heupel, E., *Reformismus und Krise, Zur Theorie und Praxis von SPD, ADGB und AfA-Bund in der Weltwirtschaftskrise 1929—1932/33*, Frankfurt/M. u. New York 1981.

（8）赤色労働組合路線については、参照、Lehndorff, S., *Wie kam es zur RGO? Probleme der Gewerkschaftsentwicklung in der Weimarer Republik von 1927 bis 1929*, Frankfurt / M. 1975.

（9）Die organisatorische Entwicklung der Partei in Jahre 1931 v. 20. Feb. 1932, NSDAP Hauptarchiv, Hoover Institution, Reel 41, Folder 310.

（10）一般福祉補助金の支給月額は、表のように削減されている。

（11）松村祥子「生活研究の1動向」『講座現代生活研究II　生活原論』ドメス出版、一九七一年、二〇一頁。また、労働者の家計史研究の方法論的検討については、参照、川越修「一九世紀ドイツにおける労働者家計――研究課題の設定のために」『経済学論叢』（同志社大学経済学部）三三－二・三・四合併号、一九八五年、二一九～二五三頁。

（12）Nelissen-Haken, B., Stempelchronik, Hamburg 1932, Kuczynski, *Alltag*, S. 107.

**表**　一般福祉補助金額の変化（単位：マルク）

| | 1931年2月 | 1932年4月 |
|---|---|---|
| 独身者 | 41.0 | 35.0 |
| 夫　婦 | 61.5 | 52.5 |
| 16歳以下の子ども | 18.0 | 12～14 |

出典：Kuczynski, *Alltag*, S. 141.

(13) Brief v. Walter Krauss an die Polizeiverwaltung Velten v. 26. 11. 1930, Staatsarchiv Potsdam, Rep. 2, Reg. Potsdam, Abt. 1, Pol. Nr. 1063 / 2.

(14) Brief v. Eduard Borchers v. 25. 11. 1930, *a. a. O.*

(15) 『われらの街』三三頁。

(16) Hamilton, R. F., *Who voted for Hitler ?*, Princeton 1982. ヴァイマル末期の各階層別の投票行動に関しては、我が国では、黒川康が一九三〇年九月国会選挙を素材にした報告を、一九八六年度日本西洋史学会大会で行った。参照、黒川康「ドイツ国会選挙（日本西洋史学会第三六回大会記）」『西洋史学』一四二号、一九八六年、七〇頁。

(17) Rosenhaft, E., *Beating the Fascists ?*, pp. 15 f.

(18) Projektgruppe Arbeiterkultur Hamburg, *Vorwärts und nicht vergessen, Arbeiterkultur in Hamburg um 1930*, Berlin 1982, S. 63 f.

(19) Rosenhaft, *Beating*, pp. 14 f.

(20) Kautsky, K., Der Alkohlismus und seine Bekämpfung (III), *Die Neue Zeit*, 1890 / 91, Nr. 28, S. 51 u. Nr. 30, S. 107.

(21) Autorenkollektiv unter der Leitung von Dietrich Mühlberg, *Arbeiterleben um 1900*, Berlin 1983, S. 139.

(22) *Ibid.*

(23) Rosenhaft, *Beating*, pp. 17 f.

(24) Sandvoß, H. -R., *Widerstand in einem Arbeiterbezirk*, Berlin 1983, S. 14.

(25) Rosenhalt. E., Organising the "Lumpenproletariat", pp. 174–219.

(26) Rosenhaft, *Beating*, pp. 19 f.

(27) 一九八六年度広島史学研究会での「ワイマル共和国防衛組織『国旗団』の成立」と題する岩崎好成の報告によると、「国旗団」は、一九二四年から三三年にかけての政治的衝突で六四名の死者を出したが、衝突の相手が判明している例でいうと、対ナチとの衝突での死者三九名、対鉄兜団六名、対ＫＰＤ三名、その他二名である。こうした政治的暴力の問題をワードもとりあげている。Ward, J. J., "Smash the Fascists...", German Communist Efforts to Counter the Nazis, 1930–31, *Central European History* 14（1981）, pp. 30–62.

(28) 本書第二章三九頁以下参照。

(29) この期の国旗団については、参照、Gotschlich, H. *Zwischen Kampf und Kapitulation, Zur Geschichte des Reichsbanners Schwarz-Rot-Gold*, Berlin 1987.

(30) 拙稿「反ファシズム運動の模索」『西洋史学』一四二、一九八六年、二〇～三四頁。

(31) Finker, K., *Geschichte des Roten Frontkämpferbundes*, Berlin 1981.

(32) *Neue Arbeiter = Zeitung*, Nr. 199 v. 10. 11. 1931 ; Berger, P., *Gegen ein braunes Braunschweig, Skizzen zum Widerstand 1925–1945*, Hannover 1980, S. 21–46.

(33) *Neue Arbeiter = Zeitung*, Nr. 191 v. 31. 10. 1931.

(34) *Neue Arbeiter = Zeitung*, Nr. 196 v. 6. 11. 1931.

(35) Doehler, E., E. Fischer, *Revolutionäre Militärpolitik*, S. 170–172.

## 第二章 「人民革命」構想(一九三〇年冬)

(1) 富永幸生ほか『ファシズムとコミンテルン』東京大学出版会、一九七八年、一八三頁以下。

(2) こうした「追い出し」理論、「置換」理論というのはメルカーがレメレの主張を特徴づけた言い方である。Merker, P., Der Kampf gegen den Faschismus, *Die Internationale*, Jg. 13 (1930)—3, S. 262, 264 ; Remmele, H., Schritt halten! Warum muß der Kampf gegen Zweifronten gerichtet werden, *Die Internationale*, Jg. 13 (1930)—5/6, S. 135–158 ; 7, S. 198–221 ; 8/9, S. 230–259, S. 295–313.

(3) Merker, P., Der Kampf gegen den Faschismus, S. 261, 263.

(4) *Die Rote Fahne* (以下 *R. F.* と略記), Jg. 13 Nr. 82 v. 6. 4. 1930.

(5) Zentrales Parteiarchiv des Partei des Demokratisehen Sozialismus (ZPA) I 2/1/79/206.

(6) *R. F.*, Jg. 137 Nr. 137 v. 15. 6. 1930.

(7) *R. F.*, Jg. 197 Nr. 197 v. 24. 8. 1930.

(8) ZPA I 6/3/213/1-5.

（9） ZPA I 2/1/79/14. しかしドイツ共産党にしてもこれを受け入れるような態勢には、とくに三〇年六月のザクセン選挙以降あった。斎藤哲「ザクセン州議会選挙（一九三〇年六月）とドイツ共産党」『明治大学社会科学研究所年報』二三、一九八二年、一八一～一八八頁。

（10） この三〇年九月選挙についての分析は黒川康「ナチの台頭とドイツ」『法政史学』四三、一九九一年、一～一二頁に詳しい。

（11） [Ulbricht, W.,] *Volksrevolution gegen Faschismus!*, Berlin 1931, S. 27.

（12） Faschistische Diktatur!, *R. F.* Nr. 281 v. 2. 12. 1930.

（13） 一九三〇年一二月五日政治局情勢決議、七日ベルリン地区党会議（Die nenen Aufgaben der Arbeiterklasse im Kampfe gegen die faschistische Diktatur. *R. F.*, Nr. 287 v. 9. 12. 1930）、一二日党議長テールマンの論文発表（Wir führen das Volk zum Sieg über faschistische Diktatur!, *R. F.*, Nr. 295 v. 18. 12. 1930）、一四日ＫＰＤ系防衛組織「反ファッショ闘争同盟」緊急会議（Auf dem richtigen Wege!, *R. F.*, Nr. 295 v. 18. 12. 1930）等。

（14） Thälmann, *a. a. O.*

（15） ピークの自己批判参照、*Zur Geschichte der Kommunistischen Partei Deutschlands. Eine Auswahl von Materialien und Dokumenten aus Jahren 1914—1946*, Berlin 1954, S. 292.

（16） Über die Losung, die Methoden und Organisationsformen unseres Kampfes gegen die faschistische Diktaur, *Die Internationale*, XIII—23/24（1930）, S. 712.

（17） このウルブリヒトの報告を載せたパンフレットが、この項の見出しに、「政治的大衆ストを準備せよ！」としていることは象徴的である。[Ulbricht.] *a. a. O.*, S. 27.

（18） *Protokoll 10. Plenum des EKKI., Moskau 3. 7.—19. 7. 1929*, Hamburg-Berlin, 1929, S. 76.

（19） St. P., "Der Propagandist", *Internationale Presse Korrespondenz*（以下、*Inprekorr* と略記）, XI-8（1931）, S. 239.

（20） Der politische Massenstreik, *Der Propagandist* II-1（1931）, S. 7-8 や Kr. [Kraus], Rosa Luxemburg und der politische Massenstreik, *ibid.*, S. 8-12.

（21） Luxemburg, R., Über Massenstreik, *Der Propagandist* I-9（1930）, S. 11.

(22) Gerber, R., Auf dem Wege zum politische Massenstreik in Deutschland, *Kommunistische Internationale*（以下 *K. I.* と略記）XII-3（1931）, S. 101-109；ders., Kampfvorbereitung, Kampfauslösung, Kampfentwicklung, *Die Internationale* XIII-23/24（1930）, S. 746-755.

(23) [Ulbricht,] *a. a. O.*, S. 31.

(24) Creutzburg, A., Der Stand der Organisationsarbeit der KPD und ihre nächsten Aufgabe, *K. I.*, XIII-7（1931）, S. 298-299. クロイツブルクの記述を基に、代表者会議運動の構造を図示すると図のようになると考えられる。

(25) [Ulbricht,] *a. a. O.*, S. 31.

(26) Über Losung, S. 712.

(27) Gerber, Kampfvorbereitung, S. 746.

(28) *Ibid.*, S. 747.

(29) *R. F.*, Nr. 4 v. 6. 1. 1931.

(30) *Frankfurter Zeitung*, Nr. 20 / 22 v. 9. 1. 1931.

(31) *R. F.*, Nr.5 v. 7. 1. 1931.

(32) *Vorwärts*, Nr. 11 v. 8. 1. 1931 ; *R. F.*, Nr. 6 v. 8. 1. 1931 ; *Völkischer Beobachter*, Nr. 11/12 v. 11/12. 1. 1931.

(33) *R. F.*, Nr. 8 v. 10. 1. 1931.

(34) ＫＰＤ機関紙上で見る限り、まず賛同決議を挙げたのは、ＡＥＧ＝トレプトウの労働者集会（*R. F.*, Nr. 15 v. 18, 1, 1931）、ついでＡＥＧコンツェルンの労働組合指導部整合導部（*R. F.*, Nr.15 v. 18. 1. 1931）。以下カーベル工場＝オーバーシュプレーの集会（*R. F.*, Nr. 21 v. 25. 1. 1931）、フロール商会の集会、レーベルクの公共事業労働者集会（*R. F.*, Nr. 20 v. 24. 1. 1931）等々と続く。

(35) *R. F.*, Nr. 20 v. 24. 1. 1931.

(36) *R. F.*, Nr. 28 v. 3. 2. 1931.

(37) ベルリン建設会社の労働者集会は、葬儀当日の一時間抗議ストを決定。他に、ボルジック商会、ジーメンス、ノイ・ケルンの公共事業所の労働者集会も同様の決議をあげている（*R. F.*, Nr. 29 v. 4. 2. 1931）。

(38) *R. F.*, Nr. 32 v. 7. 2. 1931.

(39) *R. F.*, Nr. 35 v. 11. 2. 1931.

(40) *R. F.*, Nr. 37 v. 13. 2. 1931.

(41) *Völkischer Beobachter*, Nr. 51 v. 20. 2. 1931.

(42) *R. F.*, Nr. 37 v. 13. 2. 1931.

(43) *Vorwärts*, Nr. 90 v. 23. 2. 1931 ; *R. F.*, Nr. 46 v. 24. 2. 1931.

(44) *Völkischer Beobachter*, Nr. 55 v. 24. 2. 1931.

(45) *R. F.*, Nr. 46 v. 24. 2. 1931 ; *Vorwärts*, Nr. 90 v. 23. 2. 1931.

(46) 例えば、ＡＥＧ＝トレプトウでは、反ナチ運動と並行して、「企業家によるテロル、賃下げ、税収奪に反対する」という闘争方針を立てているし（R. F., Nr. 11 v. 14. 1. 1931）、北部下級地区での一小経営者集会は、アッカー街の小経営者たちが提起したとされている闘争綱領を歓迎するとともに、「小経営者たちは、今の政府、今の議会に何を期待できるか」を討論していた（*R. F.*, Nr. 55 v. 6. 3. 1931）。

(47) この代表者選出基準は、一月上旬の失業者集会（集会参加者数一二〇〇に対し、選出代表者数一二五〔*R. F.*, Nr. 10 v. 13. 1. 1931〕）ならびに、二月上旬の自由思想家集会（同二〇〇に対して四）に依っている。なお、代表者会議の場で選出された行動委員会も、ザクセンにおける例（代表者数一五七八に対し、行動委員数三一。*R. F.*, Nr. 22 v. 27. 2. 1931）によると、代表者五〇名につき行動委員一名の割合で、選出されていたと思われる。

(48) *R. F.*, Nr. 58 v. 10. 3. 1931.

(49) *Ibid.*

(50) *Ibid.*

(51) *R. F.*, Nr. 59 v. 11. 3. 1931.

(52) *Ibid.*

(53) *R. F.*, Nr. 58 v. 10. 3. 1931.

(54) Der Appell des Volkskongreß, *R. F.*, Nr. 58 v. 10. 3. 1931.

(55) *Ibid.*

(56) *Ibid.*

(57) Die Kampfrede des Genossen Remmele, *R .F.*, Nr. 58 v. 10. 3. 1931.

(58) Der Appell, *a. a. O.*

(59) Die Kampfrede, *a. a. O.*

(60) *Ibid.*

(61) Der Appell, *a. a. O.*

(62) しかしこのことは、逆に、三三年以降のナチ政権が、「自由」を犠牲にしつつ、また、たしかに矛盾は根本的に解消はされなかったものの、基本的に「パンと職」を保証しえた段階では、むしろ、ナチ体制の強固さを下から支える論理に転化する可能性をもっていたとは考えられないだろうか。Vgl., Mason, T., *Arbeiterklasse und Volksgemeinschaft. Dokumente und Materialien zur deutschen Arbeiterpolitik 1936—1939*, Opladen 1975.

(63) 『赤旗《ローテ・ファーネ》』には、その他テロル防衛のための共同闘争に関する記事が多く見られる。こうした統一志向をもつ下部SPD党員たちは、一方で、「寛容政策」に固執するSPD党指導部との間で、乱闘に至るまでの激しい確執を生み出していた(例えば、*R. F.*, Nr. 6 v. 8. 1. 1931)。しかし、かといって、こうした「反逆するSPD党員」(KPD)は、直接、KPDに移ってくるわけではなかった。つまり、一九三一年七月から一二月の期間に、SPDからKPDに移行した党員は、同期新規党員全体の二ないし四%にすぎない(Die organisatorische Entwicklung der Partei in Jahre 1931, den 20. 2. 1932., NSDAP Hauptarchiv, Hoover Institution Reel 41 Folder 810)。

(64) 経営レヴェルの代表者会議運動については参照、Pfreschner, R., Zum Kampf der KPD um Herstellung der Einheitsfront der deutschen Arbeiterklasse in den Leunawerken und in Magdeburg vor dem Machtantritt des Faschismus in Deutschland, in : *Wiss. Zs. der Karl-Marx Univ. Leipzig, Ges.-u. sprachwiss. Reihe* 12-2 (1963), S. 245. なお、このなかでは、代表者会議運動は、「実践的課題設定の不十分さ故に崩壊した」とされている。

(65) また、ザクセン地区については、Kriegenherdt, F., *Der Kampf der KPD in Dresden um die Aktionseinheit der Arbeiterklasse gegen die drohende Gefahr des Faschismus und des Krieges* (*Von den Reichstagswahlen am 14. September*

*1930 bis zur Einsetzung der Hitlerregierung am 30. Januar 1933*), Diss. Potsdam 1961, S. 22-58.
さらにザクセン地区内でも、とくにツィッタウ周辺については、Kern, H., *Der Kampf der Werktätigen unter Führung der KPD gegen die zunehmende Verelendung, gegen die Kriegsgefahr und den aufkommenden Hitlerfaschismus im Kreis Zittau* (*1929-1933*), Diss. Leipzig 1968が各々の代表者会議運動をとり扱っている。

(66) Keller, W., Kongreß der Antifaschistischen Volksfront in Deutschland, *Inprekorr*, XI-24 (1931), S. 651.

(67) 代表者会議での報告者に関しては、表2-4を参照。この他に、マグデブルク・アンハルト地区では、マーテルンが報告を担当している。Matern. H., *Im Kampf für Frieden, Demokratie und Sozialismus. Ausgewählte Reden und Schriften Bd. 1 1926—1956*, Berlin 1963, S. 57-59.

(68) 例えば、ベルリン地区の党員数は、三一年一月だけで一万五六四名増え、「反ファッショ闘争同盟」は、ここ二カ月間に三万三〇〇〇名から九万五〇〇〇名へと急膨張している。これら党勢に関しては、Vgl., *R. F.*, Nr. 51 v. 1. 3. 1931.

(69) 例えば、三一年三月一日のブラウンシュヴァイク地方選挙の郡部での結果は、九月国会選挙に比べ、ＫＰＤ四七九九票増に対し、ナチ四七五票減（*Vorwärts*, Nr. 102 v. 2. 3. 1931）。

(70) とくに、ナチ将校であったシェリンガーが、三一年三月にＫＰＤに入党したことは、ＫＰＤに、「ナチ崩壊」論を高唱させた。

(71) [XI. Plenum des EKKI] Die Lage in Deutschland und die Aufgabe der Kommunistischen Partei Deutschlands, Referat des Genossen Ernst Thälmann, *Inprekorr* XI-52 (1931), S. 1204.

(72) Rede des Führers der KPD. Gen. Thälmann auf dem Plenum unseres Zentralkomitees (15. bis 17. Januar 1931), *R. F.*, Nr. 20 v. 24. 1. 1931.

(73) Die Lage, S. 1209.

(74) Rede des Führers der KPD.

(75) Thälmann, Wir führen.

(76) Rede des Führers der KPD.

(77) 例えば、『Ｋ・Ｉ』誌二月二二日号のＫＰＤ組織部長クロイツブルクの論文。Creutzburg, A., Der Stand der Organisa-

tionsarbeit der KPD und ihre nächsten Aufgabe, *K. I.* XIII-7 (1931), S. 287-288.

(78) Pjatnitzki, O., Die Arbeit der Kommunistischen Partei Frankreichs und Kommunistischen Partei Deutschlands und die Aufgaben der Kommunisten in Gewerkschaftsbewegung. Rede auf dem XII. Plenum des EKKI, *K. I.* XI (1932), S 1179.

(79) X., Abstrakte und Konkrete Behandlung des Problems des politischen Massenstreiks, *K. I.* XIII-3 (1931), S. 113.

(80) Erklärung des Zentralkomitees der KPD zu dem Artikel Rudolf Gerbers in der "Kommunistischen Internationale" Nr. 3 vom 23. Januar 1931 ; Auf dem Wege zum politischen Massenstreik in Deutschland, *Die Internationale* XIV—3 (1931), S. 144.

また、一九三一年一月以降の党内抗争のなかで『赤旗《ローテ・ファーネ》』編集局をはじめ一部党指導部の入れ替えがあった。

さらに、一年後には、「『人民の代表者会議』の準備の過程で、労働者階級の獲得の課題は、実際には、小ブルジョア層の獲得と同置され、それによって、人民革命におけるプロレタリアートのヘゲモニーは、忘れさられていた」と評価されている（*Volksfreund,* Nr. 56. 7. 3. 1931. Entschließung Berliner Bezirksleitung über die theoretischen und Praktischen Aufgaben der Parteiorganisation, *R. F.,* Nr. 8 v. 10. 1. 1932)。

## 第三章　「ローカル」のポテンシャル（一九三一年春）

(1) Ireland, W., *The Lost Gamble,* pp. 474-481. その後、Fülberth, G., Die Übereinkunft zwischen SPD und KPD in Braunschweig nach den Kommunalwahlen 1. März 1931, in : *Deutsche Arbeiterbewegung vor dem Faschismus,* Berlin 1981, S. 132-157も注目している。

旧東ドイツ地域のローカル研究としては例えば、Kirchhoff, W., Der Kampf der werktätigen Landbevölkerung im Regierungsbezirk Magdeburg unter Führung der KPD-Bezirksparteiorganisation während der Weltwirtschaftskrise 1929 bis 1932, Diss., Halle 1970 ; Schwartzbach, H., Über den Kampf der KPD gegen die Gefahr des Faschismus und für die Verteidigung der Lebensrechte des deutschen Volkes in Ostsachsen in der Zeit von 1929-1933, Diss., Berlin 1969などがあるが、グラスルーツとKPDの間に生じた緊張関係の看過に難がある。

(2) Wünderich, V., *Arbeiterbewegung und Selbstverwaltung. KPD und Kommunalpolitik in der Weimarer Republik. Mit dem*

*Beispiel Solingen*, Hammer 1980, S. 199–201.

（3）Lein, A., *Antifaschistische Aktion 1945. Die 'Stunde Null' in Braunschweig*, Göttingen 1978.

（4）人口五〇余万の当州には、一万四〇〇〇経営を数える手工業者と、これとほぼ同数の小商人がいたが、こうした自営業者数を人口一〇〇〇人当たりに換算すると、八〇名を超え、周辺のハノーファーやマグデブルクの六〇弱に比し、三割以上も高い。また、零細農が全農民に占める割合も全国平均より二割程度高いとされる。Roloff, E.-A., *Braunschweig und der Staat von Weimar. Politik, Wirtschaft und Gesellschaft*, Braunschweig 1964, S. 161–186.

（5）Roloff, E.-A., *Bürgertum und Nationalsozialismus 1930–1933. Braunschweigs Weg ins Dritte Reich*, Hannover 1961.

（6）Gehrke, R., *Aus Braunschweigs dunkelsten Tagen. Der Rieseberger Massenmord über den Widerstand im ehemaligen Freistaat Braunschweig 1933–1945*, Braunschweig 1961, S. 14 f. ナチは、一九二九年末にすでに、テューリンゲン州政府に関与していたが、三一年四月にはブルジョア諸党との内紛のために下野していた。

（7）垂水節子「第一次大戦下のドイツにおける反戦運動——ブラウンシュヴァイクの場合」『史学雑誌』八八－三、一九七九年、五二～七九頁。同「ドイツ革命における急進主義——ブラウンシュヴァイクの場合」『西洋史学』一二〇、一九八一年、一～一九頁。

（8）党員数をみると、ＳＰＤが、州都とその周辺だけで、一九三〇年一〇月一日現在、六一三一名を擁しているのに対し（*Volksfreund*, Nr. 106 v. 15. 5. 1931）、ＫＰＤは古い統計ながら州全体で一五一七名（一九二四年一〇月）が党員だったにすぎない（Weber, H., *Die Wandlung, Bd. 2*, S. 387）。「相対的安定期における選挙では、ＳＰＤが、常にＫＰＤの一〇倍の票を得て、長らく州および各市町村で政権の座にあったし、さらにＫＰＤは、建設労働組合に影響力をもっていたマティアス、タイセンが一九二九年にＫＰＤからＳＰＤに移行して以後、ほとんど労働運動のなかでの勢力も失ったとされる（Lein, *a. a. O.*, S. 103）。

（9）Lein, *a. a. O.*, S. 85–97.

（10）*Volksfreund*, Nr. 206 v. 4. 9. 1930.

（11）Lein, *a. a. O.*, S. 97–106.

（12）二九年初頭からはじまる「調停派」非難に際しては、ローゼンシュタインら当地の党指導部の多数が党を離れ、ＳＰＤ

に移行したが、とくに共産青年同盟員の多数派もこれに従ったとされる（Lein, *a. a. O.*, S. 103）。しかし、そのなかにあってもブラウンシュヴァイク党組織の会議では、二割が「調停派」に属しているし、しかもその会議での採決過程がミラーにいわせれば「党内民主主義の凌辱」としているところからすると、ブラウンシュヴァイクにおけるこの派の実数は、さらにふえるものと思われる（Weber, *Die Wandlung*, Bd. 1, S. 221）。「相対的安定期」における全国的党内抗争に関しては、前掲のヴェーバーの著書の他に、伊集院立「相対的安定期末のドイツ共産党党内論争」『階級闘争の歴史と理論　3』青木書店、一九八〇年、九二～一二四頁を参照。

(13) Bohn, W., Mit John Schehr in Niedersachsen-Braunschweig, in: *Beiträge zur Geschichte der Arbeiterbewegung* (*BzG*), Jg. 19 (1977)-1, S. 70–76.

(14) *Volksfreund*, Nr. 1 v. 2. 1. 1931; *Neue Arbeiter=Zeitung, Organ der KPD für die Gebiete Hannover=Braunschweig und Hessen=Waldeck* (*NAZ*), Nr. 2 v. 3. 1. 1931.

(15) 例えば、一月七日に五〇〇〇名規模の集会をもった州都では「学校スト」の提案を否定しているし（*Volksfreund*, Nr. 6 v. 8. 1. 1931）、一月五日ヴォルフェンヴュッテルの集会ではストの方針が決議されている（*NAZ*, Nr. 6. v. 8. 1. 1931）。

(16) Voßke, H., *Otto Grotewohl. Biographischer Abriß*, Berlin 1979, S. 87.

(17) *NAZ*, Nr. 281 v. 2. 12. 1931.

(18) Lein, *a. a. O.*, S. 94–95.

(19) Bohn, *a. a. O.*, S. 72.

(20) *NAZ*, Nr. 11 v. 14. 7. 1931.

(21) *NAZ*, Nr. 18 v. 22. 1. 1931.

(22) *NAZ*, Nr .25 v. 30. 1. 1931.

(23) このようにブラウンシュヴァイクにおいては、反ファッショ運動の闘争対象は、一元化されていた。つまり、テロルをふるうSAもそれを黙認している政府・警察にしてもナチだったのである。この点は、テロル＝ナチ、政府・警察＝SPDといった二元的構造を当時もっていた他の地域との対照を成し、ブラウンシュヴァイクの特殊性の一つと言えよう。

(24) Reichskommissar für Überwachung der öffentlichen Ordnung und Nachrichtensammelstelle im Reichsministerium des

Innern, Lageberichte (1920–1929) und Meldungen (1929–1933), Bestand R. 134 des Bundesarchiv Koblenz, 61/191 f.（以下 Lageberichte und Meldungen, R. 134/61/191 f. のように略記）.

(25) *NAZ*, Nr. 16 v. 20. 1. 1931.

(26) *NAZ*, Nr. 18 v. 22. 1. 1931.

(27) ナチ州政権下にあった当地では、ナチの大衆的基盤が中間層であるとの認識から、とくにこれらの層の獲得が重視されたようである。「反ファシズム人民会議に、職員、官吏、都市・農村の中間層の代表者を派遣せねばならない」といった類の呼びかけは、幾度となく繰り返されているし（例えば、*NAZ*, Nr. 24 v. 29. 1. 1931）、KPD機関紙上では、開拓農民の生活実態の報告が掲載されるなど、中間層分析も積極的に行われている（*NAZ*, Nr. 35 v. 11. 2. 1931）。だが、こうした中間層獲得重視の姿勢は、後にそのことによって、プロレタリアートのヘゲモニーが忘れさられた、と批判されることとなる。

(28) *NAZ*, Nr. 39 v. 15. 2. 1931.

(29) *Ibid.*

(30) *NAZ*, Nr. 40 v. 17. 2. 1931.

(31) *NAZ*, Nr. 39 v. 15. 2. 1931.

(32) この間、KPDはブラウンシュヴァイクへのオルグを派遣するよう度々訴えているし、SPDも二二日当日、集会を予定していた（*Volksfreund*, Nr. 36 v. 12. 2. 1931）。他党派も集会を予定していたことは、次に見るナチ内相による集会禁止令の趣旨書に示されている。

(33) *NAZ*, Nr. 36 v. 12. 2. 1931.

(34) *NAZ*, Nr. 39 v. 15. 2. 1931. なお、二月二二日に反ファッショ行進が予定されたのは、ヴォルフェンビュッテル、ホルツミソデン、ゼーゼン、ヘルムシュテットの四都市である。

(35) *NAZ*, Nr. 41 v. 18. 2. 1931.

(36) *NAZ*, Nr. 42 v. 19. 2. 1931.

(37) *Völkischer Beobachter*, Nr. 55 v. 24. 2. 1931.

(38) *NAZ*, Nr. 46 v. 24. 2. 1931 ; *NAZ*, Nr. 48 v. 26. 2. 1931. また、この間の運動について、ほとんど報道していなかったSP

D機関紙も、二二日の展開には言及している（*Volksfreund*, Nr. 46 v. 24. 2. 1931）。これらの記事によると、ナチ警察の手厚い庇護の下に開催されたファッショ全体の集会だったが、その集会の眼前にあった教会の上には、赤旗が立てられたり、行進中に塩酸を一大工職人にかけるなどしたナチに対して、各地で、法的禁止にもかかわらず、対抗デモ等が組織されていたとされる。

(39) Bohn, *a. a. O.*, S. 72.

(40) *R. F.*, Nr. 68 v. 21. 3. 1931.

(41) 例えば、二月一九日に、国会議員マリア・レーゼが演説した集会では一一二名の新規入党者があったとされる（*NAZ*, Nr. 45 v. 21. 2. 1931）。これらの数は、三〇年一一月期、当地よりはるかに大きかったベルリン地区の新入党者数が、一二三七名というから、いかに大きいかがわかろう。参照、*R. F.*, Nr. 51 v. 1. 3. 1931.

(42) Einheitsfront-mit wem ?, *NAZ*, Nr. 221 v. 21. 9. 1931.

(43) Das geht jeden Arbeiter an : Einheitsfront, mit wem ? Einheitsfront, wofür ?, *NAZ*, Nr. 12 v. 15. 1. 1931.

(44) *Frankfurter Zeitung*, Nr. 163 / 165 v. 3. 3. 1931. 一九三一年三月一日のブラウンシュヴァイク市町村議会選挙の結果のなかでも、この間反ファッショ運動の高揚をみたヘルムシュテットでは、ＫＰＤ八二五票（五三七票）、ＳＰＤ三七〇六（三八五八）、ナチ一四一七（一九六八）、ブルジョア諸党三〇六六（三六一七）とナチは、三割近く票を失っているし、ここを含め、二二日反ファッショ行進が挙行された所を中心に、ナチは大幅に後退するという結果に終わった。このナチの一時的停滞は、他の要因もあってＫＰＤに「ナチ崩壊」論を唱えさせることとなったと考えられる。

(45) Die Gemeindewahlen in Braunschweig und ihre Lehren, *Die Kommune* 11-6 (1931), S. 43.

(46) *NAZ*, Nr. 68 v. 21. 3. 1931.

(47) *Ibid.*

(48) Grotewohl, O., Die Braunschweiger Gemeindewahl, *Die Gemeinde* 8-7 (1931), S. 258-261.

(49) *NAZ*, Nr. 55 v. 6. 3. 1931.

(50) *NAZ*, Nr. 62 v. 14. 3. 1931.

(51) Wünderich, *a. a. O.*, S. 201.

（52） *NAZ*, Nr. 63 v. 15. 3. 1931.

（53） *Volksfreund*, Nr. 76 v. 31. 3. 1931.

（54） ここに出てくるブラウンシュヴァイクKPD党組織が「やっとのことで寄せ集めた」とされる最初の六項目にわたる政策協定案の内容が、この一八項目のうちどれにあたるか、現段階では不明である。

（55） *NAZ*, Nr. 65 v. 18. 3. 1931. また、「要求」の全文は、KPD中央機関紙にも転載されている（*R. F.*, Nr. 68 v. 21. 3. 1931）。

（56） *NAZ*, Nr.65 v. 18. 3. 1931.

（57） *Volksfreund*, Nr. 76 v. 31. 3. 1931 ; *NAZ*, Nr. 67 v. 20. 3. 1931.

（58） *Volksfreund*, Nr. 69 v. 22. 3. 1931.

（59） このSPD側からの最終回答は、社共両党機関紙に掲載されているが（*Volksfreund*, Nr. 69 v. 22. 3. 1931 ; *NAZ*, Nr. 71 v. 25. 3. 1931）、それによると、SPDは「要求」のうち、八点目はすでに実施中、一一、一二、一七の各項目は、市議会の裁量事項でないとの理由で、また一四点目は実現不可能として認めていない。留保付き賛成は、一、二、五、七の要求で、その他には基本的に賛成している。しかし、シェールによると、一七点目を除く一三項目にSPDは賛成し、一、三、四に関しては、SPDが回答を回避したとしている。*NAZ*, Nr. 71 v. 25. 3. 1931.

（60） KPDは、機関紙の標題では、SPDが「要求」内容のすべてを承認したと報じている。*NAZ*, Nr. 67 v. 20. 3. 1931.

（61） *Vorwärts*, Nr. 133 v. 20. 3. 1931. KPDによると、市議会での表決の際に、SPD議員の一人が投票用紙に「殺人者」と書き、それがために、社共対ナチ・ブルジョアブロックの各候補が同数になったという一場面もあったとされるし、市長のベーム（SPD）は、「要求」の中で、市長が「要求」実施の義務をもつとされているにもかかわらず、一般紙に対して「要求に関してまったく知らされていない」と答えたともされる。KPDは、これをもって、「SPDの二つの詐欺的マヌーバー」としている（*NAZ*, Nr. 71 v. 25. 3. 1931）。また、州内で、ブラウンシュヴァイク市以外でも、シェーニンゲン、エシャースハウゼン、オルテンスドルフ等でも院内共闘が成立していたとされる。*Die Gemeinde* 8-7（1931）, S. 330.

（62） *Gegen den Strom* 4-7（1931）, S. 72.

（63） *Die Gemeinde* 8-7（1931）, S. 330.

（64） *R. F.*, Nr. 69 v. 22. 3. 1931. これは、「ブラウンシュヴァイクにおける『特殊』戦術」と題する三月二二日付の社説であるが、この社説は、『新労働者新聞』にも転載されている。*NAZ*, Nr. 70 v. 24. 3. 1931.

(65) Schehr, J., Unsere Kommunistische Politik in Braunschweig im Kampf um die Mehrheit der Arbeiterklasse, *NAZ*, Nr.71 v. 25. 3. 1931.

(66) *Gegen den Strom* 4-7 (1931), S. 72.

(67) Rundschreiben Nr. 6 v. 25. 3. 1931, Lageberichte und Meldungen, R.134/62/40-69. この『回状』は、その後ＫＰＤ中央機関紙にも全文が掲載されているし（*R. F.*, Nr. 72 v. 26. 3. 1931）、ＫＰＤ地方自治体政策紙にも、内容の大部分が紹介されている *Kommune* 11-7 (1931), S. 51)。

(68) *R. F.*, Nr. 68 v. 21. 3. 1931.

(69) Wünderich, *a. a. O.*, S. 201.

(70) Ireland, *a. a. O.*, pp. 477 f.

(71) 三一年初頭に生じたブラウンシュヴァイクの事態に関しては、それが、一小都市の事象にもかかわらず、ＫＰＤ中央にしても、さらにはコミンテルンにしても、異常とまで言える程注目していた。ＫＰＤ中央の対応は、先にみたとおりだが、コミンテルンは、前述の三月二二日付『赤旗《ロート・ファーネ》』社説の全文を、その情報紙に転載している。*Inprekorr*, XI-28 (1931), S. 757.

(72) *Antifaschistische Aktion. Dokumentation und Chronik Mai 1932 bis Januar 1933*, hrsg. v. H. Karl u. E. Kücklich, Berlin, S. 24-26. 石川捷治「一九三二年の反ナチ統一戦線問題」『法政研究』四五－二、一九七九年、八六～八七頁。この章での叙述に対して、伊集院立から一九二〇年代の調停派と第七回コミンテルン大会との連続性は言えない、と批判を受けた（『史学雑誌』九三－五、回顧と展望、一九八四年、三六二頁）。しかし筆者の意図は、むしろ民衆運動との関連において党内矛盾がつねに生まれる可能性があったことを論じたかったのである。周知のように、三五年前後にコミンテルンが〈転換〉を開始する際に、少なくと三四～三六年のオーストリア、スペイン、フランス等における現実に進行しつつあった下からの動向が大きな役割を果たした点を念頭に置きながら、こうしたいわば下からの転換のメカニズムが、すでにヴァイマル末期にも部分的・端緒的ながら起こっていた点を指摘したのであって、「調停派」との関連については、確かに遠因としては記したが、それ以上はいっていない。

## 第四章　理論転換の前触れ（一九三一年春〜秋）

（1）Memoiren Rudolf Schlesinger, Kommunistischer Emigrant in England（Pseudnym：Gerber）1901–1938, Deutsche Fassung des Manuskriptes, Bundesarchiv-Koblenz（BA-Koblenz）Bestand Kleinen Erwerbung 609, S. 542. なお、このゲルバーの筆名をもつシュレジンガーは、第一三回コミンテルン執行委員会総会での報告を担当している。Gerber, R., *Hitler-deutschland, die Sozialdemokratie und die proletarische Revolution, einl. v. W. Pieck, Rede auf dem XIII Plenum des EKKI,* o. O.（1934）.

（2）Lange, P. H, *a. a. O.,* S. 272.

（3）Weber, H., *Die Wandlung,* S. 344. 彼はいくつもの筆名をもっていたが、最も機関誌に登場するそれは、ヨゼフ・クラウス（Jesepf Kraus）であった。Bahne, S., *Die KPD,* S. 160.

（4）ルート・フィッシャーが「肉体的に虚弱で、ドイツとロシアの間を彷徨するユダヤ人」と評したエーメルは、三六年にスターリンの粛清の犠牲者となったが（Weber, *Die Wandelung,* S. 107）、シュレジンガーに言わせると「彼はその時々の党内多数派によって主張された意見のすべてを反映していた」とされる。Memoiren Schlesinger, S. 584.

（5）ツェトキンがレーゼに宛てた手紙の一部は、BA-Koblenz, Bestand Kleinen Erwerbung 379-1にあるが、そのまた一部はヴェーバーによって刊行されている（Weber, H., Zwischen kritischem und bürokratischem Kommunismus, unbekannte Briefe von Clara Zetkin, *Archiv für Sozialgeschichte* XI. Bd.〔1971〕, S. 417–440）。またレーゼは、ツェトキンの同意のうえに統一戦線に関する討論紙『赤色統一戦線』を発刊している。*Die rote Einheitsfront, Disskussionsorgan der Roten Einheitsfront,* hrsg. v. Maria Reese.

（6）K[raus], J[osepf]., Die nationalfaschistische Welle in Deutschland, *Die Internationale,* Jg. 12（1929）–23/24, S. 745–750.

（7）K[raus]., J[osepf]., Zum ideologischen Zweifrontenkampf, *Die Internationale,* Jg. 13（1930）–10, S. 313–317.

（8）当時未公刊であった『プロパガンディスト』第四、六号の紙上討論の総括は第一一号に紹介されている。Marxismus-Leninismus zur Lassalles Theorie von der "einen reaktionären Masse", *Der Propagandist,* Jg. 1（1930）–11, S. 9–12.

（9）Resolution über den Kampf gegen den Faschismus, beschlossen vom Polbüro des ZK in der Sitzung vom 4. Juni 1930, *R. F.,* Jg. 13, Nr. 137 v. 15. 6. 1930. この決議が政治局レヴェルであること、公刊まで一〇日以上も経ている等は、今後さらに検

討されるべきである。

（10） 参照、斎藤哲「ザクセン州議会選挙（一九三〇年六月）とドイツ共産党」『明治大学社会科学研究所年報』二三、一九八二年、一八一～一八八頁。例えば、ザクセン選挙について、当地のKPDの指導者だったレンナーは「この運動（ナチ——筆者）が強大化するだろうということは予想していたが、その躍進の度合は誰も想像しなかった」と言い（Renner, R., Die Sachsenwahlen und ihre Lehren, *Die Internationale,* Jg. 13（1930）-5, S. 13-14）七月一六、一七日のKPD中央委員総会でこの選挙について指摘されたことは、「我々の究極目標の大衆化と結合した強奪的ヤング・プランに反対する闘争の不十分さ」であり（Referat des Gen. Thälmann auf dem Plenum des ZK, *R. F.*, Jg. 13（1930）Nr. 174 v. 29. 7. 1930）、党機関誌では「ナチに反対する闘争方針をとる前に、一体この党の宣伝の成果の根源がどこにあるかを考察することが必要である」と反ナチ宣伝の強化を言うのだが（Heilmann, F., Frick-Regierung und Proletariat, *Die Internationale,* Jg. 13（1930）-13／14, S. 409-412）、六月四日決議のような下からの統一戦線志向はここでは後退しており、反ナチ闘争手段がナチのデマゴギー暴露といった宣伝面だけに限定される傾向が見える。

（11） この『綱領宣言』が誰の主導によるものかは、旧東西両ドイツの研究者の間に差異が見られたが（Programmerklärung zur nationalen und sozialen Befreiung des deutschen Volkes*R. F.*, Jg. 13〔1930〕Nr. 197 v. 24. 8. 1930）、シュレジンガーは、「たぶんノイマンのイニシアティブ」と言う（Memoiren Schlesinger, S. 542）。

（12） S., Volksrevolution gegen Faschismus, *Der Propagandist,* Jg. 1（1930）-11, S. 5.

（13） E[mel], A., Proletarische Revolution und Volksrevolution, *Der Propagandist, Jg.* 2（1931）- 2, S. 14.

（14） Revolutionäre Theorie und revolutionäre Praxis, Die faschistische Diktatur und die Propaganda des antifaschistischen Kampfes, *Der Propagandist,* Jg. 2（1931）-1, S. 16.

（15） Lz., Die Beschlüsse des ZK vom 15.-17. Januar und die Aufgaben unserer Propagandaarbeit, *Der Propagandist,* Jg. 2（1931）-2, S. 3.

（16） Lenin, Der politische Massenstreik, *Der Propagandist,* Jg. 2（1931）-1, S. 7-8；Rosa Luxemburg, Über politischen Massenstreik, unveröffentliche Rede aus dem Jahre 1910, *Der Propagandist,* Jg. 1（1930）-11, S. 12-19.

（17） X., Abstrakte und konkrete Behandlung des Probleme des politischen Massenstreiks, *Die Kommunistische Internationale.*

*[K.I.]* XIII（1931）-3, S. 113.

（18） Memoiren Schlesinger, S. 543.

（19） *Ibid.*

（20） ヴァイマル末期のＫＰＤの路線は、中間層獲得―経営外活動重視―反ナチと経営内活動中心―赤色労組によるＳＰＤ労働者獲得―反ＳＰＤといった二系列に類型化され、党内専門部では前者をアジ・プロ部、後者を労組部が担っていたように見える。その意味で、ＫＰＤ中央委員会内各専門部のバランス、拮抗、対立は、今後さらに検討される必要があるように思われる。

（21） E[mel], A., Proletarische Revolution und Volksrevolution, S. 8-15.

（22） E., A., Der Leninismus und die Frage der Volksrevolution, *Der Propagandist,* Jg. 2（1931）-9, S. 11.

（23） Emel, Proletarische Revolution und Volksrevolution, S. 11.

（24） Emel, Der Leninismus und die Frage der Volksrevolution, S. 10.

（25） *Ibid.,* S. 13.

（26） E[mel], A., Zur Frage der Hegemonie des Proletariats in der spanischen Revolution, *Der Propagandist,* Jg. 2（1931）-6, S. 16.

（27） *Ibid.,* S. 18.

（28） E., A., Siebenter und neunter November, *Der Propagandist.* Jg. 2（1931）-11, S. 1-2.

（29） ヴェルナー・ヒルシュがアジ・プロ部の席上でこの「スターリン書簡」について報告したが、「この手紙の内容に我々はなす術がなかった」とシュレジンガーは言う（Memoiren Schlesinger, S. 568）。

（30） 富永幸生ほか『ファシズムとコミンテルン』東京大学出版会、一九七八年、二〇〇頁。

（31） Thälmann, E, Einige Fehler in unserer theoretischen und praktischen Arbeit und der Weg zu ihrer Überwindung, *Die Internationale,* XIV（1931）-11/12, S. 481-509.

（32） Rede des Führers der KPD. Genossen Thälmann auf dem Plenum unseres Zentralkomitee（15. bis 17. Januar 1931）, *R. F.*, Jg. 14, Nr. 20 v. 24. 1. 1931.

(33) Die ideologischen Fehler und Lücken in der Durchführung der Beschlüsse des 11. EKKI-Plenums, *K. I.*, Jg. 13 (1932)-4, S. 265-290 ; Schwab, S., Energischer Kampf gegen den Opportunismus, *K. I.*, Jg. 13 (1932)-4, S. 304-318.

(34) *Der Propagandist*, Jg. 3 (1932)-1.

(35) Unsere Zeitschrift und die Wendung der Partei an der theoretischen Front, *R. F.*, Jg. 15 Nr. 1 v. 1. 1. 1932. この決議をウルブリヒト下のベルリン地区も支持している。Entschließung der Berliner Bezirksleitung über die theoretischen und praktischen Aufgaben der Parteiorganisation, *R. F.*, Jg. 15 Nr. 8 v. 10. 1. 1932. コミンテルン情報紙ではもっと直截に、エーメルは「調停派的挙動」や「日和見主義的誤り」をしたとされる。Sicherung der Parteilinie gegen die Bildung des Opportunismus, *Internationale Presse -Korrespondenz*, Jg. 12 (1932) Nr. 2, S. 47. こうしたエーメルへの批判は、「表面的にはレンツ（エーメルの筆名——筆者）に対して、しかし実はハインツ・ノイマンを批判していた」(Memoiren Schlesinger, S. 585)。

(36) Erklärung des Genossen Kraus, *Der Propagandist*, Jg. 3 (1932)-2, S. 23-24. この期すでにヴィンターニッツは「党内外で広まっていた意見を反映して、はたして党がファシストの権力掌握を阻止できるかどうかに強い疑いをもっていた」とされ (Memoiren Schlesinger, S. 585)、さらにシュレジンガーは、「いずれにせよ党内対立は、理論的にＳＰＤ労働者に向けた効果的アピールを作り出したり、ドイツの状況を内側から評価するにあたって、我々を妨げた」としている (Memoiren Schlesinger, S. 588)。

## 第五章　「モスクワ」と国内世論の狭間の共産党（一九三一年夏）

(1) 「社会ファシズム」論に関しては、シュライフシュタインが「社会ファシズム論は社会民主党の政策への反応である」とするまとまった論議を展開している。Schleifstein, J., *Die "Sozialfaschismus"-These zu ihrem geschichtlichen Hintergrund*, Frankfurt/M. 1980. 日本では、「社会ファシズム」論は、ＫＰＤのなかに当初からあったＳＰＤ敵視が展開したものである、という見解であった（山本佐門「コミンテルンの社会ファシズム論」『現代と思想』三〇、一九七七年、一〇一～一一九頁）。その後、塚本も論考を発表したが（塚本健「社会ファシズム論の源流と背景」『社会科学紀要（東京大学教養学科）』三二、一九八二年、一〇五～一四六頁）、そこでは「ドイツの現実は事実と行動において社会ファシズム論の間違いを示すものであった」と、「社会ファシズム」論の過ちを指摘するというレヴェルにとどまっている。

（2）「解放綱領」と人民革命構想が当時ＫＰＤの路線のなかできわめて重要な位置を占めていたことは次の当時の文献からも察せられる。「テールマン同志は、とりわけ民族的社会的解放綱領と人民革命のスローガンによって、我らに成果をもたらした。その成果を我らは二つの戦線での闘争、つまり、一方はファシズム、他方では社会ファシズムとの闘争のなかで記録したのである。」ZPA I 2/1/79/14.

（3）ZPA I 2/5/22/2. ＫＰＤの最高指導者のひとりであったレメレも代表者会議について次のような発言をしている。「我らの隊列の中には最近、危険な雰囲気がある。例えば経営活動よりも、反ファッショ会議、代表者会議のほうがむしろいい、と人々が言うような雰囲気である。反ファッショ会議は、共産党員でなくても皆がやって来て、堂々とした報告、赤旗を手にしてのデモ、党の枠を越えた輝かしきこと、ちょっとすてきなものである。……なかには、我らはもっとこんな反ファッショ会議やデモ等をやらねばならない、と公言してはばからない同志もいる。……このような雰囲気があらわれるようなら、大胆な路線変更が必要であった。」ZPA I 2/1/79/114-115.

（4）ZPA I 2/5/22/67.

（5）ZPA I 6/10/83/120.

（6）ZPA I 2/1/79/175.

（7）ZPA I 2/1/79/12.

（8）三一年五月総会の議事は、（一）一一回総会と我らの課題に関する報告‐担当レメレ、（二）農村における我らの活動——担当ラウ、（三）書記局報告。ZPA I 2/1/79/1.

（9）ZPA I 2/5/22/42.

（10）ZPA I 2/1/79/211. しかし、表向きＫＰＤは同時にプロイセン政府に対しても反対の立場をとっていたから、ＫＰＤが提起したのは、「ファシズムとプロイセン政府に反対する人民行動」というスローガンであった。ヴィンマーの記述によると、「テールマンはレメレの人民決定参加賛成提案をすでに三一年春から精力的に拒絶した」となっているが（Thälmann, *a.a.O.*, S. 529）、それに相当する史料は今回見たかぎりでは見つけることができなかった。

（11）ZPA I 6/3/219/75.

（12） ZPA I 6/3/221/23.

（13） ZPA I 6/3/218/24-25.

（14） ZPA I 6/3/219/68-69. ピークは七月二〇日付ＫＰＤ中央書記局宛の手紙では、「私はわが書記局からの手紙をもらったとき、心からうれしかったと率直に認めよう。その手紙を読んで、同志の多数派が参加賛成へと回るであろうと予見できた。その際私は、ここの同志たちにも、その立場のマイナス面もわかるように説明した。同志たちが認めたのは、人民決定への参加が多くの問題をもたらすだろうが、党の経営と労働組合における速いテンポの活動によって、すぐに克服されるだろうということであった。状況がさらに展開すれば、ＫＰＤとファシストがプロイセン政府を倒さんと共同している、とＳＰＤが叫ぶ暇などなくなり、ＫＰＤこそが決定権を持っていたことが判明するだろう」と述べている（ZPA I 6/3/219/68-69）。これから判断すると、ピークはこの時フリークに近い意見を持っていたことになる。

（15） ZPA I 6/3/221/24. しかし、おそらくは一七日金曜日にＫＰＤ政治局の決定が行われた後、週末をはさんでコミンテルン執行委員会の会議は二〇日に開かれたと考えられる。その政治局の決定が行われる前の一五日に書記局からの手紙が送られたことになる。ヴィンマーは、人民決定への参加が決定されたのは、七月一七日に開催された、コミンテルン執行委員会とＫＰＤ政治局においてであった、としている。*Ernst Thälmann*, S. 529.

（16） ZPA I 2/5/3/230-231.

（17） *Ibid.*

（18） *Ibid.*

（19） ZPA I 2/1/81/3-4.

（20） ZPA I 2/1/81/8.

（21） ZPA I 2/1/81/131-132.

（22） ZPA I 2/5/22/221.

（23） ZPA I 6/3/221/31.

（24） ZPA I 6/3/219/68-69.

（25） Jahn, Gerhard (hrsg.), *Herbert Wehner, Zeugnis*, Halle/Leipzig 1990, S. 41.

（26）ZPA I 6/3/224/1-2. しかし、その後コミンテルン執行委員会の指導はＫＰＤの要請でしばらくの間遠退いた、とされる。

（27）ZPA I 6/3/219/140.

（28）ZPA I 6/3/219/77.

（29）ヴィンマーがノイマン・グループのメンバーだと名前をあげているのは、ノイマンの他に、青年同盟のクルト・ミュラー、レオ・フリーク、ヴィリー・ミュンツェンベルクである。*Ernst Thälmann*, S. 531.

（30）ZPA NL, 3/5/91-92. 三一年八月一五日付フリークがピークに宛てた手紙の中では、「政治局との話し合いはまったく満足のいく経過を辿った。我らの友人テールマンもその場にいて、一貫して機嫌がよかった。しかし我らが最近話したことに、まだちょっとこだわっているようだ。きみも知っているとおりダーレムと（ヘッケルト）は打ち解けないでいる」（ZPA I 6/3/218/27）。

## 第六章　ドイツ共産党の「苦悩」（一九三一年秋）

（１）Thälmann, E., Einige Fehler in unserer theoretischen und praktischen Arbeit und der Weg zu ihrer Überwindung, *Die Internationale*, XIX（1931）-11/12, S. 481-509.

（２）富永幸生ほか『ファシズムとコミンテルン』東京大学出版会、一九七八年、二〇〇頁。

（３）Jahn, G.（Hg.）, *Herbert Wehner, Zeignis*, Halle/Leipzig 1990, S. 41.「他方で党員は『赤色人民決定』への投票呼びかけの宣伝を、宣伝材料を捨てたり集会に参加しなかったり、ＫＰＤの政策に押さえきれなくなった批判を主張したりしながらサボタージュしたようである」（KPD, BL Halle-Merseburg. Brief an ZK. Abteilung Agitprop. July 25, 1931, Captured German Records, National Archives, Washington, D. C., T-175,333/2838035 – 36; KPD, BL Oberschlesien, Brief an ZK, Abteilung Agitprop, July 29, 1931, *ibid.*, 333/2838023, Ward, James J., "Smash the Faschist" German Communist Efforts to Counter the Nazis, 1930-31, *Central European History* 14（1981）, p. 59.

（４）Carr, E. H., *The Twilight of Comintern, 1930-35*, London 1983, p. 45.

（５）Fragen der Geschichte des Bolschewismus, *Internationale Presse Korrespondenz (Inprekorr)* Nr. 110 vom 20. Nov. 1931, S. 2485 ff.

（6） Thälmann, Einige Fehler, S. 489, 499.

（7） 「社会ファシズム」論から「二正面戦線」への転換に関しては、下村由一「ファシズムと社会民主主義」『ファシズムとコミンテルン』一三五～一三一頁。斎藤哲「『社会ファシズム論』とその修正（二）」『政経論叢（明治大学政治経済研究所）』五〇－三・四、一九八二年、一七七～一八八頁を参照。

（8） Zu den Gemeindewahlen in Württemberg, *R. F.* Nr. 230 v. 16. 12. 1931.

（9） とくに、ヴュルテンベルグの動向については Schnabel, T., *Württemberg zwischen Weimar und Bonn 1928 bis 1945/46*, Stuttgart 1986, S. 94, 101.

（10） An das Polbüro des ZK der KPD vom 2. Jan. 1932, Institut für Geschichte der Arbeiterbewegung（IfGA）, Zentrales Parteiarchiv der PDS（ZPA）I 6（Exekutivkomitee der Kommunistischen Internationele〔EKKI〕, Sekretariat）IfGA ZPA I 6/3（Polikomission）/230/1-2.

（11） Mallmann, Milieu, S. 14.

（12） 相馬保夫「ヴァイマル期ドイツにおける産業合理化と労働者文化」平成四年度（一九九二）科学研究費研究成果報告書、五八頁。

（13） Mallmann, Milieu, S. 26.

（14） こうした地域における独自の動きについては、Fülberth, Georg, *Die Beziehungen zwischen SPD u. KPD in der Kommunalpolitik der Weimarer Republik, 1918/19 bis 1933*, Köln 1985.

（15） Mallmann, Milieu, S. 23-24.

（16） SPD.- u. SAP. Arbeiter folgen dem Appell des Zentralkomitees der KPD , *R.F.* Nr. 226 v. 8. 12. 1931.

（17） 48 Einheitskomitees in Baden- Pfalz, *R. F.* Nr. 7 v. 9. 1. 1932. ベルリンでも三一年一〇月末には結成されたと報道されている。*R.F.* Nr. 189 v. 24. 10. 1931.

（18） Thälmann, Einige Fehler, S. 490.

（19） Artikel aus der englischen Zeitung "Manchester Guardian" vom 30. 3. 1932, Das Niedersächsiche Staatsarchiv in Wolfenbüttel（NSAW）12A Neu（Herzogliches Staatsministerium）Fb. 13h Nr. 16047.

(20) 芝健介『ヒトラーのニュルンベルク』吉川弘文館、二〇〇〇年、七二～七三頁。
(21) Bohn, W., Mit John Schehr in Niedersachsen-Braunschweig, *BzG*, Jg. 19 (1977)-1, S. 84.
(22) Unser Weg. Beilage zur Volksstimme, vom 14. Nov. 1931, NSAW 12A Neu Fb. 13h Nr. 16043.
(23) NSAB 12A Neu 13h Nr. 16048.
(24) これに関する州内相クラッゲスとＳＰＤ指導者ヤスパーのやり取りについては、Maßnahmen gegen Zeitungen "Volksfreund", NSAW 12A Neu Fb. 13h Nr. 16042. ナチ内相の黙認の下で行われた労働者街襲撃と労働者殺害、それを報じようとした労働者新聞の発禁処分という流れが労働者に危機感を持たせたことは容易に推測できる。
(25) Berger, P., *Gegen ein braunes Braunschweig, Skizzen zum Widerstand 1925-1945*, Hannover 1980, S. 28 ; Bohn, Mit John Schehr, S. 85.「ブラウンシュヴァイクにおける政治的大衆ストライキ。……政治的大衆ストの原因は労働者に対するファシストの殺人テロルで、一九三一年一〇月には三八〇〇人の労働者がこれに参加した。」Bericht zum 5. Bezirkskongreß der Revolutionären Gewerkschafts-Opposition am 11. und 12. Juni 1932 in Hannover, NSAB 12A Neu 13 Nr. 16040.
(26) Gegen faschistischen Mord. *NAZ*, vom 21. 10. 1931.
(27) *NAZ*, vom 10. 11. 1931.
(28) Schafft Einheitsausschüsse gegen Not und Reaktion !, *NAZ* vom 21. 10. 1931. u. *NAZ* vom 10. -11. 1931.
(29) Unser Sieg in Braunschweig. *NAZ* vom 18. 11. 1931.
(30) Thälmann, Einige Fehler, S. 490-491. ブラウンシュヴァイクの例は、何人かの発言者によってＫＰＤ一九三二年二月中央委員会総会でも取り上げられた。「我々はブラウンシュヴァイクで輝かしき例をもっている。真の統一政策とはなにかをファシズムに反対する闘争のなかでしめしたおかげで成功したのである。我々はこのブラウンシュヴァイクの例を決して過小評価してはならない。なぜなら、ナチによって労働者が刺されたり殴り飛ばされたりなどといった言語道断の事件に際して、我が党の圧力の下で、経営がストにはいることに成功したからである。」Protokoll- Manuskript der Sitzung des Zentralkomitees der KPD vom 20-23. Feb. 1932, IfGA ZPA I 2/1/82/190.
(31) Jahn, *Herbert Wehner*, S. 46.
(32) 170 Selbstschtzstaffeln in Berlin, *R. F.* Nr. 37 vom 14. 2. 1932.

(33) Thälmann, Einige Fehler, S. 501.

(34) Rosenhaft, Organising the "Lumpenproletariat", pp. 352–355. 日本において先見的に「暴力」に注目し、「政治闘争団体」という観点から論じているのは岩崎好成である。岩崎好成「赤色前線兵士同盟と『政治闘争団体』」『西洋史学報』一七、一九九〇年、五七〜八五頁。「『政治闘争団体』とナチズム運動の台頭」『現代史研究』四三、一九九七年、一〜一八頁。「鉄兜団とナチズム運動の競合的共闘に関する一覚書」『山口大学教育学部研究論叢』四九 - 一、二〇〇〇年、一〜四頁。

(35) このスローガンが最初に使われたのは、一九二四年の時で赤色前線闘士同盟設立のためにハレで行われたデモの時鉄兜団と衝突した時に使われた。ただこのスローガンが『防衛闘争』のなかで使われるようになったのは、一九二九年八月二八日の『赤旗《ローテ・ファーネ》』が初めてであった。Buber, Neumann, *Kriegsschauplätze der Weltrevolution*, Stuttgart 1967, S. 259.

(36) Mörder über Deutschland, Erklärung des ZK der KPD, *R. F.* vom 18. 3. 1931.

(37) Manuilski, D. S., Die kommunistischen Parteien und die Krise des Kapitalismus, *Inprekorr* XI, Nr. 38 vom 24. 4. 1931, S. 946 f.; Nr. 49 vom 29. 5. 1931, S. 48 f.; Weingartner, *Stalin und der Aufstieg Hitlers*, S. 53 f.

(38) 「暴力」という点でのナチとＫＰＤの共通性にシュトリーフラーなどは注目している。Striefler, Ch., *Kampf um die Macht*, S. 9–21.

(39) クリックについては、先にあげたポイカルトの著作が先駆的に分析している。そこでは、ナチ期の「抵抗」の一形態とされたエーデルヴァイス団等に流れ着くアウトロー的ないしアウトサイダー的存在として注目されている。ナチ期のこうした青年運動については、とくに、原田一美『ナチ独裁下の子どもたち』講談社、一九九九年、田村栄子『若き教養市民層とナチズム――ドイツ青年・学生運動の思想の社会史』名古屋大学出版会、一九九六年を参照。

(40) Voss, O., Schön, H., *Die Cliquen jugendlicher Verwahrloster als sozialpädagogische Schriftenreihe, I: Erfahrungen der Jugendlichen*, Potsdam 1930.

(41) Voss, *Die Cliquen*, S. 85.

(42) Ehrhardt, J., *Cliquenwesen und Jugendverwahrlosung, Zentralblatt für Jugendrecht und Jugendwohlfahrt*, Bd. 21 (1930), S. 414.

(43) Ehrhardt, *Cliquenwesen*, S. 416.

（44）Walter Schönstedt, *Kämpfende Jugend*, reprint 1972, S. 95.

（45）Rosenhaft, Organising the "Lumpenproletariat", S. 175.

（46）戦争―革命といった大きな暴力に対して若い層を中心としたクリックの暴力性の発露は、政治的反対派と並んで、警官に向けられた。「記憶」の問題と絡めるならば、死者を伴うような対立は血で血を洗う結果になりがちであった。繰り返される反対派ならびに警官との衝突によって、多くの犠牲者を出たものの、流された血は「我々」という仲間意識を固めた。心理学的には現代日本の暴力団の抗争を彷彿とさせる。その警察を管轄しているのがＳＰＤ州政府となると、ＳＰＤへの憎悪が高まった。その典型的例が一九二九年の「血のメーデー」である。ただクンツの研究によると、ＫＰＤは犠牲者について誇張していた。Kunz, Th. "*Blutmai*", *Sozialdemokraten und Kommunisten im Brennpunkt der Berliner Ereignisse von 1929*, Berlin/Bonn 1988.

（47）Auer, E., Ein Beitrag zum Kapitel Fluktuation, *Protokoll fünfter Kongress der Kommunistischen Internationale*, Hamburg 1924, S. 426 ff.

（48）Rotes Oktoberaufgebot, Landeskriminalpolizeiamt Berlin, Mitteilungen Nr. 23（1. Dez. 1930）, Staatsarchiv Hansastadt Bremen（SAHB）4, 65（Polizeidirektion Bremen）/VI. 1000. 44.d.

（49）Landesarchiv Berlin（LAB）Rep. 58（Generalstaatsanwalschaft beim Landgericht Berlin）/2624, I, 129 u. 135, II 27.

（50）LAB, Rep. 58/31,II 79.

（51）Rosenhaft, *Organising the 'Lumpenproletariat,'* S. 205.

（52）Schönstedt, *Kämpfende Jugend*, S. 25.

（53）Grzesinski, A., *Inside Germany*, New York 1939, p. 130.

（54）Grzesinski, *Inside Germany*, pp. 131–134.

（55）ナチの暴力については Merkl, P.H., Approaches to Political Violence: the Strormtroopers, 1925–1933, Mommsen, Wolfgang J. Gerhard Hirschfeld, *Social Protest, Violence and Terror in Nineteenth-and Twntieth-century Europa*, London 1982, pp. 367–383.

（56）A.N., Individueller und Massenterror im Kampf gegen die bewaffnete Staatsmaschine, *Oktober*, *Militärpolitische*

*Mitteilungsblatt*, Jg. 6（1931）Nr. 4 v. 10. 1931, S. 10–15.

(57) Beschluß des Zentralkomitees der KPDeutschlands', *R. F.* Nr. 206 v. 13. 11. 1931.

(58) International Institute for Social History, Amsterdam（IISG）, Nachlaß Grzesinski, die Dokumente Nr. 1389 und 1390.

(59) このブライトシャイトのダルムシュタット演説については、Bahne, KPD, S. 22を参照。

(60) Nachlaß Grzesinski, Nr. 1389.

(61) Nachlaß Grzesinski, Nr. 1389, 1390, 1391.

(62) Regler, G., *Ohr des Malchus*, Köln/Berlin 1958, p. 185.

(63) KJVD-Gruppe Nordkap an ZK v. 19. 11. 1931, Bundesarchiv Koblenz（BAK）, R45 IV（KPD）/27.

(64) BAK R58（Reichssicherheitshauptamt）/390/44.

(65) Nachlaß Grzesinski, Nr.1390, 1392.
政権獲得後のナチ側の資料によると、一九一八年から三三年まで殺害された警官の数は、一九一九年二一人、一九二〇年一〇五人、一九二一年四二人、一九二三年一七人、……一九二九年一四五人、一九三〇年二七四人、一九三一年三三二人、一九三二年三〇四人。また殺害されたナチ・メンバーは、一九二四〜二九年三〇人、一九三〇年一七人、一九三一年四二人、一九三二年八四人、一九三三年三三人。Decker, W., *Kreuze am Wege zur Freiheit*, Leipzig 1935, S. 96, 109–132.

(66) Wrobel, K., Zum Kampf Wilhelm Piecks gegen imperialistischen Terror und Faschismus 1929–1932, *Zeitschrift für Geschichtswissenschaft* 23（1975）S. 1437.

(67) Kinner, K., *Der deutsche Kommunismus,Selbstverständnis und Realität, Bd.1 Weimarer Zeit*, Berlin 1999, S. 188.

(68) 本書第五章一〇六〜一〇七頁を参照。

(69) Lieber Ernst, Berlin, den 7. Januar 1932, IfGA ZPAI6/10/84 Bl. 201.

(70) Lieber Heinz, Berlin, den 8. Januar 1932, IfGA ZPAI6/10/84 Bl. 203–205.

(71) ハインツ・ノイマンは、テールマンに次ぐ党内ナンバー2の人物だった。たしかに、ノイマンがハンブルク港湾地区の活動家に「『血は流されなければならない』と言い、一人の共産党員が殺されたら一〇人のナチの死体を要求した」と言ったとする証言もある（Valtin Jan［Richard Krebs］, *Out of the Night*, New York, 1941, pp. 353–355）。ただしそれとは反する証言もある（例えば、Merker, P., *Deutschland, Sein oder Nichtsein?*, Bd.1, Mexico City 1944, S. 256）。

（72）「ハインツ・ノイマンによって主張されていた暴力政策の限界は明らかだった。党指導部内部での彼の敵は自分たちのためにその政策を転換することをためらわなかった。ノイマンが党指導部を押さえていた限りでは彼はナチに対する戦闘的戦術を押し出すことができていたし、一〇月にはまだ、彼が独占化したかにみえた書記局が党組織のすべてのレヴェルでナチに反対して努力をしろとする指令を出していた。しかし一一月になると、中央委員会が『個人的テロル』を非難する決議を採択すると、ノイマンは、明白な敗北を被ったのであった」（Captured German Records, National Archives, Washington D.C., KPD, ZK, Sekretariat, "Rundschreiben N. 14" vom 28. 10. 1931, T-175, 300/279500-511, in : Ward, Smash the Faschist.., p. 60）。

（73）Thälmann, E., Schlußwort auf dem XII. Plenum des EKKI, Reden und Aufsätze, II S. 271 ; Resolution der Parteikonferenz der KPD über das XII. Plenum des EKKI und die Aufgaben der KPD, *Inprekorr* XIII, Nr. 11（26. January 1933）, S. 373. 後に「ノイマン・グループ」とされた人たちは、ヘルマン・レメレ（Hermann Remmele）、レオ・フリーク（Leo Flieg）、ＫＪＶＤリーダーのアルフレート・ヒラー（Alfred Hiller）とクルト・ミュラー（Kurt Müller）、ベルリンの組織リーダー、アルベルト・クンツ（Albert Kuntz）などがいた。

（74）Mallmann, Milieu, S. 31.

## 第七章　ドイツ共産党内対立の実相（一九三二年春）

（1）Aus einem Brief vom Heinz Neumann an Leo Flieg vom 25. 5. 1931, Institut für Geschichte der Arbeiterbewegung (IfGA), Zentrales Parteiarchiv der PDS（ZPA）I 6（Kommunistische Internationale, Exkutivkomitee-Vertretung der KPD, Sekretariat）/10/83, Bl. 120.

（2）ヴァインガルトナーによれば、一九三一年末までソ連は、「ヴェルサイユ体制打倒」を前面に掲げたナチによって、対仏友好政策を基調とし「履行政策」に傾斜するブリューニングとそれを支えるＳＰＤを牽制することを考えていた。Weingartner, *Stalin und der Aufstieg Hitlers*, S. 98-138.

（3）Betr. Einschätzung der nationalsozialistischen Bewegung und der faschistischen Gefahr, den 14. 11. 1931, IfGA, ZPA I

6/3/219 (Pieck) Bl. 114.

（4） Brief an Thälmann vom 27. 12. 1931, IfGA, ZPA I 6/3/219, Bl. 140.

（5） Mallmann, Milieu, S. 5–6.

（6） Mallmann, Milieu, S. 14.

（7） Brief an Thälmann vom 27. 12. 1931, IfGA, ZPA I 6/3/219, Bl. 140.

（8） Protokoll-Manuskript der Sitzung des Zentralkomitees der KPD vom 20–23. Feb. 1932. 1.Verhandlungstag 20. Feb., IfGA, ZPA I 2 (ZK der KPD)/1/82 Bl. 216. ただ、ＫＰＤにしても「右翼日和見主義」というレッテルは貼りつつも、例えば、ＳＰＤ指導者の一人ブライトシャイトがダルムシュタットで社共の統一戦線を提唱したとき、一一月二四日朝一〇時半にピークがフリークと電話連絡した時も話題に上っていたように、それはつねに気になる存在でありつづけた。Telefongespräch Pieck mit Flieg am 24.11. morgens 10 1/2 betreffend Darmstädter Rede: Breitscheids über Einheitsfront der SPD mit KPD gegen Faschismus, IfGA, ZPA I 6/3/219, Bl. 123.

（9） Protokoll-Manuskript der Sitzung des Zentralkomitees der KPD vom 20–23. Feb. 1932. 1.Verhandlungstag 20. Feb. (Protokoll-Manuskript I), IfGA, ZPA I 2/1/82 Bl. 138, 140.

（10） Protokoll-Manuskript der Sitzung des Zentralkomitees der KPD vom 20–23. Feb. 1932. 1.Verhandlungstag 20. Feb. (Protokoll-Manuskript II) IfGA, ZPA I 2/1/83, Bl. 151.

（11） Protokoll-Manuskript I, Bl. 176.

（12） 斎藤哲「ヴァイマル共和国時代末期のドイツ共産党とその経営内活動」『明治大学社会科学研究所紀要』三六－一、一九九七年、一二八～一三〇頁。

（13） Protokoll-Manuskript I, Bl. 366.

（14） Protokoll-Manuskript I, Bl. 190.

（15） このブラウンシュヴァイクでの事件については、Berger, P., *Gegen ein braunes Braunschweig, Skizzen zum Widerstand 1925–1945,* Hannover 1980, S. 28. Bohn,W., Mit John Schehr in Niedersachsen-Braunschweig, *BzG* Jg. 19 (1977)–1, S. 84を参照。

（16） Protokoll-Manuskript I, Bl. 246.
（17） Protokoll-Manuskript II, Bl. 342.
（18） Protokoll-Manuskript II, Bl. 104.
（19） Protokoll-Manuskript I, Bl. 431.
（20） Protokoll-Manuskript I, Bl. 433.
（21） Protokoll-Manuskript II, Bl. 244, 246.
（22） *Ernst Thälmann, Eine Biographie,* Bd. 2, S. 567.
（23） Protokoll-Manuskript II, Bl. 45.
（24） Davids Brief an Thälmann vom 14. 3. 1932, IfGA, ZPA I 6（Kommunistische Internationale, Exkutivkomitee-Vertretung der KPD, Sekretariat）/10/84（Pjatnitzki）Bl. 22.
（25） Thälmanns Brief an Pjatnitzki vom 16. 3. 1932, IfGA, ZPA　I 6/10/84 Bl. 29　ノイマンもほぼ一カ月後に「テールマンの演説について親友の誰もが、私もレメレも一言もわからなかった」ともらしている。Feststellungen und Tatsachen zu den unwahren Behauptungen in den Reden der Genossen Neumann und Remmele in den Reden vom 10. April 1932, IfGA,　ZPA I 6/10/84, Bl. 188.
（26） Protokoll-Manuskript I, Bl. 2.
（27） *Ernst Thälmann, Eine Biographie,* Bd. 2, S. 546.
（28） Entschliessung zum 1. Wahlgang der Reichspräsidentenwahl, Entwurf, IfGA, ZPA I 6（Kommunistische Internationale, Exkutivkomitee-Vertretung der KPD, Sekretariat）/10/84（Pjatnitzki）Bl. 64.
（29） Material zur Reichspräsidentenwahl am 13.3.1932, IfGA, ZPA I 2（ZK der KPD）/3 /31, Bl. 129.
（30） Feststellungen und Tatsachen zu den unwahren Behauptungen in den Reden der Genossen Neumann und Remmele in den Reden vom 10. April 1932, IfGA, ZPA I6/10/84 Bl. 190.
（31） An das Sekretariat des Zentralkomitees, vom 22. März 1932, IfGA, ZPA I 6/10/84 Bl. 64.
（32） Entschliessung zum 1. Wahlgang der Reichspräsidentenwahl, Entwurf, IfGA, ZPA I 6/10/84 Bl. 64.

(33) Einige Stimmen im Zusammenhang mit dem zweiten Wahlgang zu den Reichspräsidentenwahlen, IfGA, ZPA, I 6 (EKKI, Sekretariat)/3/219 (Pieck) Bl. 166.

(34) Ein Brief Paul Krügers (Berlin Heidenfeld Str. 22) an ZK der KPD vom 16. 4. 1932, IfGA, ZPA I 2/5/38.

(35) Kinner, S. 196.

(36) Lieber Gen. Pjatnitzky vom 11. 3. 1932, IfGA, ZPA I 6 (Kommunistische Internationale, Exkutivkomitee- Vertretung der KPD, Sekretariat)/10/84 (Pjatnitzki) Bl. 19–21. 実は若干歴史を遡ると、少なくとも一九三一年八月の「赤色人民決定」の時には、テールマンとノイマン間の抜き差しならない不信と対立はすでに確認できる。

(37) Lieber Gen. Pjatnitzky vom 16. 3. 1932, IfGA, ZPA I 6/10/84, Bl. 29–33

(38) *Ibid.*

(39) Gespräch des Genossen Neumann mit dem Genossen Torgler, Feststellungen und Tatsachen zu den unwahren Behauptungen in den Reden der Genossen Neumann und Remmele in den Reden vom 10. April 1932, IfGA ZPA I 6/10/84, Bl. 206.

(40) Protokoll über Mitteilungen des Genossen Torgler, IfGA, ZPA I 6/10/84, Bl. 79.

(41) *Ernst Thälmann,* S. 556.

(42) Lieber Ernst, vom 25. 3. 1932, IfGA, ZPA I6/10/84, Bl. 76–77.

(43) Feststellungen und Tatsachen zu den unwahren Behauptungen in den Reden der Genossen Neumann und Remmele in den Reden vom 10. April 1932 (Feststellung), IfGA, ZPA I 6/10/84, Bl. 191.

(44) ノイマンの総括文は、Zu denPräsidentschaftswahlen, IfGA, ZPA I 6/10/84 Bl. 217–224. テールマンの訂正案は、Einige telephonische Durchsage vom Teddy, IfGA, ZPA I 6 /10/84 Bl. 225–227

(45) IfGA, ZPA NL36/10 (Nachlaß Pieck) Bl. 140.

(46) An den Genossen Ernst Thälmann, IfGA, ZPA I 6/10/84, Bl. 43.

(47) IfGA, ZPA NL36/10 Bl. 142.

(48) Feststellungen, IfGA, ZPA I 6/10/84 Bl. 187. 一六項目にわたる対立点とは、一．三二年二月一九日の中央委員会総会前の書記局会議に関して。二．中央委員会総会に関して。三．『インテルナツィオナーレ』誌のテールマン論文について。四．SPDに対するベルリン攻勢について。五．第一回大統領選挙の教訓に関する三月一四日の書記局会議について。六．同志テールマンとウルブリヒトの協議について。七．ベルリン地区指導部会議の開催に関して。八．大統領選挙に関する政治局決議関連。九．レメレ同志の活動力について。一〇．青年の間の代表としてのノイマン同志の機能。一一．シュネラー同志とレンツ同志の取立て。一二．「焦眉の課題」に関する決議について。一三．人事問題の取り扱い。一四．書記局と政治局の定期的開催について。一五．諸団体全国会議。一六．緊急令に関する書記局会議。

(49) Feststellungen, Bl. 192–193.

(50) Feststellungen, Bl. 193.

(51) Feststellungen, Bl. 194.

(52) Beschuldigung gegen die Genossen Remmele und Neumann, IfGA, ZPA I 6/10/84 Bl. 156–157.

(53) IfGA, ZPA NL36/10 Bl. 143.

(54) Kinner, S. 202.

(55) Lieber Heinz, vom 8. 1. 1932, IfGA, ZPA I 6/10/84 Bl. 204.

(56) *Ernst Thälmann*, S. 564–565.

## 第八章　反ファシズムのポテンシャル（一九三二年夏）

(1) Karl Heinz, Erika Kücklich (Hrsg.), *Die Antifaschistische Aktion, Dokumentation und Chronik Mai 1932 bis Januar 1933* (A. A.), Berlin 1965.

(2) *R. F.* Nr. 7 vom 9. 1. 1932.

(3) *Arbeiterpolitik*, Nr. 50 v. 5. 3. 1932.

(4) Nachrichtensammelstelle in Reichsministerium des Innern, An die Nachrichtenstellen der Länder, Lagebericht (Dresden) 19. 12. 1931, IML ZPA, St10 /49 Bd. 1a, Bl. 102.

(5) こうした「下からの」統一戦線運動に対して、この時点では、KPDから「右派」とされて排除された共産党反対派K

POやSPD左派勢力が結成したSAPなどの方が、むしろ積極的姿勢をみせ、こうした統一戦線運動を取り入れたかたちで、反カルテル構想を打ち出し、理論的に昇華しようとしていたのであった。

（6） Entschliessung zum 1. Wahlgang der Reichspräsidentenwahl, Entwurf, IfGA, ZPA I 6（Kommunistische Internationale, Exkutivkomitee（EKKI）-Vertretung der KPD, Sekretariat）/10/84（Pjatnitzki）Bl. 64.

（7） IAN 2160/20. 3. IML ZPA St. 10/49 Bd. 8（Feb. 1933-Dez. 1933）Bl. 198.

（8） Abschreiben für die Akten 2121.1.Juni 1932, IML ZPA, St10 /49 Bd. 2b Bl. 326-328.

（9） Carr, E. H., *The Twilight of Comintern, 1930-35*, London 1983, p. 45. この点については、ほとんど唯一ヴァインガルトナーが詳細に言及している。Weingartner, *Stalin und der Aufstieg Hitlers*, S. 122-138.

（10） Aber ich finde da kein Wort, SAMPO, ZPA I 6（EKKI）/10（Politsekretariat）/36, Bl. 56.

（11） Abschrift IAN 2160/13. 6. 32, Situationsbericht, IML ZPA, St10/49 Bd. 2b Bl. 353.

（12） *Ibid.*

（13） Abschreiben für die Akten 2121. 1. Juni 1932, IML ZPA, St10/49 Bd. 2b Bl. 326.

（14） *R.F,* Nr. 90 vom 27. 4. 1932.

（15） Auszug aus dem Protokoll Nr. 236 der Sitzung der Politkommission des Pol.-Sekr. des EKKI vom 15. April 1932, SAMPO, ZPA I 6（Kommunistische Internationale, Exkutivkomitee, Vertretung der KPD, Sekretariat）/10/41（Pjatnitzky）, Bl. 60-62

（16） *Ibid.*, Bl. 63

（17） *A. A.*, S. 11.

（18） IfGA ZPA I 6/10/85（Pjatnitzki）, Bl. 41. また、レメレからコミンテルン宛の書簡の中では、「統一戦線の正しい適用の模範として友人ウルブリヒトによってベルナウの統一戦線が数週間にわたって宣伝されている。たしかに、ベルナウではSPDとKPDの共同集会が何回か開催された。そこでは統一戦線の条件が話し合われ、KPDの演説者はSPDの政策について語ることを意識的に避けている」とされている。An die Genossen Manuilski, Pjatnitzki, Kuusien und Knorin, Berlin, den 17. 6. 1932., SAMPO, ZPA I6/10/41, Bl. 30-31.

(19) *A. A.*, S. 12. だが、反ファッショ運動の規模と質からいえば、ブラウンシュヴァイクの展開の方が特筆すべきである。ただ、そこの運動に影響を持ったのは、ノイマンに近いと見なされるようになったミュンツェンベルクであったがために、埋もれてしまっている。

(20) Reichsleitung des Kampfbund gegen den Faschismus, Reichstagswahlkampf im Zeichen der Antifaschistischen Aktion, IML ZPA, St22 (Polizeipräsidium Berlin) /162 (Antifaschistische Aktion) 1931-1933, Bl. 72.

(21) Der vorbereitende Ausschuss zur Schaffung einer antifaschistischen Kampfstaffel, An alle Bewohner der Krücke und der umliegenden Lanbenkolonien, IML ZPA, St22 /161, Bd. 2b Bl. 278.

(22) IAN 2160/9. 6., vorzulegen dem Herrn Reichsministerium des Innern, Berlin den 133. Juni 1932, IML ZPA, St10 /49 Bd. 2b, Bl. 285.

(23) IfGA ZPA I 6/10/85, Bl. 41.

(24) Präsidiumssitzung 19. 5. 32, Bericht über die aktuellen Probleme und Aufgaben der KPD, SAMPO, ZPA, I 6/3 (EKKI Präsidium)/55 (19. Mai 1932), Bl. 46.

(25) Kinner, K., *Der deutsche Kommunismus, Selbstverständnis und Realität, Bd. 1 Weimarer Zeit*, Berlin 1999, S. 217.

(26) Abschrift IAN 2198/29. 4. 32, Einheitsfront und Massenselbstschutz, IML ZPA, St10 /49 Bd. 2a (Mai 1932-Juni 1932) Bl. 27.

(27) 「反ファッショ行動」の用語は、確認しているだけで書記局会議の議事録では、三二年五月二六日から (SAMPO, ZPA I2/5〔KPD ZK Protokoll der Sekretariatssitzungen 1932 Januar-Mai〕/4)、政治局の議事録では、六月六日の会議から使用されている (Beschlussprotokoll der Polbürositzung vom 6. 6. 32, SAMPO, ZPA I2/3〔KPD Politbüro Januar-August 1932〕/12 Bl. 36)。

(28) Auszugsweise Abschnitt aus Anweisungen der KPD, Bezirk Ruhrgebiet "Antifaschistische Aktion" von Ende Juli 1932, IML ZPA, St10 /49 Bd. 5b, Bl. 376.

(29) Protokoll Aussprache E. Thälmanns mit 20. soz. dem. Funktionär 8. Juli 1932, SAMPO, ZPA I2/3 (KPD Politbüro Januar-August 1932)/375 Bl. 200.

(30) IAN 2160 7/6, Kampferfahrungen VIII Massenselbstschutz, IML ZPA St10/50 (Antifaschistische Aktion-Massenselbstschutzformation) Bd. 1b (Mai 1932–Feb. 1933) Bl. 359.

(31) Rosenhaft,Organising the "Lumpenproletariat", pp. 352–355.

(32) *A. A.*, S. 22. フィッシャーは、一九三一年バイエルンにおける政治的暴力を加害者、被害者別に下表のように分類している。

(33) IAN2198/29. 4. 32, IML ZPA, St10 /49 Bd. 2a, Bl. 27.

(34) Aus "O-Dienst" No. 10 vom 10. 6. 32, IML ZPA St10/50 Bd. 1a (Mai 1932–Feb. 1933) Bl. 65.

(35) Häuserblockstaffel Rönnhaidstrasse, IML ZPA St10/49/Bd. 5a (Juli 1932–Aug. 1932) Bl. 19.

(36) Abschrift IAN 2166 i/1. 6., Richtlinien fuer Massenselbstschutzformationen, IML ZPA St10/50 Bd. 1a (Mai 1932–Feb. 1933) Bl. 9.

(37) IAN 2166c/23. 8 Bezirkleitung Wasserkante an Zentralkomitee vom 13. Aug. 1932, IML ZPA St10/50 Bd. 1a (Mai 1932–Feb. 1933) Bl. 290.

(38) in Akt 2166C Massenselbstschutzformationen, Lagebericht-Dresden vom 28. 7. 1932, IML ZPA St10/49 Bd. 5a (Juli 1932–Aug. 1932.) Bl. 331.

ハンブルクの自警団構成を次ページの表で一覧しても、その裾野の広がりがうかがえる。

ただ、三二年八月の段階で、大衆自警団の数が三〇〇から五〇〇で、一部隊は五〇人から八〇人である、とされるベルリンでは、「部隊の政治的・組織的指導は、党細胞の管轄下にはない。……新しく軍事的に教育された勢力が個人テロルに傾斜する一定の危険がある」(Massenselbstschutzformationen der KPD in Berlin vom 1. 9. 1932, IML ZPA St. 10/50 Bd 1b, Bl. 317)。反ファシズム運動にはつねに副産物としてこの個人テロルの問題が浮上し、ＫＰＤの頭痛の種となっていた。

(39) Rote Heerschau, Die Antifaschistische Aktion im Bezirk Mittelrhein, IML ZPA, St22/162 Bl. 61.

**表** 1931年バイエルンにおける政治的暴力の加害者と被害者

| 加害者＼被害者 | ナ　チ | 国旗団 | SPD | KPD |
|---|---|---|---|---|
| ナ　チ | 8 | 110 | 57 | 38 |
| 国旗団 | 115 | | | 1 |
| SPD | 50 | | | |
| KPD | 111 | 1 | 2 | 3 |
| その他 | 13 | | | |

出典：Fischer, C., *The German Communists and Rise of Nazism*, London 1991, p. 150.

(40) Die Antifaschistische Aktion und die Unruhen der letzten Zeit, Aus O-Dienst Nr. 10 vom 10. 6. 32, IML ZPA St10/49 Bd. 4a, Bl. 97.

(41) IAN 2160. 7/21. 7, IML ZPA St10/49 Bd. 5a（Juli 1932–Aug. 1932）Bl. 192.

(42) IfGA ZPA I 2（ZK der KPD）/ 1（Protokoll ）/ 85（Mai Plenum 1932）Bl. 232–249.

(43) Präsidiumssitzung 19. 5. 32, Bericht über die aktuellen Probleme und Aufgaben der KPD, SAMPO, ZPA, I 6/3（EKKI Präsidium）/55（19. Mai 1932）, Bl. 69.

(44) IfGA ZPA I 2/ 1/ 85 Bl. 3.

(45) Brief Remmeles an EKKI am 8. 6. 1932, SAMPO, ZPA I 6/10/85, Bl. 2.

(46) Sturmplan fur die Zeit vom 1. Juni bis 1. September, IML ZPA, St10 /49 Bd. 5b, Bl. 383–384.

(47) Einheitsfront. Aus O-Dienst Nr. 10 vom 10. 6. 32, IML ZPA St10/49 Bd. 4a, Bl. 100.

(48) *Statistisches Jahrbuch für das Deutsche Reich*, Jg. 51（1932）, S. 544–555.

(49) Präsidiumssitzung 19. 5. 32, SAMPO, ZPA I 6/3/55, Bl. 13.

(50) Präsidiumssitzung 19. 5. 32, SAMPO, ZPA I 6/3/55, Bl. 49.

(51) An die Genossen Manuilski, Pjatnitzki, Kuusien und Knorin, Berlin, den 24. 6. 1932, SAMPO, ZPA I6/10/41 Bl. 76–77.

(52) Protokoll Nr. 142 der ausserordentlichen Sitzung des Politsekretariats des EKKI am 20. Juni 1932. SAMPO, ZPA I 6/10/36, Bl. 138.

(53) An die Genossen Manuilski, Pjatnitzki, Kuusien und Knorin, Berlin, den 17. 6. 1932, SAMPO, ZPA I 6/10/41 Bl. 161

(54) An die Genossen Manuilski, Pjatnitzki, Kuusien und Knorin, Berlin, den 24. 6.

**表**　1932年夏ハンブルクにおける自警団

| | | | | |
|---|---|---|---|---|
| （大衆自警団） | | | | |
| ザンクト・パウリ南市区 | 305人 | KPD 95 | SPD 10 | 無党派 200 |
| バルムベック市区 | 925人 | KPD 354 | SPD 18 | 無党派 552 |
| 中央市区 | 1,125人 | KPD 330 | SPD 60 | 無党派 735 |
| アルトナ市区ドナー街 | 105人 | KPD 30 | SPD 22 | 無党派 57 |
| アルトナ市区アンネス街 | 40人 | KPD 7 | SPD 17 | 無党派 26 |
| アルトナ市区ルールッパー街 | 70人 | KPD 30 | SPD 20 | 無党派 15 |
| アルトナ市区シュテリンガー・モール | 200人 | KPD 60 | SPD 10 | 無党派 125 |
| （統一委員会） | | | | |
| 反ファッショ地区統一委員会 | SAP 3 | KPD 9 | SPD 6 | 無党派 10 |

出典：IAN 2166c/23. 8, IML ZPA St10/50Bd. 1b（Mai 1932–Feb. 1933）Bl. 290.

1932. SAMPO, ZPA I 6/10/41 Bl. 76

(55) *Ibid.*

(56) *Ibid.*

(57) Auszug aus dem Protokoll Nr. 255 der Sitzung der Politkommission des Pol.-Sekr. des EKKI vom 27. Juni 1932, SAMPO, ZPA I 6/10/41 (Piatnitzky) Bl. 146.

(58) An die Genossen Manuilski, Pjatnitzki, Kuusien und Knorin, Berlin, den 17. 6. 1932. SAMPO, ZPA I 6/10/41 Bl. 119.

(59) Wilhelm Pieck an Wilhelm Florin vom 4. August 1932, A.A., S. 213-216.

(60) An die Genossen Manuilski, Pjatnitzki, Kuusien und Knorin, Berlin, den 29. 6. 1932, SAMPO, ZPA I 6/10/41, Bl. 76.

(61) Rundschreiben Nr. 14 vom 14. 7. 1932, IML ZPA, St10 /49 Bd. 5b, Bl. 397.

(62) SAMPO, ZPA I 6/10/41, Bl. 78.

(63) IML ZPA, St22 /159 (Denkschrift des Polizeipräsidiums, Abt. IA über die Agitationstätigkeit und Agitationsmaterial im Rahmen der Antifaschistischen Aktion, Polizeibericht 1931-33) Bl. 234.

(64) I.Ad.II, Lagebericht, Berlin, den 20. Juli 1932, IML ZPA, St22 /161, Bd. 1 Bl. 131

(65) An die Genossen Manuilski, Pjatnitzki, Kuusien und Knorin, Berlin, den 17. 6. 1932, SAMPO, ZPA I6/10/41 Bl. 30.

(66) Aus O-Dienst Nr. 10 vom 10. 6. 32, Massenselbstschutz, IML ZPA St10/ 49 Bd. 4a Bl. 102.

(67) Protokoll, Aussprache E. Thälmanns mit 20. soz. dem. Funktionär 8. Juli 1932, SAMPO, ZPA I2/3/375, Bl. 222, Bl. 269, Bl. 280.

(68) I.Ad.II, Lagebericht, Berlin, den 20. Juli 1932, IML ZPA, St22 /161, Bd. 1, Bl. 131.

(69) Aus einem Rundschreiben des Parteivorstandes der SPD, "Vorwärts" vom 29. 6. 1932.

(70) この七月一〇日の会議は、当時のフィルハーモニーで、九時四七分から一六時五〇分にかけて開催され、テールマンも一〇時一九分から一一時四〇分にかけて報告を担当した。Lagebericht vom 11. Juli 1932, IML ZPA, St22 (Polizeipräsidium Berlin)/161, Bd. 1, Bl. 111.

(71) IML ZPA, St22 /159, Bl. 232.

(72) 中野智世「プロイセン政府とライヒ改革問題」『現代史研究』三八、一九九二年、一七〜三一頁。
(73) Appell des ZK der KPD vom 20. Juli 1932 an die SPD, den ADGB, den AfA-Bund und alle deutschen Arbeiter, in : A. A., S. 193-194.
(74) Agitprop Material Nr. 3 zur Antifaschistischen Aktion und zur Wahlkampagne vom 11. 7. 1932, IML ZPA St10/49 Bd. 5a（Juli 1932–Aug. 1932）Bl. 97.
(75) Lagebericht vom 29. Juli 1932, IML ZPA, St22/161, Bd. 1, Bl. 155.
(76) Rundschreiben der Org. Abteilung des ZK an alle Bezirksleitungen, IML ZPA, St10/49 Bd. 5b, Bl. 388-389.
(77) Massenappell der Antifaschistischen Aktion vom 24. 9. 1932, IML ZPA St10/49 Bd. 6 Bl. 70.
(78) Abschrift IAN 2160/13. 6. 32, Situationsbericht, IML ZPA, St10/49 Bd. 2b（Mai 1932–Juni 1932）Bl. 353.
(79) Brief der EKKI an die KPD vom 11. 6. 32, SAMPO, ZPA I6/3/237 Bl. 2
(80) Herrn Reichsminister, Berlin, den 9. August 1932, IML ZPA, St10/49 Bd. 5b, Bl. 352.
(81) Lagebericht, Berlin, 11. Juli 1932, IML ZPA, St22/161, Bd. 1, Bl. 127.
(82) IAN 2166i/15.9, Massenselbstschutzformationen der KPD in Berlin vom 1. 9. 1932, IML ZPA St10/50 Bd. 1b（Mai 1932–Feb. 1933）Bl. 317
(83) Abschrift aus IAN 2160/18.7.32, Abt. Org. dem Sonderrundschreiben der Bezirksleitung Südbayern, vom 11. Juli 1932, IML ZPA St10/49 Bd. 5a（Juli 1932–Aug. 1932）Bl. 164.
(84) Abschrift aus "Rotes Sturmbanner" Nr. 7, Juni 1932, IML ZPA St10/50 Bd. 1a（Mai 1932–Feb. 1933）Bl. 57.
(85) Nachrichtensammelstelle im Reichsministerium des Innern, IAN 2160 / 29. 9. vom 13. Okt. 1932, IML ZPA St10/49 Bd. 6, Bl. 214.
(86) Aus O-Dienst Nr. 12 vom 25. 6. 32, IML ZPA St10/49 Bd. 4b, Bl. 433. 労農政府論と並んでこの期たびたびスローガンとして登場するのは、「人民革命」論であった（Lagebericht 34/1932 vom 15. 7. 32, IML ZPA, St22（Polizeipräsidium Berlin）/161, Bd. 1)。ここでは一九三一年人民革命の時に蘇生していたローザ・ルクセンブルクの政治的大衆ストライキ論も復活していることが確認できる。

（87） An Theodor Leipart, Ernst Thälmann, Otto Wels, Berlin, den 17. Juni 1932, SAMPO, ZPA I2/3/375 Bl. 161. さらに三二年四月に発せられた文化人の反戦アピールが結実して、三二年八月二七日にはアムステルダムで反戦会議が開催された。そこには、全体で約二〇〇〇人、そのうちドイツから七五九人が参加することになる。アムステルダム・プエリエル運動の具体的成果であった。さらに、この流れは、フランス人民戦線の序曲でも重要な役割を果たすことになる（Schumann, Rosemarie, *1932 in Amsterdam: Weltkongreß gegen den imperialistischen Krieg, antifaschistische Wiederstandskämpfer,* 1982-8, S. 12-14. ねずまさし「アムステルダム世界反戦大会（一九三二年）」『現代と思想』二五、一九七六年、一七四～一九一頁を参照）。影の主役としてＫＰＤから登場するのは、またしても、ミュンツェンベルクであった。拙稿「ナチ体制初期におけるミュンツェンベルクの思想と行動」『熊本県立大学文学部紀要』第四七巻、一九九五年、二五～四四頁を参照。

（88） *Sozialistische Arbeiterzeitung,* Nr. 139 vom 21. Juni 1932.

（89） Fischer, C., Gab es am Ende der Weimarer Republik einen marxistischen Wählerblock?, *Geschichte und Gesellschaft* 21 (1995), S. 63-79によれば、一九三二年におけるＫＰＤの得票増加は、農民層からのものだった。

（90） バーネは、コミンテルンのクノーリンからの手紙が「反ファッショ行動」へのブレーキとなったと叙述しているが、文書館で実際に確認できたクノーリンのＫＰＤ宛手紙の案文は、六月二〇日付のものであって、これはプロイセン州議会の院内共闘に対して、「社会民主党や中央党との交渉は、州議会議長選挙問題でも、何か他の問題でも、やってはならない」とするものであった。ただ、これにしても、コミンテルン執行委員会では採択されていない。SAMPO, ZPA I 6/10/36, Bl. 115.

（91） 加藤哲郎「世界政党と政策転換（一九三四‐三五年）」『名古屋大学法政論集』（一）七八、一九七九年、七二～一五六頁、（二）七九、一九七九年、二七六～三三四頁。同「『反ファシズム統一戦線』研究の新段階」『一橋論叢』一〇六―四、一九九一年、三八八～四一〇頁。

（92） 拙著『東ドイツの興亡』青木書店、一九九一年、三～二三頁。

## 第九章　「共産主義の危険」とナチ政権の誕生（一九三二年秋）

（1） 例えば、Winkler, H. A., *Der lange Weg nach Westen,* Bd. 1, Munchen 2000. プロイセン・クーデターについては中野智世

「プロイセン政府とライヒ改革問題」『現代史研究』三八、一九九二年、一七〜三一頁を参照。

（2）IfGA ZPA D.Hclz VIII/1-2.

（3）Sturmplan für die Zeit vom 1. Juni bis 1. September, IfGA ZPA St 10/49/5b/Bl. 383-387.

（4）*Rote Post*, vom 12. Aug. 1932, IfGA ZPA St 10/49/5b/Bl. 361.

（5）Die Polizeibehörde Hamburg, Abschrift IAN 2166i/13. 1. 1933, IML ZPA St10/49/Bd. 7a（Dez. 1932-Feb. 1933）Bl. 199.

（6）IfGA ZPA St 10/49/5b/Bl. 428.

（7）Rundschreibens Nr. 14 des ZK der KPD（Sekretariat）vom 14. Juli 1932, IML ZPA St10（Reichsministerium des Innern）/50（Antifaschistische Aktion- Massenselbst- schutz-formation）Bd. 1a（Mai 1932-Feb. 1933）Bl. 260.

（8）*Ibid.*, Bl. 263.

（9）*Ibid.*

（10）*Ibid.*, Bl. 262.

（11）*Ibid.*

（12）Sturmplan für die Zeit vom 1. Juni bis 1. September, IfGA ZPA St 10/49/5b/383-387.

（13）たしかに、統一を志向すれば、それまで、「上からの」統一戦線を主張して、ＫＰＤから日和見主義とレッテルを貼られて除名された「ドイツ共産党反対派（ＫＰＯ）」との区別がつかなくなり、ＫＰＤのアイデンティティさえ危険に曝すことにもなりかねない。実際に、ＫＰＯは、ＫＰＤのベルリン・ブランデンブルグ地区指導部へ手紙を送っているが、その中で、「従来ＫＰＤとＫＰＯの間にあった戦術的差異の大半は最近とられたＫＰＤの措置で除去され、残る差異は民主集中制の下で同僚としての討論を通して除去されるだろう」とＫＰＤとＫＰＯの再統一は可能だという見解をとるにいたっているのである。*Arbeiterpolitik*, Nr. 46 vom 25. Juni 1932, IML ZPA St 10/49/Bd. 4a, Bl. 55.

（14）Weber, Hermann, *Die Generallinie*.

（15）IfGA ZPA St 10/49/5b/388-394.

（16）Heer-Kleinert, L., *Die Gewerkschaftspolitik der KPD in der Weimarer Republik*, Frankfurt 1983; Müller, Werner, *Lohnkampf, Massenstreik, Sowjetmacht, Ziele und Grenzen der "Revolutionären Gewerkschafts-Opposition" (RGO) in*

*Deutschland 1928 bis 1933*, Köln 1988.

(17) Wehner, H., *Selbstbesinnnung und Selbstkritik*, Köln 1994, S. 43.

(18) Tätigkeitsbericht 1932, Zentralverband der Angestellten, Ortsgruppe Großberlin, S. 4.

(19) *Inprekorr*, Nr. 95 v. 2. Okt. 1931, S. 2144 ff.

(20) Abschrift IAN 2160/13. 6. 32, Situationsbericht, IML ZPA, St 10/49 Bd. 2b (Mai 1932–Juni 1932) Bl. 353.

(21) Müller, *Lohnnkampf*, S. 186.

(22) Massenappell der Antifaschistischen Aktion vom 24. 9. 1932, IML ZPA St 10/49 Bd. 6 Bl. 70.

(23) IfGA ZPA St 10/49/5b/ 391.

(24) Zentralverband der Dachdecker Deutschlands, *Protokoll vom 17. Verbandstag im Schulheim des Deutschen Bauwerksbundes zu Werlsee vom 7. bis 12. April 1931*, S. 474. ただ、このシュヴェリーンのＫＰＤ党員にしても、ＫＰＤ中央機関紙『赤旗《ローテ・ファーネ》』は読んでいない。このことは、下部の党員は中央の指令どおりに動いていたのではなく、独自の論理で行動していたとする、マルマンの主張を裏付けるものである。Mallmann, Klaus-Michael, *Kommunisten in der Weimarer Republik*, S. 5–31.

(25) Zentralverband der Dachdecker Deutschlands, *Protokoll vom 17. Verbandstag im Schulheim des Deutschen Bauwerksbundes zu Werlsee vom 7. bis 12. April 1931*, S. 448.

(26) *Ibid.*, S. 483–484.

(27) *Ibid.*, S. 477.

(28) *Wochen-Beilage, für die Mitglieder der Verwaltungsstelle Berlin des DMV*, Jg. 8 (1932)–Nr. 20 (14. Mai 1932) S. 1.

(29) *20. ordentlicher Verbandstag des Deutschen Metallarbeiterverbandes in Dortmund, abgehalten vom 22. bis 25. August 1932 in der Westfalenhalle in Dortmund*, S. 128.

(30) *Ibid.*, S. 178.

(31) Zentralverband der Schuhmacher, *Protokoll über die Verhandlungen des 24. ordentlichen Verbandstages, Abhalten vom 27. Juni bis 1. Juli 1932 in Mainz*, Nürnberg 1932.

（32）Die Verwaltungsstelle Leipzig des deutschen Metallarbeiter-Verbandes（Hrsg.）, *Geschäftsberichte 1931*, Leipzig 1932, S. 2.

（33）Die Verwaltungsstelle Leipzig des deutschen Metallarbeiter-Verbandes（Hrsg.）, *Geschäftsberichte 1932*, Leipzig 1933, S. 2.

（34）*Jahresbericht 1932 der Maschienensetzer-Vereinigung des Gaues Erzbirger-Vogtland*, S. 2.

（35）Müller, *Lohnkampf*, S. 189.

（36）ナチとＫＰＤの同質性を強調する全体主義理論の影響が強かった旧西ドイツでは、このベルリン交通公社のストライキで、ＫＰＤとナチが共闘したことだけをクローズアップしているが、このストライキの経過を見てもわかるように、自由労組員もスト指導部に入っていた。Oltmann, Joachim, Das Paradepferd der Totalitarismustheorie, Der Streik der Berliner Verkehrsarbeiter im November 1932, *Blätter für deutsche und internationale Politik*, Jg. 27（1982）- 11, S. 1374 ff.

（37）Skrzypczak, H., "Revolurionäre" Gewerkschaftspolitik in der Weltwirtschaftskrise, *Gewerkschaftliche Monatshefte* Nr. 4-5/1983, S. 264 ff. 原田昌博『ナチズムと労働者――ワイマル共和国時代のナチス経営細胞組織』勁草書房、二〇〇四年を参照。

（38）Müller, *Lohnkampf*, S. 191.

（39）Lagebericht Nr. 22 vom 25. 11. 32., IML ZPA St10（Reichsministerium des Innern）49（Einheitsfrontbewegung）Bd. 7a（Dez. 1932 -Feb. 1933）Bl. 102. ＲＧＯの指導者シュルテによれば、このベルリン交通公社のストライキを契機に、それまでの中小の経営に限られていたストライキ運動が大企業へも波及するようになった、としている。Schulte, F., RGO im Angriff, Berlin o.J.

（40）Fischer, C., Gab es am Ende der Weimarer Republik einen marxistischen Wählerblock?, S. 63-79.

（41）Falter, J. W., *Hitlers Wähler*, München 1991. 柴田敬二「選挙の投票分析からみたナチズムの社会的基盤」『現代史研究』三四、一九八八年、四一〜五八頁。

（42）労働者がなぜナチを支持したのかに関しては、ナチ体制初期の「ドイツ労働戦線」を分析したマイの論文 Mai, G., "Warum steht der deutsche Arbeiter zu Hitler?", *Geschichte und Gesellschaft* 12（1986）S. 212-234や井上茂子の論文がある。

「ナチ体制に対する女性の支持と関与」『歴史評論』五五二号、一九九六年、七七～八七頁。

(43) Abschrift IAN 2160/3. 2. Köln 4. Januar 1933, IML ZPA St 10 (Reichsministerium des Innern) /50 (Antifaschistische Aktion, Massenselbstschutzformation) Bd. 1b (Mai 1932–Feb. 1933) Bl. 551. 当時の農村の状況については、熊野直樹「ナチスの農村進出と農民」『法政研究』六七－二、二〇〇〇年、三八九～四二九頁。

(44) Grundform zur Entwicklung der Einheitsfront in Dorfe, IML ZPA St10/49 Bd. 6 (Sept. 1932–Nov. 1932) Bl. 299.

(45) Abschrift IAN 2160/3. 2. Köln 4. Januar 1933, IML ZPA St 10/50 (Antifaschistische Aktion-Massenselbstschutzformation) Bd. 1b (Mai 1932– Feb. 1933) Bl. 551.

(46) Abschrift IAN 2160/3. 2. Köln 4. Januar 1933, IML ZPA St 10/ 50 Bd. 1b (Mai 1932– Feb. 1933) Bl. 551.

(47) Hundertmark, W., Arbeitslosenausschüsse, Arbeitslosenzeitung– die Erfahrungen heute nutzen, *Unsere Zeit* (Düsseldorf), Jg. 14, Nr. 69 vom 24. 3. 1982, S. 7.

(48) こうした失業者委員会がベルリンでアンティファの統一委員会と共同会議を持ったのは、三二年一一月二〇日のことであった。 Politische Informationen des Reichsausschusses der Antifaschistische Aktion, IML ZPA St 10/49/Bd. 7a (Dez. 1932 –Feb. 1933) Bl. 36.

(49) 旧東ドイツ時代の地域史研究においては、こうしたグラスルーツ統一戦線運動に関する研究が蓄積されていた。例えばこの時期のザクセンの動きについては、Kriegenherd, Fritz, Zum Kampf der KPD in Dresden um die Antifaschistische Aktion in den Jahren 1932/33, *Informationsdienst Institut und Museum für Geschichte der Stadt Dresden*, 1 (1968), Sonderheft S. 19–36 ; Der Kampf der KPD in Dresden um die Aktionseinheit der Arbeiterklasse gegen die drohende Gefahr des Faschismus und Krieges, Diss., Dresden 1961 ; Ziegs, Detlef, Evelyn Ziegs, Positionen der Leipziger Sozialdemokratie zur Einheitsfront zwischen KPD und SPD in den Jahren 1924 bis 1933, *Sächsisches Heimatblatt* 25 (1979)–6, S. 269–274. ただ、こうした地域独自の展開には、「逸脱」も多く含まれており、旧東ドイツの公式的歴史叙述で触れられることは少なかった。

(50) *Berliner Börsen-Zeitung*, Nr. 28 vom 17. Januar 1933.

(51) *Ibid*.

(52) Materialsammlung Betr. Marxismus-Bolschewismus vom 25. Nov. 1932, IML ZPA St 10 (Reichsministerium des Innern)

49（Einheitsfrontbewegung）Bd. 6, Bl. 431.

(53) *Leipziger Volkszeitung,* Nr. 224.

(54) Keine Listenverbindung zwischen KPD und SPD bei den sächsischen Gemeindewahlen, Materialsammlung 19 vom 12. Okt. 32., IML ZPA St 10/49/Bd.6, Bl. 211.

(55) *Berliner Börsen-Zeitung,* Nr. 28 vom 17. Januar 1933.

(56) *Vossische Zeitung* Nr. 3 vom 3. Januar 1933, IML ZPA St 10/49/Bd.7a（Dez. 1932 –Feb. 1933）Bl. 157.

(57) *Berliner Börsen-Zeitung,* Nr. 28 vom 17. Januar 1933.

(58) Ziegs, D., E. Ziegs, Positionen der Leipziger Sozialdemokratie, S. 273.

(59) *Vorwärts,* Nr. 7 vom 5. Januar 1933.

(60) *Berliner Tageblatt,* Nr. 8 vom 5. Januar 1933.

(61) ベルリンではフリードリヒスフェルデに三人の共産党員が埋葬されるときにＳＰＤ系労働者も参列したとされる。*R.F.,* Nr. 35 vom 10. 2. 1933.

(62) *Berliner Börsen-Zeitung,* Nr. 65 vom 8. Feb. 1933, IML ZPA St 10/49 Bd. 7b, Bl. 305.

(63) *Inprekorr,* Nr. 18 vom 10. Feb. 1933.

(64) Arbeiterblut ruft zur antifaschistischen Kampfeinheit!, *R.F.,* Nr. 33 vom 8. Feb. 1933, IML ZPA St 10/49 Bd. 7b, Bl. 306.

(65) IML ZPA St10/49 Bd. 8（Feb. 1933– Dez. 1933）Bl. 2.

(66) IAN 2160 7/LS. 4, IML ZPA St 10/49 Bd. 7b, Bl. 364–365.

(67) *Berliner Börsen Zeitung,* Nr. 483 vom 14. Okt. 1932.

(68) IML ZPA St10/49/Bd. 6, Bl. 215.

(69) *Berliner Börsen-Zeitung,* Nr. 176 vom 14. Nov. 1932, IML ZPA St10/49/Bd. 6 Bl. 365.

(70) *Vorwärts,* Nr. 59–63 vom 7. 2. 1933, IML ZPA St10/49 Bd. 7b, Bl. 302.

(71) *Vorwärts,* Nr. 77 vom 15. Feb. 1933, IML ZPA St10/49 Bd. 7b Bl. 378.

(72) *Berliner Börsen-Zeitung,* Nr. 41 vom 25. Januar 1933, IML ZPA St10/49 Bd. 7a Bl. 215.

(73) *Tägliche Rundschau*, Nr. 40 vom 16. Feb. 1933, IML ZPA St10/49 Bd. 8 (Feb. 1933–Dez. 1933) Bl. 1.

(74) *Völkischer Beobachter*, Nr. 39, vom 8. Feb. 1933, IML ZPA St 10/49 Bd. 7b, Bl. 313.

(75) *Die Welt am Abend*, Nr. 32 vom 7. Feb. 1933, IML ZPA St 10/49 Bd. 7b Bl. 303.

(76) IAN 2160-7/13. 2, Polizeibehörde Hamburg, den 13. Feb. 1933, IML ZPA St 10/50Bd. 1b (Mai 1932–Feb. 1933) Bl 581.

## 終章　書き換えられる抵抗の歴史

(1) 石川捷治「ワイマール共和制期の統一戦線運動——成立条件に関する一試論」『法政研究』四六-二・三、一九八〇年、五六七～六〇五頁。

(2) Lein, A., *Antifaschistische Aktion 1945*. 拙稿「解放直後の反ファシズムと連合国」『西洋史学論集』第二五輯、一九八八年、一七～三二頁。

(3) 拙著『東ドイツの興亡』青木書店、一九九一年。

# あとがき

「抵抗」へのこだわりは、私の一貫して追求してきた研究テーマである。思春期がそのまま続いているといえないこともない。振り返れば、高校二年生のとき見た『ありふれたファシズム（The ordinary Fascism）』というソ連が作成したナチに関するドキュンタリー・フィルムに大きなショックを受け、自分は反ファシズム・エージェントたらんと意気込み、教訓を歴史に求めた。ファシズムが来ようとしている、という一九七〇年代半ばに当時感じていた危機感がそれを支えていた。学生運動が押さえ込まれ、一九七五年春闘の一週間に及ぶ交通ゼネストが敗北したことは、労働運動までも突破されたかのように私に感じさせた。現在に至る危機の時代はすでにこの時始まっていたのかもしれない。ただ、今と決定的に異なるのは、当時は何よりもコミュニズムという理想がもてた時代であったことである。

私がとくにコミュニズムに共鳴したのは、その抵抗する姿にであった。なぜ命を賭してまで抵抗できるのだろう、という素朴な疑問である。これも高校二年のときに見た山本薩夫監督『戦争と人間』の中で、山本圭扮する日本共産党員が、治安維持法違反で逮捕され拷問を受けて帰ってきた留置所の壁に血で書く「天皇制打倒」の文字が今でも忘れられない。

第三者の立場をとってそうした彼らの抵抗の姿を批判することは、ある意味簡単である。だが主体的に歴史のなかから教訓を導きたいというポジションからは、そうした立場は「ブルジョア的」に見えた。自らは身を安全な場所におきながら、評論家的に論じるのは、知的傲慢ではなかろうかという疑問は消えない。当時の学園紛争のなかでも、「仲間」が追いつめられて自殺したり、過労で病死したり、親から勘当されたり、頭蓋骨陥没の怪我を負ったりしながら、大学のあり方や自分の生き方を必死に模索していた学生を周りに見ていると、その時のマスコミの評論が事実とはまったくかけ離れた薄っぺらなものに見えて、ひどく腹をたてたことを覚えている。今風の言い方をすれば、エージェントやマルチチュードとしての歴史のなかに可能性を求めようとしていたのであろう。民衆一人一人の抵抗の歴史がどうにかして叙述できないだろうか。成功しているかどうかはともかく、卒業論文以来本書に達する私の目標である。

私の人生の転機は一九八二年にやってきた。東ドイツへ留学するチャンスが訪れ、躊躇なく、決断した。「もう帰って来れないかもしれない」と、コミンテルンの革命家気取りで、駅まで送りに来てくれた両親と涙で顔をゆがませながら別れたのを覚えている。反逆的血が私を後押ししていた。恐れよりもドイツという現地で反ファシストの息吹に耳を傾けたいという想いがはるかに勝っていた。東ドイツでは社会主義での生活に戸惑いながらも、無名戦士の記念盤を探す日々が続いた。

一方私が在籍していたイエナ大学は、一九七三年九月一一日に「ファシスト」ピノチェトによって倒されたチリのアジェンデ政権を支えその後迫害を逃れてきた若き社会主義者や、家族を皆殺しにされたパレスティナ人、共産主義者の「祖国」ソ連を何としても擁護しようとしていた「同志たち」でごった返していて、学問的な雰囲気というよりは、熱っぽい政治議論を一日中闘わせていた。あの必死さを体験できたのは一生の宝である。

東ドイツでの恩師であったフリッケ先生の配慮で、当時万全の監視下にあったマルクス・レーニン研究所でめったに見ることができなかった文書館史料を目にしたときは手が震えた。政権党によって解釈されるのではなく、自分が直接、反ファシズムの営為に接することができると、うきうきしていた。だがその東ドイツも今はない。

東西ベルリンを隔てていた壁が崩壊した一九八九年以降、東ドイツの経験をかわれて、社会主義論を論じることが要請された。そこでは社会主義という価値を擁護しようとして「未練学派」という称号までいただくこととなった。ただあれから二〇年近くたった今、格差社会が問題となり、また再び社会主義へと視点が向こうとしているのを見ると、自分のやったことが間違いではなかったような気がしてならない。

その後ジェンダー論も論じるようになり、反ファシズムをまとめることも忘れたわけではなかったがその作業は遅々としていた。ただ遅々としている理由は方法論の問題もあった。社会史が関心を集めていたし、元気いっぱいの社会学をはじめとする隣接分野からなされる、コミュニティや公共圏などに関する問題提起を無視することはできない。さらには言語論的転回、ポジショナリティ、歴史の叙述方法など様々なことを考えざるをえず、ずいぶん学問的方法論の環境も変わった。

そうした議論の重要性も認識し、私自身もそこでの議論に参加しながらも、その一方で、戦争や平和に関する多くの人間の生死を伴う決定が、まさに政治の分野で行われるとすれば、それに無関心でいるわけにもいくまい。本書は色々と試行錯誤の一つの結果だが、やはり権力を分析対象とする政治史独自の領域の有用性が実感される。

反ファシズム、社会主義論、ジェンダー論、社会構築主義、と一見関係ないように見える私のテーマだが、解放を目指すという点では一貫している。前間良爾先生が、「君がやっているのは、『解放の神学』ならぬ『解放の歴史学』だ」と指摘を受けたが、たしかに、解放のよすがを探しつづけているのかもしれない。

とくに「ファシズム」の危機がまさに現実味を帯びてきている現状ではなおさらである。私が危機感を持つのは、「ファシズム」側の強さに対してというよりも、それに対抗すべき有力な抵抗の主体が朦朧としていることである。アメリカでさえブッシュ大統領の横暴に対してグラスルーツ的な反作用がはたらくのに、日本ではそれを実感することが少なく、このままずるずると行くのではないかという危機感である。では、歴史的教訓としてはどこに求められるだろうか、というのが本書の意図しているところである。

思えば、そうこうしているうちに三〇年がたってしまった。ライフワークといえないこともない。

本書では、以下の既刊論文のうち、発掘した事実はそのままにしながらも、全体の論旨が一貫するようにそれに大幅に加筆した。

序　章　書き下ろし

第一章「ナチ前夜の労働者達の一プロフィール」
『社会経済史学』五三巻二号（一九八七年六月）七九～九六頁

第二章「ヴァイマル共和国末期における反ファッショ運動の諸相」
『歴史評論』三七三号（一九八一年六月）九七～一一五頁

第三章「ヴァイマル共和制末期の反ファッショ運動とドイツ共産党」
『西洋史学論集』第二一輯（一九八三年三月）三三～四六頁

第四章「ヒトラー前夜におけるドイツ人民戦線構想の萌芽」
『西洋史学論集』第二三輯（一九八五年一二月）三五～四七頁

第五章「一九三一年の『プロイセン赤色人民決定』問題」
『西洋史学』第一六八号（一九九三年三月）一～一五頁

第六章「ヴァイマル共和制末期ドイツ共産党の『苦悩』」
『熊本県立大学文学部紀要』第五六巻（二〇〇〇年一二月）一二一～一四八頁

第七章　「ヴァイマル末期ドイツ共産党の党内事情」
『熊本県立大学文学部紀要』第五七巻（二〇〇一年四月）一～二八頁
第八章　「ドイツにおける反ファシズムのポテンシャル」
『熊本県立大学文学部紀要』第五八巻（二〇〇一年一二月）一七～五二頁
第九章　「反ファシズム・エージェンシーの可能性」
『熊本県立大学文学部紀要』第五九巻（二〇〇二年五月）七二～九八頁
終　章　書き下ろし

まとめられた本書は、なによりも九州大学の多くの人たちの助言と励ましの賜物である。とくに「恩師」の名前を挙げよと言われたら、なんといっても石川捷治先生の名前を挙げなければならない。所属学部の違いを超えて、大学院生の時から問題意識を共有し、そこに集った「梁山泊」の「同志」たちと口角泡を飛ばしながら議論を続けたあの時代が懐かしい。議論が沸騰したあまり石川先生のネクタイを絞めたり、首投げをしていたとんでもない私のような院生を、よくも見捨てずに石川先生は受け入れられたものだと感心する。

他方、問題意識先行でまじめな学生とは到底いえなかった私に対して歴史家としての手ほどきをしていただいた黒川康先生に対する学恩は忘れ難い。

色々と悩みを抱え、精神的に不安定だった私を、ある時は戸惑いながら、ある時はあきれながら、優しい視線で見つめていただいた、当時助手を務めておられた大島誠さんはじめ当時の西洋史研究室の仲間たちにもお礼を述べたい。西洋史学研究室に対する感謝はまだ続く。山内昭人教授、神寶秀夫教授、岡崎敦助教授、さらには日本史の山口輝臣助教授には、ご多忙中にもかかわらず、私の博士論文の審査という大変な労を厭わずとっていただいた。

とくに山内先生には丁寧な指導をいただいた。お礼を述べたい。

また、出版に当たってはミネルヴァ書房の冨永雅史さんにお世話になった。無理ばかりをお願いしてさぞかし呆れられたのではないかと思う。

福岡大学からは「福岡大学学位論文出版助成に関する規定」に基づき、出版助成金をいただき支えていただいた。また校正を手伝ってくれた院生の宮崎慶一君、溝口伸浩君、北村厚君、さらには、索引作りを手伝ってくれた学生諸君にも感謝しなければならない。

最後に、私のこれまでの好き勝手を許してくれた家族にも一言お礼を言いたい。

硝煙の匂いが予感され、「抵抗」が再びテーマとして浮上することは、あまり時代風潮としては、歓迎できるものではないが、そのなかで、本書がマルチチュードたちに何らかの歴史的教訓を提供できれば、報われる気がする。

二〇〇七年三月

星乃治彦

## MINERVA 西洋史ライブラリー

①社会史の証人　W・ウッドラフ著　原　剛訳
②アメリカ禁酒運動の軌跡　岡本　勝
③都市国家のアウトサイダー　P・マケクニー著　向山　宏訳
④近代英国の起源　越智武臣
⑤ヴィクトリア時代の政治と社会　村岡健次
⑥知の運動　田中峰雄
⑦近代ヨーロッパと東欧　中山昭吉
⑧ジェントルマン・その周辺とイギリス近代　村岡健次・鈴木利章・川北　稔編
⑨ヴィクトリア朝の人びと　A・ブリッグズ著　村岡健次・河村貞枝訳
⑩西欧中世史（上）　佐藤彰一・早川良弥編
⑪西欧中世史（中）　江川　溫・服部良久編
⑫西欧中世史（下）　朝治啓三・江川　溫・服部良久編
⑬民衆啓蒙の世界像　寺田光雄
⑭大英帝国のアジア・イメージ　東田雅博
⑮リュトヘルスとインタナショナル史研究　山内昭人
⑯ヨーロッパ中世末期の民衆運動　M・モラ／Ph・ヴォルフ著　瀬原義生訳

⑰テクノクラートの世界とナチズム　小野清美
⑱フランス革命と群衆　G・リューデ著　前川貞次郎・野口名隆・服部春彦訳
⑲ナチズムとユダヤ人絶滅政策　栗原　優
⑳ステイタスと職業　前川和也編
㉑支配の文化史　岡本　明編
㉒西欧中世史事典　H・K・シュルツェ著　千葉徳夫他訳
㉓ナチズム体制の成立　栗原　優
㉔平和主義と戦争のはざまで　W・ウッドラフ著　原　剛訳
㉕ボリシェヴィキ権力とロシア農民　梶川伸一
㉖帝政末期シベリアの農村共同体　阪本秀昭
㉗よみがえる帝国　野田宣雄編
㉘ドイツ・エリート養成の社会史　望田幸男
㉙大英帝国と帝国意識　木畑洋一編
㉚イギリス労働史研究　E・J・ホブズボーム著　鈴木幹久・永井義雄訳
㉛ヴィクトリア時代の女性と教育　J・パーヴィス著　香川せつ子訳
㉜多分節国家アメリカの法と社会　山口房司

ミネルヴァ書房
http://www.minervashobo.co.jp/

《著者紹介》

星乃　治彦（ほしの・はるひこ）

1955年　熊本市生まれ。
1988年　九州大学大学院文学研究科博士後期課程満期退学。
現　在　福岡大学人文学部教授，博士（文学），博士（法学）。
専　攻　ドイツを中心とした現代史。
主　著　『男たちの帝国』岩波書店，2006年。
*Macht und Bürger-Der 17. Juni 1953*, Peter Lang, Frankfurt/M. etc 2002.
『欧州左翼の現在』日本図書刊行会，2002年。
『社会主義と民衆』大月書店，1998年。
『社会主義国における民衆の歴史：1953年6月17日東ドイツの情景』法律文化社，1994年。
『東ドイツの興亡』青木書店，1991年。

MINERVA西洋史ライブラリー㊹
ナチス前夜における「抵抗」の歴史

2007年3月30日　初版第1刷発行　　検印廃止

定価はカバーに
表示しています

著　者　星　乃　治　彦
発行者　杉　田　啓　三
印刷者　林　初　彦

発行所　株式会社　ミネルヴァ書房
607-8494　京都市山科区日ノ岡堤谷町1
電話代表（075）581-5191番
振替口座　01020-0-8076番


太洋社・兼文堂

ISBN978-4-623-04861-8
Printed in Japan

# 索　引

## [ア　行]

アインシュタイン，アルベルト　Albert Einstein　158,177
赤いプロイセン　91
アーレント，ハンナ　Hannah Arendt　2
ヴィンターニッツ，ヨゼフ　Josef Winternitz　80,81,84,86,88,89
ヴェーナー，ヘルベルト　Herbert Wehner　104,109,118
ヴェールズ，オトー　Otto Wels　177
ウルブリヒト，ヴァルター　Walter Ulbricht　32,37,38,100,144,146,155,160,167,182
エーメル，アレクサンダー　Alexander Emel　79,81,83,86,89
エリアス，ノルベルト　Norbert Elias　2

## [カ　行]

カウツキー，カール　Karl Kautsky　21
革命的労働組合反対派　RGO　132,158,159,172,175,186,188,189
片山潜　158
キーツ　Kietz　21
許容政策　13,62
グルジェジンスキー，アルベルト　Albert Grzesinski　42,50,51,123
クノーリン，ヴィルヘルム　Wilhelm Knorin　97
クリック　Clique　23,130-193
クロイツブルグ，アウグスト　August Creutzburg　38
グローテヴォール，オトー　Otto Grotewohl　60,61
「経営の中へ！（Hinein in Betrieb = HIB)」運動　174,187
ゲルバー，ルドルフ　Rudolf Gerber　36,37,39,58,105
「綱領宣言」(1930年8月24日)　82,97
個人テロ　128
コミンテルン　3-6,11,121,128,142,144,148,151,154,157-170
——の「歴史的転換」　9
ゴーリキ，マキシム　Maksim Gorky　158
コルヴィッツ，ケーテ　Käthe Schmidt Kollwitz　177

## [サ　行]

シェール，ヨーン　John Schehr　61,74
「ジグザグ・コース」　4,59,68
「市民としての勇気」　Zivilcourage　1
「社会ファシズム」　29,74,92,107,108,130,175,178
ジャコバン的，プレブス的革命　86
シュタンプファー，フリードリヒ　Friedrich Stampfer　73,200
シュレンジンガー，ルドルフ　Rudoolf Schlesinger　9,79
城内平和的ムード　eine Burgfriedensstimmung　172,178
人民革命　9,32,35,58,79,83-85,92,93
人民戦線　3

スターリン，ヨゼフ　Josef Stalin　144，148，154，166
スターリン書簡　87，110
ストライキの波　190，191
政治的大衆ストライキ　35，36，38，77，83
「赤色人民決定」(1931年8月)　91，92，126
赤色戦線闘士団　24，25
赤色労働組合　17
1930年9月国会選挙　137，156
「全般的危機の第三期」論　33，34
ソヴィエト　39，52，53，65，68

## [タ　行]

代表者会議運動　38-40，54，64
ダーレム　Franz Dahlem　152
「血のメーデー」事件　29
「調停派」　Versöhnler　61
ツェトキン，クララ　Clara Zetkin　81
「出会いがしらにファシストを殴れ」　119
鉄戦線　131
テールマン，エルンスト　Ernst Thälmann　10，30，33，56-58，68，83，87，88，95，100，106，109-111，126，127，130-132，134，136，140-151，153，154，160，166-170，172，177，183
ドイツ
　――共産党中央委員会総会　94，131，132，135，136，166，167，174，176
　――共産党反対派　KPD-Opposition　73
　――社会主義労働者党　SAP　117，131，172，182
ドゥンカー，ヘルマン　Hermann Duncker　80
突撃隊　SA　114-116

## [ナ　行]

「二正面闘争」　88，107
「眠れる闘争エネルギー」　35，37，56
ノイマン，ハインツ　Heinz Neumann　10，58，93，100，105，124，126，127，129，130，136，140，141，143-152，154，167
ノイマン派　15，106

## [ハ　行]

バウアー，オトー　Otto Bauer　199
パーペン，フランツ・フォン　Franz von Papen　16，173，176
パーペン・クーデター　173，174，186
ハルツブルク戦線　109，120，129，130
バルビュス，アンリ　Henri Barbusse　158
「反動的大衆」　82
パンと職と自由　42，43，48，51，53，82
反ファッショ
　――行動　Antifaschistische Aktion　11，77，155，156，162，164，165，172-175，178，180
　――人民革命　32，34，35，38，54，56，58，84
　――人民戦線　48，53，54
　――闘争同盟　Kampfbund gegen den Faschismus　40
ピーク，ヴィルヘルム　Wilhelm Pieck　11，95，102，130，148，152，169，170，201
ヒトラー，アドルフ　Adolf Hitler　33
ピヤトニツキー　Pjatnitsky，Iosif　11，97，141，143，159
ヒルシュ，ヴェルナー　Werner Hirsch　148，149，152
貧困と反動に抗する統一委員会　77，113，114，117

ファシズムに反対する闘争について（1930年6月4日）　82
「ファッショ独裁」（1930年12月）　32, 33, 35, 54, 56, 57, 69
フィッシャー，ルート　Ruth Fischer　80
フーゲンベルク，アルフレート　Alfred Hugenberg　33
ブライトシャイト，ルドルフ　Rudolf Breitscheid　124, 131
フリーク，レオ　Leo Flieg　95, 100, 106, 145
ブリューニング，ハインリヒ　Heinrich Brüning　33, 49, 50
プロイセン邦議会解散　101
プロイセン邦議会内院内共闘（1932年）　171
『プロパガンディスト』　93
フローリン，ヴィルヘルム　Wilhelm Florin　152, 170, 175
ボルシェヴィキ化　4

## ［マ　行］

マヌイルスキー，ドミトリ　Dmitri Manuilsky　97, 158
マルクス，カール　Karl Marx　51, 85
マン，ハインリヒ　Heinrich Mann　158, 176, 177
ミュンツェンベルク，ヴィリー　Willi Münzenberg　54
メルカー，パウル　Paul Merker　29, 30

## ［ヤ　行］

「より小さな害悪」　129

## ［ラ　行］

ラサール，フェルディナンド　Ferdinand Lassalle　82
ルクセンブルク，ローザ　Rosa Luxemburg　36, 83
ルクセンブルク主義　36, 58, 84
「歴史的転換」　3
レーゼ，マリア　Maria Reese　81
レーニン，ウラジミール・イリッチ　Wladimir Iljitsch Lenin　85
レーベ，パウル　Paul Löbe　199, 200
レメレ，ヘルマン　Hermann Remmele　29, 52, 81, 100, 105, 107, 140, 141, 143, 145, 146, 148–152, 160, 167, 169
労働者階級の多数派獲得　132, 134
ロラン，ロマン　Romain Rolland　158

# 文献目録（主に本書で使用したもの）

## 1．文書館史料


・Institut für Marxismus-Leninismus beim Zentralkomitee der Sozialistischen Einheitspartei Deutschlands, Zentrales Parteiarchiv（IML, ZPA）.

—St10/49（Nachrichtensammelstelle in Reichsministerium des Innern, An die Nachrichtenstellen der Länder）, Bd. 1a, Bd. 2a（Mai1932-Juni1932）, Bd. 2b, Bd. 5a（Juli 1932-Aug. 1932）, Bd. 5b, Bd. 8（Feb. 1933-Dez. 1933）, St 10/50 Bd. 1a（Mai 1932-Feb. 1933）.

—St10/50（Antifaschistische Aktion-Massenselbstschutzformation）Bd. 1b（Mai 1932-Feb. 1933）.

—St22（Polizeipräsidium Berlin）/162（Antifaschistische Aktion）1931-1933.

・Institut für Geschichte der Arbeiterbewegung, Zentralparteiarchiv der Partei des Demokratischen Sozialismus（IfGA, ZPA）.

—I 6（Exekutivkomitee der Kommunistischen Internationele（EKKI）, Sekretariat）/3（Polikomission）/230.

—I 6/3/219（Pieck）.

—I 6（Kommunistische Internationale, Exkutivkomitee-Vertretung der KPD, Sekretariat）/10/84-85（Pjatnitzki）.

— NL36/10（Nachlaß Pieck）Bl. 140.

— ZK der KPD I 2

・Stiftung Archiv Parteien und Massenorganisationen der DDR beim Bundesarchiv, Zentralparteiarchiv der Partei des Demokratischen Sozialismus（SAMPO, ZPA）.

—I2/3（KPD Politbüro Januar-August 1932）/12.

—I2/5（KPD ZK Protokoll der Sekretariatssitzungen 1932 Januar-Mai）.

—I6/3（EKKI Präsidium）/55（19. Mai 1932）.

—I6（EKKI）/10（Politsekretariat）/36.

・Reichskomissar für Überwachung der öffentlichen Ordnung und Nachrichtensammel-

stelle im Reichsministerium des Innern, Lageberichte (1920-1929) und Meldungen (1929-1933), Bestand des Bundesarchives Koblenz.

- Memoiren Rudolf Schlesinger, Kommunistischer Emigrant in England (Pseudnym: Gerber) 1901-1938, Deutsche Fassung des Manuskriptes, Bundesarchiv-Koblenz (BA-Koblenz) Bestand Kleinen Erwerbung 609.
- Landesarchiv Berlin (LAB) Rep. 58 (Generalstaatsanwalschaft beim Landgericht Berlin)/2624, I, 129 u. 135, II27, Rep. 58/31, II 79.
- Staatsarchiv Hansastadt Bremen (SAHB) 4, 65 (Polizeidirektion Bremen)/VI. 1000. 44.d.
- International Institute for Social History, Amsterdam (IISG), Nachlaß Grzesinski, die Dokumente Nr. 1389 und 1390.
- NSDAP Hauptarchiv, Hoover Institution, Reel 41, Folder 810.

## 2. 議事録

- Protokoll-Manuskript der Sitzung des Zentralkomitees der KPD vom 20-23. Feb. 1932. 1. Verhandlungstag 20. Feb. (Protokoll-Manuskript I), in: IfGA, ZPA I 2/1/82-3.
- Protokoll-Manuskript der Sitzung des Zentralkomitees der KPD vom 20-23. Feb. 1932, in: IfGA ZPA I 2/1/82/190.
- *Protokoll des ersten Reichsparteitages der Sozialistischen Arbeiter-Partei Deutschlands in Berlin, 25.-28. März 1932*, hrsg. v. Parteivorstand (hekt.), in: IML, ZPA, St 10/49/19/263.
- *Protokoll des 12. Parteitages der KPD, Berlin - Wedding 9. bis 16. Juni 1929*, hrsg. v. ZK der KPD, Berlin (1929); *Waffen für den Klassenkampf, Beschlüsse des XII Parteitages der KPD*, Berlin (1929).
- *Protokoll fünfter Kongress der Kommunistischen Internationale*, Hamburg 1924.
- *Protokoll 10. Plenum des EKKI., Moskau 3. 7.-19.7. 1929*, Hamburg-Berlin, 1929.
- Resolution der Parteikonferenz der KPD über das XII. Plenum des EKKI und die Aufgaben der KPD, in: *Inprekorr* XIII, Nr. 11 (26. January 1933).
- *Sozialdemokratischer Parteitag in Leipzig 1931 vom 31. Mai bis 5. Juni im Volkshaus, Protokoll*, Berlin 1931.

## 3．史料集


・Karl H., Kücklich, E. (Hg.), *Die Antifaschistische Aktion, Dokumentation und Chronik Mai 1932 bis Januar 1933* (*A. A.*), Berlin 1965.

・Ruge, W. u. (Hg.), *Dokumente zur deutschen Geschichte 1929–1933,* Berlin 1975.

・*Zur Geschichte der Kommunistischen Partei Deutschlands. Eine Auswahl von Materialien und Dokumenten aus Jahren 1914–1946,* Berlin 1954.


## 4．新聞・雑誌


・*Der Abend, Spätausgabe des "Vorwärts"*

・*Arbeiterpolitik, Kommunistische Tageszeitung*

・*Deutsche Allgemeine Zeitung*

・*Fackel, Organ der SAPD*

・*Frankfurter Zeitung*

・*Gegen den Strom*

・*Die Gemeinde*

・*Gewerkschafts-Archiv*

・*Gewerkschaftszeitung*

・*Holzarbeiterzeitung*

・*Internationale Information.* hrsg. v. Sekretariat der Sozialistischen Arbeiterinternationale

・*Internationale Presse-Korrespondenz* (*Inprekorr* )

・*Die Kommune*

・*Der Klassenkampf, Sozialistische Politik und Wirtschaft*

・*Marxistische Tribüne für Politik und Wirtschaft*

・*Metallarbeiter Zeitung*

・*Neue Arbeiter=Zeitung, Organ der KPD für die Gebiete Hannover=Braunschweig und Hessen=Waldeck* (*NAZ*)

・*Der Propagandist*

・*Die rote Einheitsfront, Diskussionsorgan der Roten Einheitsfront,* hrsg. v. Maria Reese

・*Sozialistische Arbeiterzeitung* (*SAZ*)

・*Süddeutsche Zeitung*

・*Völkischer Beobachter*

・*Volkswille* (*Berlin*)
・*Volksfreund*
・*Vorwärts*

## 5．同時代文献

・*ADGB, Jahrbuch 1930.*
・Decker, W., *Kreuze am Wege zur Freiheit,* Leipzig 1935.
・Ehrhardt, J., *Cliquenwesen und Jugendverwahrlosung, Zentralblatt für Jugendrecht und Jugendwohlfahrt,* Bd. 21 (1930).
・Gerber, R., *Hitlerdeutschland, die Sozialdemokratie und die proletarische Revolution, einl. v. W. Pieck, Rede auf dem XIII Plenum des EKKI,* o. *O.* (1934).
・*Geschäftsbericht des Ortsausschusses Berlin des ADGB* (*1931*), Berlin 1932.
・Lewerenz, R., Zum Kurswechsel in der KPD, Dokumente aus den Jahre 1927/1928, *Beiträge zur Geschichte der Arbeiterbewegung* (*BzG*) Jg. 33 (1991) -6, S. 771-788.
・Matern. H., *Im Kampf für Frieden, Demokratie und Sozialismus. Ausgewählte Reden und Schriften Bd. 1 1926-1956,* Berlin 1963.
・Münzenberg, W., *Volksrevolution gegen faschistische Diktatur,* Düsseldorf (1930 od. 1931).
・Schönstedt, W., *Kämpfende Jugend,* reprint 1972.
・[Ulbricht, W.,] *Volksrevolution gegen Faschismus!,* Berlin 1931.
・Voss, O., Schön, H., *Die Cliquen jugendlicher Verwahrloster als sozialpädagogische Schriftenreihe, I : Erfahrungen der Jugendlichen,* Potsdam 1930.

## 6．回想録

・Baumann, E., Die parteifeindliche Rolle der SAP, in : *Neues Deutschaland,* Jg. 6 Nr. 38 v. 15. 2. 1951.
・Bohn, W, Mit John Schehr in Niedersachsen-Braunschweig, *BzG,* Jg. 19 (1977)-1.
・Brüning, H., *Memoiren 1918-1934,* Stuttgart 1970.
・Grzesinski, A., *Inside Germany,* New York 1939.
・Leber, J., *Ein Mann geht seinen Weg,* Berlin u. Frankfurt 1975.
・Regler, G., *Ohr des Malchus,* Köln/Berlin 1958.
・Seydewitz, M., *Es hat sich gelohnt zu leben,* 2 Bde., Berlin 1976.

・Seydewitz, M., Was war die SAP? in : *Neues Deutschland* (*ND*) Jg. 6 Nr. 33 v. 9. 2. 1951.
・Stampfer, F., *Erinnerungen und Erkenntnisse, Aufzeichnungen aus meinem Leben*, Köln 1957.
・Wehner, H., *Zeugnis*, hrsg. v. Gerhard Jahn, Köln 1982, S. 56 = *Geheim Bericht KP und Komintern*, Frankfurt /M./Wien (1969), S. 10 = *Selbtbesinnung und Selbstkritik*, hektgrapf., 1946.


## 7. 欧文研究文献


・Adolf, H. L., *Otto Wels und die deutsche Sozialdemokratie 1894–1939*, Berlin (West) 1971.
・Anderson, E., *Hammer oder Anboß, Zur Geschichte der deutschen Arbeiterbewegung*, Nürnberg 1948.
・*Auf leninistische Kurs, Geschichte der KPD Bezirksorganisation Halle-Merseburg bis 1933*, Halle 1979.
・Bachmann, K., Wer hat die Weimarer Republik zugrunde gerichtet ?, *Marxistische Blätter*, Jg. 16 (1978)–5.
・Bahne, S., *Die KPD und das Ende von Weimar, Das Scheitern einer Politik 1932–1935*, Frankfurt/M. u. New York, 1976.
・Bell, D., V. Held, The Community Revolution, *The Public Interest*, 16 (1969).
・Berger, P., *Gegen ein braunes Braunschweig, Skizzen zum Widerstand 1925–1945*, Hannover 1980.
・Brandt, P. u. a., *Antifaschismus, ein Lesebuch*, Berlin (West) 1975.
・Braunthal, G., *Der Allgemeine Deutsche Gewerkschaftsbund, Zur Politik der Arbeiterbewegung in der Weimarer Republik*, Köln 1981.
・Breit, E. (Hg.), *Aufstieg des Nationalsozialismus, Untergang der Republik, Zerschlagung der Gewerkschaften*, Köln 1984.
・Buber, N., *Kriegsschauplätze der Weltrevolution*, Stuttgart 1967.
・Carr, E. H., *The Twilight of Comintern, 1930 –35*, London 1983.
・Deppe, F. u. a. (Hg.), *Geschichte der deutschen Gewerkschaftsbewegung*, Köln 1977.
・Dieckmann, F., *Glockenläuten und offene Fragen*, Frankfurt 1991.
・Doehler, E. /E. Fischer, *Revolutionäre Militärpolitik gegen faschististische Gefahr, Militärpolitische Probleme des antifaschistischen Kampfes der KPD von 1929 bis 1933*, Berlin 1982.

· Dorpalen, A., SPD und KPD in der Endphase der Weimarer Republik, in: *Vierteljahreshefte für Zeitgeschichte* (*VfZ*), 31 (1983).

· Drechsler, H., *Die Sozialistische Arbeiterpartei Deutschlands* (*SAPD*), Meisenheim/Glan 1965.

· Ehms, M.-L., *Protest und Propaganda, Demonstrationen in Berlin zur Zeit der Weimarer Republik*, Berlin/New York 1997.

· Erlinghagen, R., *Die Diskussion um den Begriff des Antifaschismus seit 1989/90*. Berlin/ Hamburg 1997.

· *Ernst Thälmann, Eine Biographie, 2 Bde.*, Berlin 1981.

· Falter, J. W., *Hitlers Wähler*, München 1991.

· Finker, K., *Geschichte des Roten Frontkämpferbundes*, Berlin 1981.

· Fischer, C., *The German Communists and the Rise of Nazism*, London 1991.

· Fischer, C., Gab es am Ende der Weimarer Republik einen marxistischen Wählerblock? *Geschichte und Gesellschaft*, 21 (1995), S. 18–29.

· Frei, N., Wie moderne war der Natonalsozialismus?, in: *Geschichte und Gesellschaft*, Jg. 19 (1993), S. 10–32.

· Fülberth, G., Die Übereinkunft zwischen SPD und KPD in Braunschweig nach den Kommunalwahlen 1. März 1931, *Deutsche Arbeiterbewegung vor dem Faschismus*, Berlin 1981.

· Fülberth, G., *Die Beziehungen zwischen SPD u. KPD in der Kommunalpolitik der Weimarer Republik, 1918/19 bis 1933*, Köln 1985.

· Gehrke, R., *Aus Braunschweigs dunkelsten Tagen. Der Rieseberger Massenmord über den Widerstand im ehemaligen Freistaat Braunschweig 1933–1945*, Braunschweig 1961.

· *Geschichte der deutschen Arbeiterbewegung in acht Bänden*, vom Institut des Marxismus -Leninismus beim ZK der SED, Bd. IV, Berlin 1963.

· Grebing, H., Faschismus, Mittelschichten und Arbeiterklasse, Probleme der Faschismus- Interpretation in der sozialistischen Linken während der Wirtschaftskrise, in: *Internationale wissenschaftliche Korrespondenz zur Geschichte der deutschen Arbeiterbewegung* (*IWK*). *Jg.* 12 (1976)-4.

· Grebing, H., Thesen zur Niederlage der organisierten Arbeiterschaft im Kampf gegen den deutschen Faschismus, in: Breit, E. (Hg.), *Aufstieg des Nationalsozialismus , Untergang der Republik, Zerschlagung der Gewerkschften*, Köln 1984.

· Gotschlich, H., *Zwischen Kampf und Kapitulation, Zur Geschichte des Reichsbanners Schwarz-Rot-Gold*, Berlin 1987.

・Habermas, J., *Theorie des kommunikativen Handels in 2 Bde.*, Frankfurt 1988.

・Hamilton, R. F., *Who voted for Hitler ?*, Princeton 1982.

・Heer-Kleinert, L., *Die Gewerkschaftspolitik der KPD in der Weimarer Republik*, Frankfurt 1983.

・Heupel, E., *Reformismus und Krise, Zur Theorie und Praxis von SPD, ADGB und AfA-Bund in der Weltwirtschaftskrise 1929–1932/33*, Frankfurt/M. u. New York 1981.

・Hobsbawm, E. J., Labour History and Ideology, *Journal of Social History*, 7 (Summer 1974).

・Hortzschansky, G. u. a., *Thälmann, eine Biographie*, Berlin 1981.

・Hundertmark, W., Arbeitslosenausschüsse, Arbeitslosenzeitung- die Erfahrungen heute nutzen, in : *Unsere Zeit* (Düsseldorf), Jg. 14, Nr. 69 vom 24. 3. 1982, S. 7.

・Ireland, W., The Lost Gamble. The Theory and Practice of the Communist Party of Germany between Social Democracy and National Socialism, 1929–1931, Baltimore 1971.

・Keller, E., Ein alter sozialistischer Hauden, Georg Ledebour, in : *BzG* Jg. 26 (1984)-4.

・Kern, H., Der Kampf der Werktätigen unter Führung der KPD gegen die zunehmende Verelendung, gegen die Kriegsgefahr und den aufkommenden Hitlerfaschismus im Kreis Zittau (1929–1933), Leipzig, Phil. Diss., 1968.

・Kinner, K., *Der deutsche Kommunismus, Selbstverständnis und Realität, Bd. 1 Weimarer Zeit*, Berlin 1999.

・Kirchhoff, W., Der Kampf der werktätigen Landbevölkerung im Regierungsbezirk Magdeburg unter Führung der KPD–Bezirksparteiorganisation während der Weltwirtschaftskrise 1929 bis 1932, Diss., Halle 1970.

・Kriegenherdt, F., Die Opposition der Sozialdemokratie in Sachsen gegen die Politik des Parteivorstandes der Sozialdemokratischen Partei Deutschlands vom Ausbruch des sächsischen Parteikonflikts in der SPD um die Jahresende 23/24 bis zur Gründung der Sozialistischen Arbeiterpartei Deutschlands Anfang Oktober 1931, phil. Diss., B, Potsdam 1971.

・Kuczynski, J., *Geschichte des Alltags des deutschen Volkes Studien 5, 1918–1945*, Berlin 1982.

・Kuczynski, J., *Die Geschichte der Lage der Arbeiterklasse unter dem Kapitalismus*, Tl. I, Bd. 5, Berlin 1966.

・Kurz, T., *"Blutmai"*, *Sozialdemokraten und Kommunisten im Brennpunkt der Berliner Ereignisse von 1929*, Berlin/Bonn 1988.

・Lange, P. H., *Stalin versus "Sozialfaschismus" und "Nationalfaschismus"*, Göttingen 1969.

・Lein, A., *Antifaschistische Aktion 1945. Die 'Stunde Null' in Braunschweig*, Göttingen 1978.

・Lüders, D., *Gegen Krieg und Faschismus, Jungsozialisten in der Weimarer Republik 1925–1931*, [Hamburg] 1982.

・Mai, G., "Warum steht der deutsche Arbeiter zu Hitler?", *Geschichte und Gesellschaft* 12 (1986).

・Mallmann, K.-M., Milieu, Radikalismus und lokale Gesellschaft, Zur Sozialgeschichte des Kommunismus in der Weimarer Republik, in : *Geschichte und Gesellschaft*, 21 (1995).

・Mallmann, K.-M., *Kommunisten in der Weimarer Republik, Sozialgeschichte einer revolutionären Bewegung*, Darmstadt 1996.

・Mallmann, K.-M., Gehorsame Parteisoldaten oder eigensinnige Akteure? Die Weimarer Kommunisten in der Kontroverse–Eine Erwiderung, *VfZ*, Jg. 47 (1999)–3.

・Mammach, K., Bemerkungen über die Wende der KPD zum Kampf gegen den Faschismus, in : *BzG*, Jg. 5 (1963).

・Merkl, P., Approaches to Political Violence : the Strormtroopers, 1925–1933, in : Mommsen, W. J., G. Hirschfeld, *Social Protest, Violence and Terror in Nineteenth- and Twntieth-century Europa*, London 1982.

・Mommsen, H., *Heinrich Brünings Politik als Reichskanzler, Das Scheitern eines politischen Alleingangs, Wirtschaftskrise und liberale Demokratie, Das Ende der Weimarer Republik und die gegenwärtige Situation*, Göttingen 1978.

・Mommsen, H., *Alternative zu Hitler, Studien zur Geschichte des deutschenWiderstandes*, München 2000.

・Müller, W., *Lohnkampf, Massenstreik,Sowjetmacht, Ziele und Grenzen der "Revolutionären Gewerkschafts-Opposition" (RGO) in Deutschland 1928 bis 1933*, Köln 1988.

・Negt, O., *Geschichte und Eigensinn*, Frankfurt 1981.

・Neuhäußer–Wispy, U., *Die KPD in Nordbayern 1919–1933, Ein Beitrag zur Regional- und Lokalgeschichte des deutschen Kommunismus*, Nürnberg 1981.

・Niemann, H. u. a., *Geschichte der deutschen Sozialdemokratie 1917 bis 1945*, Berlin 1982.

・Niethammer, L., *Der gesäuberte 'Antifaschismus'*, Berlin 1994.

・Petzold, J., SPD und KPD in der Endphase der Weimarer Republik, in : Winkler, H. A. (Hg.), *Die deutsche Staatskrise 1930–1933. Handlungsspielräume und Alternativen*, München 1992.

・Peukert, D. J. K., *Jugend zwischen Krieg und Krise, Lebenswelten von Arbeiterjungen in der Weimarer Republik*, Köln 1987.

・Pfreschner, R., Zum Kampf der KPD um Herstellung der Einheitsfront der deutschen Arbeiterklasse in den Leunawerken und in Magdeburg vor dem Machtantritt des Faschismus in Deutschland, *Wiss. Zs. der Karl-Marx Univ. Leipzig, Ges.-u. sprachwiss. Reihe 12–2 (1963)*.

・Prinz, M. / Zittelmann, R. (Hg.), *Nationalsozialismus und Modernisierung*, Darmstadt 1991.

・Projektgruppe Arbeiterkultur Hamburg, *Vorwärts und nicht vergessen, Arbeiterkultur in Hamburg um 1930*, Berlin (West) 1982.

・Rengstorf, E. -V., *Links-Opposition in der Weimarer SPD, Die "Klassenkampf-Gruppe" 1928–1931*, Hannover 1976.

・Roloff, E.-A., *Bürgertum und Nationalsozialismus 1930–1933. Braunschweigs Weg ins Dritte Reich*, Hannover 1961.

・Roloff, E.-A., *Braunschweig und der Staat von Weimar. Politik, Wirtschaft und Gesellschaft*, Braunschweig 1964.

・Rosenhaft, E., Organising the "Lumpenproletariat" Cliques and Communists in Berlin during the Weimar Republic, in : Evans, R. J. (ed.), *The German Working Class 1888–1933, The Politics of Everyday Life*, London 1982.

・Rosenhaft, E., *Beating the Fascists ? The German Communists und political Violence 1929–1933*, Cambridge 1983.

・Rohe, K., *Das Reichsbanner Schwarz-Rot-Gold, Ein Beitrag zur Geschichte und Struktur der politischen Kampfbände zur Zeit der Weimarer Republik*, Düsseldorf 1966.

・Roßmann, D., *Kultuelle Öffentlichkeit in Oldenburg-Osternburg 1918–1933, Kritische Untersuchungen zum Verhältnis von Arbeiteralltag u. Politik der KPD*, Diss. Oldenburg 1979.

・Schirmann, L., *Blutmai Berlin 1929*, Berlin 1991.

・Schleifstein, J., *Die "Sozialfaschismus" : These zu ihrem geschichtlichen Hintergrund*, Frankfurt/M. 1980.

・Schmiechen-Ackermann, D., *Nationalsozialismus und Arbeitermilieus*, Bonn 1998.

・Schnabel, T., *Württemberg zwischen Weimar und Bonn 1928 bis 1945/46*, Stuttgart

1986.

· Schneider, M., *Das Arbeitsbeschaffungsprogramm des ADGB, Zur gewerkschaftlichen Politik in der Endphase der Republik*, Bonn-Bad Godesberg 1975.

· Schneider, M., Tolerierung-Opposition-Auflösung, Die Stellung des Allgemeinen Deutschen Gewerkschaftsbundes zu den Regierungen Brüning bis Hitler, in: Luthardt, W. (Hg.), *Sozialistische Arbeiterbewegung und Weimarer Republik, Materialien zur gesellschaftlichen Entwicklung 1927–1933*, Frankfurt/M. 1978.

· Schumann, D., *Politische Gewalt in der Weimarer Republik 1918–1933*, Essen 2001.

· Schwartzbach, H., Über den Kampf der KPD gegen die Gefahr des Faschismus und für die Verteidigung der Lebensrechte des deutschen Volkes in Ostsachsen in der Zeit von 1929–1933, Diss., Berlin 1969.

· Skrzypczak, H., Führungsprobleme sozialistischen Arbeiterbewegung in dem Ende dem Weimarer Republik, in: *Herkunft und Mandat, Beiträge zur Führungsproblematik der deutschen Arbeiterbewegung*, Frankfurt/M. u. Köln 1975.

· Stolle, U., *Arbeiterpolitik im Betrieb, Frauen und Männer, Reformisten und Radikale, Fach-und Massenarbeiter bei Bayer. BASF, BOSCH in Solingen (1900–1933)*, Frankfurt/M. u. New York 1980.

· Striefler, Ch., *Kampf um die Macht, Kommunisten und National sozialisten am Ende der Weimarer Republik*, Berlin 1993.

· Tenfelde, K., *Proletarische Provinz, Radikalisierung und Widerstand in Penzberg/ Oberbayern 1900 bis 1945*, München 1982.

· Voßke, H., *Otto Grotewohl. Biographischer Abriß*, Berlin 1979.

· Ward, J. J., "Smash the Fascists...", German Communist Efforts to Counter the Nazis, 1930–31, in: *Central European History*, 14 (1981), pp. 30–62.

· Warneken, B. J. (Hg.), *Massenmedium Straße, Zur Kulturgeschichte der Demonstration*, Frankfurt/ New York 1991.

· Weber, H., *Die Wandlung des deutschen Kommunismus, Die Stalinisierung der KPD in der Weimarer Republik*, 2 Bde., Frankfurt/M. 1969.

· Weber, H., Zwischen kritischem und bürokratischem Kommunismus, unbekannte Briefe von Clara Zetkin, in; *Archiv für Sozialgeschichte* XI. Bd. (1971).

· Weber, H., *Die Generallinie, Rundschreiben der Zentralkomitees der KPD an die Bezirke 1929–1933*, Einleitung VII–CXI, Düsseldorf 1981.

· Weber, H., *Hauptfeind-Sozialdemokratie, Strategie und Taktik der KPD 1929–1933*, Düsseldorf 1982.

· Weingartner, T., *Stalin und der Aufstieg Hitlers*, Berlin, 1970.

・Wieszt, J., *KPD-Politik in der Krise 1928- 1932*, Frankfurt/M. 1976.
・Winkler, H., *Der Weg in die Katastrophe, Arbeiter und Arbeiterbewegung in der Weimarer Republik 1930 bis 1933*, Bonn 1990.
・Wirsing, A., "Stalinisierung" oder entideologisierte "Nischengesellschaft"? Alte Einsichten und neue Thesen zum Charakter der KPD in der Weimarer Republik, in: *VfZ*, Jg. 45 (1997)-3.
・Wrobel, K., Zum Kampf Wilhelm Piecks gegen imperialistischen Terror und Faschismus 1929-1932, in: *Zeitschrift für Geschichtswissenschaft*, 23 (1975).
・Wünderich, V., *Arbeiterbewegung und Selbstverwaltung. KPD und Kommunalpolitik in der Weimarer Republik. Mit dem Beispiel Solingen*, Hammer 1980.

## 8．邦語文献

### ▶翻訳本

・L. アルチュセール（西川長夫訳）『国家とイデオロギー』福村出版，1975年。
・L. アルチュセール（加藤晴久訳）『共産党のなかでこれ以上続いてはならないこと』新評論，1978年。
・H. アーレント（山田正行訳）『暴力について――共和国の危機』みすず書房，2000年。
・N. エリアス（青木隆嘉訳）『ドイツ人論』法政大学出版局，1996年。
・F. エンゲルス『イギリスにおける労働者階級の状態 1』国民文庫（大月書店），1971年。
・M. カステル（山田操訳）『都市問題』恒星社厚生閣，1984年。
・M. カステル（石川淳志監訳）『都市・階級・権力』法政大学出版局，1989年。
・M. カステル（石川淳志監訳）『都市とグラスルーツ』法政大学出版局，1997年。
・M. カステル（大澤善信訳）『都市・情報・グローバル経済』青木書店，1999年。
・I. ケルショー（柴田敬二訳）『ヒトラー神話』刀水書房，1993年。
・F. ジェイムソン（松浦俊輔・小野木明恵訳）『時間の種子』青土社，1998年。
・E. ソジャ（加藤政洋・水内俊雄・大城直樹・西部均・長尾謙吉訳）『ポストモダン地理学』青土社，2003年。
・E. P. トムスン（市橋秀夫・芳賀健一訳）『イングランド労働者階級の形成』青弓社，2003年。
・W. ネルディンガー（清水光二訳）『ナチ時代のバウハウス・モデルネ』大学教育出版，2002年。
・D. ハーヴェイ（吉原直樹訳）『ポストモダニティの条件』青木書店，1999年。

・R. E. パーク／E. W. バーゼス／R. D. マッケンジー（大道安次郎・倉田和四生訳）『都市　人間生態学とコミュニティ論』鹿島研究所出版会，1972年。
・R. E. パーク（町村敬志・好井裕明訳）『実験室としての都市』御茶の水書房，1986年。
・C. ブラウニング（谷喬夫訳）『普通の人びと――ホロコーストと第一〇一警察予備大隊』筑摩書房，1997年。
・D. ブラックボーン／J. イリー（望田幸男訳）『現代歴史叙述の神話』晃洋書房，1983年。
・R. ブローマン（高橋哲哉訳）『不服従を讃えて――「スペシャリスト」アイヒマンと現代』産業図書，2000年。
・J. ペーターゼン（長尾正真訳）『われらの街――一九三二-三四年にファシズム・ドイツの心臓部で書かれた一つの記録』新日本出版社，1964年。
・D. ポイカート（伊藤富雄訳）『エーデルワイス海賊団――ナチスと闘った青年労働者』晃洋書房，2004年。
・D. ポイカート（田村栄子他訳）『ワイマル共和国――古典的近代の危機』名古屋大学出版会，1993年。
・R. マックウィリアム（松塚俊三訳）『一九世紀イギリスの民衆と政治文化』昭和堂，2004年。
・H. モムゼン（関口宏道訳）『ヴァイマール共和国史』水声社，2001年。
・H. ルフェーブル（斎藤日出治訳）『空間の生産』青木書店，2000年。
・A. ロイ（加藤洋子訳）『誇りと抵抗』集英社，2004年。

▶単行本
・石田勇治『20世紀ドイツ史』白水社，2005年。
・大渕憲一『攻撃と暴力』丸善ライブラリー，2000年。
・小野清美『保守革命とナチズム』名古屋大学出版会，2004年。
・川越修『社会国家の生成』岩波書店，2004年。
・後藤譲治『ヒットラーと鉄十字章――シンボルによる民衆の煽動』文芸社，2000年。
・斎藤哲『20世紀ドイツの光と影』芦書房，2005年
・佐藤卓己『大衆宣伝の神話』弘文堂，1992年。
・芝健介『ヒトラーのニュルンベルク』吉川弘文館，2000年。
・城達也『自由と意味』世界思想社，2001年。
・高橋哲哉『平和と平等をあきらめない』晶文社，2004年。
・高橋秀寿『再帰化する近代――ドイツ現代史試論』国際書院，1997年。
・田村栄子『市民層とナチズム――ドイツ青年・学生運動の思想の社会史』名古屋大

学出版会，1996年。
・垂水節子『ドイツ・ラディカリズムの諸潮流――革命期の民衆1916～21年』ミネルヴァ書房，2002年。
・富永幸生・鹿毛達雄・下村由一・西川正雄『ファシズムとコミンテルン』東京大学出版会，1978年。
・服部伸『近代医学の光と影』山川出版社，2004年。
・原田一美『ナチ独裁下の子どもたち』講談社，1999年。
・原田昌博『ナチズムと労働者――ワイマル共和国時代のナチス経営細胞組織』勁草書房，2004年。
・宮田光雄『ナチ・ドイツと言語――ヒトラー演説から民衆の悪夢まで』岩波新書，2002年。
・村瀬興雄『ナチス統治下の大衆社会』東京大学出版会，1983年。
・村瀬興雄『ナチズムと大衆社会』有斐閣選書，1987年。
・山口定『ファシズム』有斐閣，1980年。
・山内昭人『リュトヘルスとインタナショナル史研究』ミネルヴァ書房，1996年。
・山之内靖『総力戦と現代化』柏書房，1995年。
・山本佐門『ドイツ社会民主党とカウツキー』北海道大学図書出版会，1981年。
・山本秀行『ナチズムの記憶』山川出版社，1995年。

### ▶研究論文

・石川捷治「一九三二年の反ナチ統一戦線問題」『法政研究（九州大学法政学会）』45－2，1979年，227～263頁。
・石川捷治「ドイツの危機――労働者運動の自己崩壊とファッショ化」中河原徳仁編『一九三〇年代危機の国際比較』法律文化社，1986年，58～90頁。
・伊集院立「ワイマル共和制からファシズムへの移行」江口朴郎・荒井信一・藤原彰『世界史における一九三〇年代――現代史シンポジウム』青木書店，1971年，48～60頁。
・伊集院立「ブリューニング内閣の成立について」『歴史学研究』412，1974年，1～32頁。
・伊集院立「相対的安定期末のドイツ共産党党内論争」『階級闘争の歴史と理論　3』青木書店，1980年，92～124頁。
・井上茂子「西ドイツにおけるナチ時代の日常史研究」『教養学科紀要（東京大学教養）』19，1987年，19～37頁。
・井上茂子「ナチスドイツの民衆統括――ドイツ労働戦線を事例として」『歴史学研究』586，1988年，196～207頁。

・井上茂子「ナチ体制に対する女性の支持と関与」『歴史評論』552，1996年，77～87頁。
・岩崎好成「赤色前線兵士同盟と『政治闘争団体』」『西洋史学報』17，1990年，57～85頁。
・岩崎好成「『政治闘争団体』とナチズム運動の台頭」『現代史研究』43，1997年，1～18頁。
・岩崎好成「鉄兜団とナチズム運動の競合的共闘に関する一覚書」『山口大学教育学部研究論叢』49-1，2000年，1～14頁。
・加藤哲郎「世界政党と政策転換（1934-35年）」『名古屋大学法政論集』⑴ 78，1979年，72～156頁，⑵ 79，1979年，276～334頁。
・加藤哲郎「『反ファシズム統一戦線』研究の新段階」『一橋論叢』106－4，1991年，388～410頁。
・川越修「一九世紀ドイツにおける労働者家計――研究課題の設定のために」『経済学論叢（同志社大学経済学部）』33－2・3・4合併号，1985年，357～391頁。
・木戸衛一「ドイツ民主共和国における歴史学の危機と『過去の克服』」『歴史評論』484，1990年，17～28頁。
・熊野直樹「ナチスの農村進出と農民」『法政研究』67－2，2000年，389～429頁。
・熊野直樹「統一戦線行動・『共産主義の危険』・ユンカー」『法政研究』70－2，2003年，287～308頁。
・栗原優「ブリューニングの経済政策」『歴史学研究』294，1964年，1～22頁。
・黒川康「ドイツ国会選挙（日本西洋史学会第36回大会記）」『西洋史学』142，1986年，70頁。
・黒川康「ナチの台頭とドイツ」『法政史学』43，1991年，1～12頁。
・剣持久木「『修正主義』と『記憶の義務』」歴史学研究会編『歴史における「修正主義」』青木書店，2000年，211～238頁。
・斎藤哲「『社会ファシズム』論とその修正」⑴ ⑵ ⑶『政経論叢（明治大学政治経済研究所）』⑴ 50－2，1981年，103～136頁，⑵ 50－3・4，1982年，175～220頁，⑶ 51－3・4，1983年，225～270頁。
・斎藤哲「ザクセン州議会選挙（1930・6）とドイツ共産党」『明治大学社会科学研究所年報』23，1982年，181～188頁。
・斎藤哲「日常史をめぐる諸問題」『政経論叢（明治大学）』55－1・2，1986年，233～322頁。
・斎藤哲「ヴァイマル共和国時代末期のドイツ共産党とその経営内活動」『明治大学社会科学研究所紀要』36－1，1997年，176～202頁。
・斎藤哲「ヴァイマル時代末期のドイツ共産党とジェンダー」『政経論叢（明治大学）』67－1・2，1998年，107～138頁。

・佐藤健生「ホロコーストと『普通の』ドイツ人」『思想』877，1997年，54～70頁。
・篠塚敏生「東部ドイツの文書館」『総合科学（熊本学園大学）』3－2，1997年，107～125頁。
・柴田敬二「選挙の投票分析からみたナチズムの社会的基盤」『現代史研究』34，1988年，41～58頁。
・白川耕一「ナチス政権初期の大衆救済事業」『現代史研究』47，2002年。
・相馬保夫「ヴァイマル共和国の労働者文化」『大原社会問題研究所雑誌』391，1991年，1～19頁。
・相馬保夫「ヴァイマル期ドイツにおける産業合理化と労働者文化」平成4年度（1992）科学研究費研究成果報告書。
・相馬保夫「アメリカニズムとヴァイマル期労働者文化――フォーディズムと社会主義」増谷英樹・伊藤定良編『越境する文化と国民統合』 東京大学出版会，1998年，57～78頁。
・田村栄子「『ナチズムと近代』再考――最近の日本におけるナチズム研究について」『歴史評論』645，2004年，22～38頁。
・垂水節子「第1次大戦下のドイツにおける反戦運動――ブラウンシュヴァイクの場合」『史学雑誌』88－3，1979年，52～79頁。
・垂水節子「ドイツ革命における急進主義――ブラウンシュヴァイクの場合」『西洋史学』120，1981年，1～19頁。
・塚本健「社会ファシズム論の源流と背景」『社会科学紀要（東京大学教養）』32，1982年，105～146頁。
・中野智世「プロイセン政府とライヒ改革問題」『現代史研究』38，1992年，17～31頁。
・ねずまさし「アムステルダム世界反戦大会（1932年）」『現代と思想』25，1976年，174～191頁。
・原田一美「労働組合運動の分裂――ヴァイマル末期の自由労働組合と革命的労働組合反対派」『西洋史学』131，1983年，22～39頁。
・原田一美「ヴァイマル末期の失業者と自由労働組合（日本西洋史学会第35回大会記）」『西洋史学』138，1985年，73～74頁。
・原田昌博「ナチス経営細胞組織（NSBO）のストライキ活動――一九三二年秋の反パーペン闘争を中心に」『史学研究』215，1997年，64～87頁。
・原田昌博「NSBOのストライキ活動とワイマル期労働争議調停制度（Ⅰ）」『安田女子大学紀要』28，2000年，147～158頁。
・松村祥子「生活研究の1動向」『講座現代生活研究Ⅱ　生活原論』ドメス出版　1971年，219～253頁。
・山本佐門「コミンテルンの社会ファシズム論」『現代と思想』30，1977年，101～119

頁。
・山本秀行「ルール鉱夫の生活空間と社会的ネットワーク——19・20世紀転換期を中心に」『社会運動史』10，1985年，24～59頁。